东南学术文库
SOUTHEAST UNIVERSITY ACADEMIC LIBRARY

法律的嵌入性

The Embeddedness of Law

张洪涛 ● 著

东南大学出版社
·南京·

图书在版编目(CIP)数据

法律的嵌入性/张洪涛著.—南京：东南大学出版社,2016.1
 ISBN 978-7-5641-6342-6

Ⅰ.①法… Ⅱ.①张… Ⅲ.①法律-研究 Ⅳ.①D9

中国版本图书馆 CIP 数据核字(2016)第 025561 号

* 教育部规划基金项目"民意沟通与司法调审制度改革研究"(10YJA820128)
* 国家社科基金项目"法学类国家社科基金项目创新体制转型研究"(13BFX001)
* 东南大学基本科研业务费重大科学研究引导基金项目"宪制的社会结构嵌入性研究"
* 东南大学基本科研业务费省级重点基地"反腐败法治研究中心"研究项目"法律的嵌入性"
* 东南大学基本科研业务费科学研究基金项目"邓小平党治思想的宪制意涵研究"

法律的嵌入性

出版发行：东南大学出版社
社　　址：南京市四牌楼 2 号　邮编：210096
出 版 人：江建中
网　　址：http://www.seupress.com
经　　销：全国各地新华书店
排　　版：南京星光测绘科技有限公司
印　　刷：南京工大印务有限责任公司
开　　本：700mm×1000mm　1/16
印　　张：17.5
字　　数：333 千字
版　　次：2016 年 1 月第 1 版
印　　次：2016 年 1 月第 1 次印刷
书　　号：ISBN 978-7-5641-6342-6
定　　价：68.00 元(精装)

本社图书若有印装质量问题,请直接与营销部联系。电话：025-83791830

编委会名单

主 任 委 员：郭广银
副主任委员：王保平　刘　波　周佑勇
委　　　员：（以姓氏笔画为序）
　　　　　　王廷信　王　珏　王保平　田海平
　　　　　　仲伟俊　刘　波　刘艳红　江建中
　　　　　　李霄翔　陈美华　周佑勇　赵林度
　　　　　　袁久红　徐康宁　郭广银　凌继尧
　　　　　　樊和平
秘　书　长：江建中
编务人员：甘　锋　刘庆楚

摘　要

　　法律的嵌入性是理论和方法的统一。本书试图从三个层面来展示、论证法律的嵌入性,也构成了本书的上、中、下三篇。

　　上篇是本书的总论部分,侧重从整体的宏观的角度和理论层面来展示、论证法律的嵌入性:历时性地包括规范论的法律的零嵌入性和低度社会化(第一章)、事实论的法律的强嵌入性和过度社会化(第二章)、混合论的法律的弱嵌入性和中度社会化(第三章);这三种法律的嵌入性也共时性地存在于现代法律之中(第四章);最后在前两者的基础上,指出了法律的嵌入性分析最终目标是法律的技术合理性(第四章)。

　　中、下篇构成本书的分论部分,侧重从中观的角度来展示、论证法律的嵌入性:中篇主要是将法律嵌入到社会关系网络中进行嵌入性分析,即法律的社会网络分析;下篇主要是将法律嵌入到法律组织的结构—功能中进行嵌入性分析,即法律组织学研究。分论部分还侧重从中国法律实践来展示、论证法律的嵌入性:首先,考察了当代中国立法中存在的法律的零嵌入性(或低度社会化),必然造成中国法律与社会的关系微弱甚至间断,即法律洞(第五章);其次,这种在立法阶段存在的零嵌入性(或低度社会化)和法律洞,必然延续到司法阶段成为法官不得不需要解决的司法洞,中国法院的法官不得不采取一种嵌入策略,将本应在立法阶段嵌入的中国因素重新嵌入司法活动中来,以填补在立法阶段形成的法律洞,最终实现法律洞的司法跨越(第六章);最后,为了使法官在司法阶段能够制度化地将中国因素嵌入司法活动中并跨越法律洞,中国法院还必须在组织结构—功能上作出相应的调整,也就是将调解嵌入中国法院组织中来,形成一种审判与调解相结合、混合而成的组织形态——调审组织(如审判委员会),包括第六章的部分内容和第七、八、九、十章。

Abstract

The embeddedness of law is the unification of theory and method. This book attempts to demonstrate the embedded nature of the law from three aspects, and also constitute a book of the upper and middle, the next three.

The first part is the general part of this book. It focuses from the overall perspective of the macro and theoretical level to demonstrate the embedding of law. The first part historically includes the specification of zero embedding and low degree of social change(Chapter 1)、the strong embedding and over socialization of the facts of the law(Chapter 2)、weak embedded and moderate socialization of the law of mixed theory(Chapter 3); The embedding of these three laws is also the existence of synchronic in modern law(Chapter 4); Finally, on the basis of the former two, it points out that the ultimate goal of the analysis of law's embedding is the technical rationality of the law(Chapter 4).

The middle and third parts constitute the book of parts, which focus on the perspective of the medium to show and demonstrate the embedding of the law. The middle part is to embed the law into social relations network for embedding analysis, which called social network analysis of the law. The third part is to embed the law into structure-function of the legal organization for embedding analysis, which called research on legal organization. The substantial contents of this book concentrate on Chinese legal practice to show and demonstrate the embedding of the law. First of all, the study of zero embedding of law(or low degree socialization), which exists in the contemporary Chinese legislation, will inevitably lead to a weak and even discontinuous relationship between Chinese law and society, that is the legal hole(Chapter 5). Second, this kind of zero embedding (or low degree socialization)and legal hole in the legislative stage must continue to be a judicial hole in the judicial stage, which have to be solved by the judges. So the judge of the court of China had to adopt a kind of embedding strategy—the Chinese factor that should be embedded in the legislative stage is to be embedded in the judicial activities to fill in the legal hole formed during the legislative period, then it will realize the judicial leap of the legal hole(Chapter 6). Finally, in order to make the judges in the judicial stage to embed Chinese factor into judicial activities institutionally and cross the legal hole, the Chinese court also must make a corresponding adjustment in the organization structure-function, that is, the mediation is embedded into the Chinese court organizations to form a combination of trial and mediation, and the formation of a mixture of organizational forms -trial organization(e. g., the trial committee), which including sixth chapters of the content and seventh, eighth, ninth and tenth chapter.

致　谢

本书的研究和写作先后获得了教育部规划基金项目"民意沟通与司法调审制度改革研究"、国家社科基金项目"法学类国家社科基金项目创新体制转型研究"、东南大学基本科研业务费重大科学研究引导基金项目"宪制的社会结构嵌入性研究"、东南大学基本科研业务费省级重点基地"反腐败法治研究中心"研究项目"法律的嵌入性"、东南大学基本科研业务费科学研究基金项目"邓小平党治思想的宪制意涵研究"的支持和资助，并且是这些项目的部分研究成果。本书的出版有幸纳入了"东南学术文库"并获得其资助出版。在此，对这些项目和文库提供的资助表示感谢！对负责该文库的东南大学社科处和东南大学出版社的刘庆楚编辑付出的辛劳表示感谢！

本书除了导论和上篇部分是首次公开发表外，其余各章都是近几年研究的成果，大都作为学术论文或压缩成为学术论文以相同或不同的题目先期在诸多学术刊物上公开发表，依本书的章节顺序分别是：《民法典学者建议稿信息结构及其参与者社会网络》(《环球法律评论》2014年第3期)、《法律洞的司法跨越——关系密切群体法律治理的社会网络分析》(《社会学研究》2011年第6期)、《司法之所以为司法的组织结构依据——论中国法院改革的核心问题之所在》(《现代法学》2010年第1期)、《调解的技术合理性——一种中观的组织结构-功能论的解读》(《法律科学》2013年第2期)、《中国法院压力之消解——一种法律组织学解读》(《法学家》2014年第1期)、《审判委员会法律组织学解读——兼与苏力教授商榷》(《法学评论》2014年第5期)。这次编辑本书时，为了形成一个以"法律的嵌入性"为主题的有机统一整体，我对这些文章的标题、某些概念等形式作了一些技术性的修改，但基本内容还是保有原来的基本面貌。在此，对这些刊物编辑部的授权许可表示感谢！

这些刊物的责任编辑或匿名审稿人为这些文章的首次发表付出了心血，他们提出的修改意见也融入这些文章之中，依本书的章节顺序分别是：《环球法律评论》的支振锋副主编和田夫博士、《社会学研究》的杨可编辑、《现代法学》的张永和教授、《法律科学》的马治选编辑、《法学家》的尤陈俊副主编、《法学评论》的徐亚文教授。在此，对他们付出的辛劳表示由衷的感谢！

这些文章在公开发表于上述刊物之前，一般也投稿于许多其他学术刊物，但由于缺乏文字的固定形式和其他的因素，在此不便于公开。但正是这些刊物的多次"拒稿"，甚至在当时看来非常"严苛"到几乎不可能的修改意见，不断"逼迫"自己对文章研究的深化和修改，不断"苦逼"自己对文章的概念和研究内容的反思和提炼；正是由于有这些"拒稿""逼迫""苦逼"，正是由于这些不断的反复的修改甚至是颠覆性的"重写"，有的甚至高达20余次，最后的文稿与初稿相比面目全非，文章最终才有现在这个样子，尽管"这个样子"还不"漂亮"，还有可继续完善之处。当然，由于各种因素的影响，我的文章最终无缘发表在这些刊物上，但在此，我还是要对这些刊物及其编辑人员付出的辛劳甚至"反向"辛劳表示感谢！

本书研究时间跨度较大，事先也没有一个统一的研究规划，更没有像现在这样的"法律的嵌入性"这个写作主题，但由于这些研究都是循着自己的学术研究兴趣和学术研究之间的内在发展逻辑而自然衍生发展的结果，因此也就自然而然地保障了这些研究之间的连贯性。如下篇，在研究司法——尤其是审判——组织的组织结构－功能后，接着又自然而然想到探讨调解的组织结构－功能；后来又自然而然想到要探讨两者混合的情形，于是又研究了我国法院的调审组织的组织结构－功能；在探讨调审组织的同时，又自然而然地研讨了作为调审组织特例的审判委员会的组织结构－功能。再如中篇，在研讨调审组织时，想在保持中观层面研究偏好的前提下转换一种研究方法，于是将至今在社会学研究领域炙手可热的社会网络分析引入了司法研究之中，写作了《法律洞的司法跨越——关系密切群体法律治理的社会网络分析》

一文;在完成司法的社会网络分析之后,又想将社会网络分析引入立法之中,于是又写作了《当代中国民法典法律洞之社会网络分析》一文,后压缩成为《民法典学者建议稿信息结构及其参与者社会网络》公开发表,借这次机会将其恢复原貌呈现于读者面前。在开展上述两个方面的研究同时,在我面前反复出现一个概念——嵌入性,使我又想到了经济社会学中的嵌入性,于是又想把嵌入性概念从经济社会学领域引入法学——尤其是法律社会学——领域,并在前述实践经验研究的基础上,专门从理论角度正面探讨了法律的嵌入性问题,最终形成了本书的上篇部分。在考察经济的嵌入性理论的同时,我又意外地发现经济的嵌入性理论的发展壮大,首先得益于社会网络分析的广泛运用,其次得益于组织理论的研究,于是又想将它们整合成为像现在那样的一本书,统一到"法律的嵌入性"这一主题下。

我之所以能够这样循着自己的学术研究兴趣和学术研究之间的内在发展逻辑而自由发挥,专心写作,开展持续的不间断的学术研究,首先得益于我现在所在的工作单位——东南大学法学院。2007年3月我从曾经工作了整整10年的武汉大学社会学系调到了2006年9月从法律系升格为法学院的东南大学法学院,也意味着我从社会学领域回到了曾经在硕士期间学习过的法学领域,从事法理学——更准确地说是法律社会学(现在又衍生出法律组织学、法律的社会网络分析、法律的嵌入性分析等分支)——的教学与研究。曾经群贤毕至、学者云集,有着辉煌历史的东南大学法学院,现如今规模很小,教员20人左右,可以说百废待兴,但在第一任院长周佑勇教授和第二任院长刘艳红教授的持续接力、发力、给力以及亲自践行和大力倡导下,营造出了一种"好好学习、天天向上"的浓郁的学术氛围,给人一种学术家园的感觉。本书正是在这种厚重的学术氛围中孵化出的一只"丑小鸭"。在此,对东南大学法学院的各位同事表示深深的感谢!

其次还得益于我的妻子李玲君的默默奉献。她不仅承担了全部繁琐的家务活,而且从不提要求,从不加压力,给我开展持续而不间断的学术研究营造了一种温馨而宽松的家庭氛围;她不仅忍受了因我的研究和写作给她和儿子带来的诸多生活不便,而且甘心忍受了在这个经济物质非常发达的时代因我的研究和写作而只能过一种并不宽裕的低薪金的平淡生活。本书的研究和出版无疑凝结了她的辛劳、理解、支持和奉献。

  最后,我还必须感谢我那善良而年迈的父母。在我的父母随着年岁的不断增高,迫切需要下辈的关照和陪伴的时候,我却与他们渐行渐远,来到了远离家乡、远离父母的南京。对此,我的父母不仅从无怨言,而且从不给我提要求,加负担;即使是生活上有困难和身体上有不便,也从未主动给我打电话,总是担心怕打扰了我的工作和生活,怕增加了我的负担,处处为我着想,从不为自己考虑。本书的写作和出版无疑也蕴含着他们二老一如既往的体量、理解和无私的奉献。

张洪涛

2015 年 10 月于南京百家湖寓所

安家（代序）

一

首先，安家是指给人安家，包括实体和精神两个层面。

从实体意义上，家庭是生命的摇篮，是我们漫长人生旅途的第一站。从生命开始到独立成人，家是我们获取身体成长所需物质供养、情感培养、人格涵养的地方。即便长大成人，家还是我们漫长人生旅途中的加油站。当我们工作劳动累了的时候，可以在家中获得体力的补给；当我们在工作和生活中遇到挫折的时候，家是我们获得心灵的慰藉，精神上的鼓励，重新获取力量的首选的社会支持系统；当我们身体出现这样或那样的障碍时，家还是我们首选的身体维修站，"你病了，家庭便是医院，家人便是看护"[1]。家还是人——尤其是中国人——成就一番事业的根基。"就农业言，一个农业经营是一个家庭"；现在叫"家庭联产承包责任制"。"就商业言，外面是商店，里面就是家庭"；现在甚至叫"夫妻店"。"就工业言，一个家庭里安了几部机械，便是工厂"[2]；现在小的叫"家庭作坊"，大的叫"家族企业"或"家族集团"。总之，中国人特别强调安家才能立业，安居才能乐业。家还是中国人生命的终点和栖息地。中国人老了，特别强调落叶归根；即使是命丧黄泉，也要回家；

---

[1] 梁漱溟：《中国文化要义》，学林出版社，1987年，第12页。
[2] 梁漱溟：《中国文化要义》，学林出版社，1987年，第12页。

即便是肉体不能回家,至少灵魂也要回家,也要上族谱,归祖归宗;否则,就会无家可归,成为孤魂野鬼,人死后灵魂也不得安宁。

从精神意义上,家还是中国人感情和精神的归宿和寄托。如果说西方人信仰的是宗教,中国人信仰的则是家庭。正如学者所言:"鸟兽但知有现在,人类乃更有过去未来观念,故人生不能以现在为止。宗教即为解决此三世问题者,是以有天堂净土,地狱轮回一类说法。中国人则以一家之三世——祖先、本身、儿孙——为三世。过去信仰寄于祖先父母,现在安慰寄于家室和合,将来希望寄于儿孙后代。此较之宗教的解决为明通切实云云。"[1]

总之,不论是实体意义上还是精神意义上,对人——尤其是中国人——而言,人无家不稳,人无家不安,人无家则业不兴,人无家则业不旺,因此,中国人特别强调成家、安家,成家才能立业,安居才能乐业,家安则人安,家稳则人稳,家兴则业兴,家和万事兴;也因此,中国人特别忌讳"不孝有三,无后为大""断子绝孙""绝种""败家子"之类的话语。

二

其次,安家还指给国安家。家不只是人——尤其是中国人——的安身立命之处,也是国——尤其是中国——的安身立命之所。与给人安家一样,给国安家也包括实体和精神两个层面。

从实体和自然意义上,人类社会都经历过家族社会,但随着社会的发展,国与家在西方社会出现了分离,因此,在现代人——尤其是西方人——看来,国是国,家是家。尽管如此,家仍然是社会的细胞,是国构成的基本组织单位:离开了家,国就不成为其国;离开了国,家也就不成为其家,"有了强的国,才有富的家"[2]。这一点在中国人看来尤甚。因此,"中国老话有'国之本在家'及'积家而成国'之说"[3];用现代人的话说就是"都说国很大,其实一个家……家是最小国,国是千万家……国与家连在一起,创造地球的奇迹"[4]。因此,即使是现代的中国,也非常注重安居工程的建设。

---

[1] 梁漱溟:《中国文化要义》,学林出版社,1987年,第94页。
[2] 成龙、刘媛媛合唱,金培达作词:《国家》(歌曲)。
[3] 梁漱溟:《中国文化要义》,学林出版社,1987年,第11页。
[4] 成龙、刘媛媛合唱,金培达作词:《国家》(歌曲)。

从精神和社会意义上,早期国的起源、组织架构、治理方式、合法性等都带有家族社会的特征,将国安在家上。到了中世纪,西方将国的家安到了神的身上,宗教的身上,如神学自然法学提出的君权神授学说;再到文艺复兴时,西方将国的家安到人的身上,个人主义上面,如古典自然法学提出的社会契约论。梅因将西方的这个发展过程总结称为"从(家族社会的——引者注)身份到契约的运动"[1]。而中国社会直到近代一直处于家族社会,将国的家一直安在家上。古代中国的朝廷分为"内廷"和"外廷",前者以皇家家庭成员为主,处理家事,又称为"后院",后者主要由宰相等朝廷重臣构成,处理国事,但它们有一个共同的家长——皇帝。因此,国的组织架构模仿家的组织架构而来,在家的父子架构上拟制出君臣架构、官民架构来,甚至"天下一家"。也因此,国的治理规则来源于从家庭中产生出来的规则礼,子对父的孝拟制出臣对君的忠,甚至"四海之内皆兄弟",国政是家政的自然延伸和扩大化。也因此,有学者认为中国社会是"家族本位""伦理本位",怀疑"中国是否一国家",甚至认为"中国实为一文化体而非国家"。[2] 总之,从精神层面看,是将国的家——合法性——安在一种关于家的伦理即儒家的身上。当然,在秦始皇时期,由于将国的家安到一种反家族思想"法家"上,与当时中国家族社会的现实不符,因此,将国的家不是安在当时中国的社会基础上,才导致了秦朝的短命与灭亡;在这个意义上,秦朝可谓安错了家。而汉代吸取了秦朝的教训,将国的家——合法性——安在一种家庭伦理思想儒家身上,与当时中国家族社会的现实相符,因此,将国的家安在了当时中国的社会基础上;在这个意义上,汉代可谓安对了家,也就保障了中国社会以后较长时期的长治久安,以合为主。

总之,不论是实体意义上还是精神意义上,尤其是后者,对国——尤其是中国——而言,国无家不治,家安则国安,家稳则国稳,家兴则国兴,家旺则国旺,家治则国治。

三

由于法治和法治国成了当今世界潮流,即使是在中国社会运行许多年的

---

[1]【英】梅因:《古代法》,沈景一 译,商务印书馆,1959年,第97页。
[2] 梁漱溟:《中国文化要义》,学林出版社,1987年,第77—80、19、162页。

"家治",自近代以来也在不断地向法治转型,今天我国还提出了全面依法治国的战略任务,因此,在现代意义上,"给国安家"主要是指给制度安法律之家。

首先,这里的制度主要是指正在或者曾经在现实生活中有效运转的制度,是活的制度,行动中的制度,而不是指从来没有有效运转过的书本上的死的制度;否则,如果去研究给并未运转的制度安法律之家的问题,就显得既没有意义,也没有科学性。

其次,这里的制度尽管在实践中有效运转着,但没有正式地制度化地进入国家法律制度之中,因此就存在给制度安法律之家的问题;否则,就不存在安法律制度之家的问题。

再次,这里的法律之家包括:实践层面的法律制度之家和理论层面的法律理论之家。前者是指制度化地进入国家法律制度之中,由非正式的制度变为正式的国家制度,由民间法变为国家法,由不成文的制度变为成文的制度。后者是指给法律制度为何是这样作出一种法律理论上的解释,而且这种理论解释为一般理论所接受和认可,并被法律实践所检验是科学的、正确的,总之,就是具有技术合理性,从而使制度——包括法律制度——有一种法律理论上的归宿感,有一种回了法律理论之家的感觉;否则,就言不正,名也不顺,无家可归,四处飘荡。

因此,给制度安法律之家,在理论上可以分为以下几种情形:

第一,给正在现实中运作的制度安法律制度之家和法律理论之家。在这种情形下,现行的制度既没有制度化地成为正式的国家法律制度,也没有被现行一般的法律理论所接受和认可,因此存在给制度安法律制度之家和法律理论之家的问题。

第二,给正在现实中运作的制度安法律理论之家。在这种情形下,制度被制度化地成为了国家法律制度,但没有对法律制度为何是这样的作出法律理论上的解释,并被一般法律理论所接受和认可,即技术合理性的解释,因此,存在给正在现实中运作的制度安法律理论之家的问题。

第三,给正在现实中运作的制度安法律制度之家。在这种情形下,对制度为何是这样的作出法律理论上的解释,并被一般法律理论所接受和认可,即具有技术合理性,但没有被制度化地成为国家法律制度。

第四,从理论上说,给历史上的制度安法律之家也存在上述三种情形,但由于给历史上的制度安法律制度之家既没有可能,也没有现实意义。因此,从现实意义的角度来看,给历史上的制度安法律之家就只是指安法律理论之家的情形。这是因为"没有'没有传统的现代化'"[1],现行制度必然包含传统的因素,因此,为了更好地给现行制度安法律之家,尤其是法律理论之家,并对历史和现实的制度作出连贯性的法律理论解释,需要对历史上的制度作出法律理论解释——技术合理性解释,需要研究给历史上的制度安法律理论之家的问题。

在实践中,上述第三种情形存在的可能性较小,因此,我们只研究在现实生活中常见的第一、二、四等三种情形。

另外,安法律理论之家在给制度安法律之家中起着举足轻重的作用。如在英国的洛克时期,尽管立法权与行政权和对外权采取了由以资产阶级为代表的新兴势力和以国王为代表的旧势力分享的法律制度安排,但由于缺乏法律理论的解释和正当化,使当时给制度安的法律制度之家并不稳固,安的法律制度之家也不是那么名正言顺,以资产阶级为代表的新兴势力享有的立法权随时有可能被削弱甚至被剥夺。只有在洛克提出了二权分立理论,并给当时的法律制度安排作出了理论上的解释,给当时的法律制度安了法律理论之家后,才使得当时的给制度安的法律制度之家得以稳固,并被传播到欧洲各国,最后被大多数国家所认可和接受。而美国在制定联邦宪法以建立国家之家,由于在联邦党人与反联邦党人之间进行了充分的理论探讨[2],给宪法的制定和国家的建立找到了理论上的依据,安了法律理论之家,因此,使当时给美国建立统一而强有力的中央政府安法律制度之家显得名正言顺,水到渠成。可见,在给制度安法律制度之家和法律理论之家中,安法律理论之家是安法律制度之家的理论前提,安法律制度之家是安法律理论之家的必然结果。

综上,给制度安法律之家着重研究给制度安法律理论之家问题,在必要的情形下,才会进一步涉及给现行有效制度安法律制度之家的问题。

---

[1] 金耀基:《从传统到现代》(补篇),法律出版社,2010年,第156页。
[2] 参见【美】汉密尔顿、杰伊、麦迪逊:《联邦党人文集》,程逢如 等译,商务印书馆,1980年。

四

更具体地说，给制度安法律之家侧重探讨给中国制度安法律之家，包括给中国古代和现代制度安法律理论之家与给中国现代制度安法律制度之家两个方面。

为何产生给中国制度安法律之家问题？

首先，由于中国古代法学和法律制度的不发达，中国古代大量的制度没有法制化；即使有些制度法制化了，安了法律制度之家，但由于中国古代法学的不发达甚至缺失，也没有从理论上作出合理化的法律解释——技术合理性解释，完成安法律理论之家的任务。因此，中国古代制度、法律制度在与西方法律制度竞争中一败涂地；即使是有些有技术合理性的制度和法律制度，由于没有安法律理论之家，因此在与已经安了法律制度和法律理论之家的西方制度竞争中，也是一败涂地。

其次，最终导致西方制度——尤其是法律制度——及其法律理论的大量"入侵"和引入[1]，最后形成了一种制度——尤其是法律制度——多元的格局[2]。自近代以来，这些制度——尤其是法律制度——在与中国国情不断磨合、融通的作用下，形成了大量的正在中国社会有效运转的新制度。对于这些新制度，既不能从单纯西方的法律理论作出观念合理性的解释，更不适合在中国传统文化那里得到观念合理性的解释，因此就需要提出一种既不同于西方的法律理论也有异于中国古代的新的法律理论，对这些制度作出法律理论上的技术合理性的解释，即安法律理论之家的问题。还有些新制度，除了安法律理论之家的问题外，还存在安法律制度之家的问题。因此，这些在中国正在有效运转的新制度和新法律制度，由于没有完成安法律理论之家的任务，目前还处于不稳定的状态。即使是那些安了法律制度之家的制度，还不能说稳如泰山了，还存在名不正言不顺的问题，还存在安法律理论之家的问题；否则，有可能像中国古代的制度那样因缺乏法律理论之家而被歧视，进

---

[1] 参见张德美：《探索与抉择：晚清法律移植研究》，清华大学出版社，2003年，第177—422页。

[2] 参见梁治平：《法辩——中国法的过去、现在与未来》，中国政法大学出版社，2002年，第136—167页。

而遭受被抛弃的制度命运。

再次,对于这些混合了中西各种因素而形成的新制度尤其是法律制度,由于目前没有完成安家尤其是安法律理论之家的任务,因此导致了用西方的法律理论来解释这些新制度,将在中国社会形成的新制度——尤其是法律制度——的法律理论之家安到了西方的法律理论上,而这些西方的法律理论又"通过'话语'带动'实践'"[1],影响着正在中国有效运行的制度和法律制度。因此,目前给中国古代和现有的制度安的西方法律理论之家使中国制度住着不舒服,也不适合,使中国制度尤其是法律制度难以在西方法律理论之家中住下去,古代的如梁治平的《寻求自然秩序中的和谐》;而有的西方法律理论之家甚至对中国制度采取排斥、歧视,甚至完全否定的态度,使中国有些制度无法律理论之家可归,如正在中国社会有效运转的国家治理方式——党治——就是如此。中国的学术界尤其是法学界急需完成给中国制度安法律理论之家的任务。

第四,大而言之,由于中国制度尤其是法律制度没有完成安法律理论之家的任务,导致中国在意识形态层面的竞争中也处于不利的地位,在国家的"软实力"的竞争中也处于不利的地位。

第五,从传统到现代的过程,也是传统与现代的融合过程,因此,为了给中国制度安法律之家尤其是法律理论之家,能够更好地获得中国历史传统的支撑,使中国的法律理论之家更加坚实和稳固,更加适合中国现行制度尤其是法律制度居住,中国还存在需要给中国古代制度——尤其是法律制度——安法律理论之家的问题。

第六,根据中国社会发展的需要,中国目前提出"全面依法治国"的战略布局,不仅急需解决有些制度安法律之家的任务,更急需完成给中国制度和法律制度安法律理论之家的任务。

第七,自近代以来,中国一直进行治国理政的制度和法律制度方面的不懈探索,积累了大量的这个方面的经验和教训,为其安法律理论之家提供了实践上的条件和可能。与此同时,中国知识精英和政治精英都在为中国制度和法律制度安法律理论之家进行许多有益的理论探索和理论总结,根据中国制度的情形量身定做了许多法律理论之家,为其安法律理论之家提供了理论

---

[1] 强世功:《法制与治理》,中国政法大学出版社,2003年,第9页。

上的可能。

另外，中国还可以借鉴和吸收其他国家给本国制度和法律制度安法律理论之家的经验和教训，成功的如洛克给英国制度安的法律理论之家的经验，美国建国者给美国宪法安的法律理论之家的经验，失败的如许多国家对美国宪法的移植。

五

给人安家是为了立事业，给国安家是为了立帝业，给制度安法律之家也是为了立治业，包括法律制度大业和法律理论大业。如洛克的《政府论》及其国家权力分立的理论，不仅为当时英国以国王为代表的旧势力和以资产阶级为代表的新势力联合执政提出了两权分立的制度安排，从理论上论证其合理性，安了法律理论之家，而且洛克的这种国家权力分立的理论后来被孟德斯鸠发展完善成为现代三权分立的理论，传播到欧洲各国，后来又被传播到美国并被联邦党人发展成为三权分立与制衡的理论，运用于美国当时的建国实践中，并通过英国和美国的示范效应传遍世界各国，被世界各国治国所效仿或借鉴，既建立了一片法律制度大业，也建立起一片法律理论大业。

正如有学者在谈到中西差异时，认为："西方伦理学及社会科学要建立的，是有系统的、分析性的理论知识，以知为目标，而孔子的志趣，却不在树立一套伦理知识，只在重建社会秩序，目标在行，不在知。所以，与其说儒学是有关伦理的知识，毋宁说是伦理本身。"[1] 敏锐观察到这一点的韦伯也认为："儒学压根儿只是一大堆政治格言和社会上有教养者的行为守则而已。"[2] 换言之，儒家只是侧重于制度实践和制度运用的实效，而对进一步的给制度安法律之家尤其是理论之家的活动并不感兴趣。因此，儒家通过自己的示范效应尽管获得了周边国家的效仿和借鉴，建立了一片属于自己的治业，但由于缺乏进一步的为制度安法律之家尤其是法律理论之家的工作，使自己的制度缺乏体系性，也缺乏来自理论研究的推动和不断的进化，因此在后来与西方制度竞争的过程中，使自己败下阵来，不仅败了业，而且败了家。

---

[1] 张德胜：《儒家伦理与秩序情结——中国思想的社会学诠释》，台湾巨流图书公司，1989年，第63页。

[2] Max Weber. *The Religion of China*. New York: The Free Press. 1964, p. 152.

从上述正反两个方面的经验和教训来看,中国当代给中国制度安家不仅要做到"行",而且要做到"知",达到知行合一;不仅要给中国当代制度安法律制度之家,而且要安法律理论之家,并实现两者的相得益彰,相互支撑,相互促进;不仅要给当代中国制度安法律之家,而且要给其立法律之大业,包括立法律制度之大业和立法律理论之大业。否则,我们不仅立不了法律制度和法律理论之大业,而且也难以完成给中国制度安法律制度和法律理论之家的任务。因此,我们要有安大家立大业的雄心壮志,用目前流行的话说就是要有道路自信、理论自信和制度自信。

六

当然,我们只有自信,只有给中国制度安法律之家、立法律之业的志气,是远远不够的;我们还必须进一步知道如何给中国制度安法律之家、立法律之业。其中,夯实给中国制度安法律之家、立法律之业的地基尤为关键;可以说,地基是否坚固结实,是否开阔广大,在一定程度上就决定了是否能给中国制度安法律之大家、立法律之大业。一个地基非常松弱,非常狭小的地方,不可能建立起给中国制度安法律之大家、立法律之大业的大厦;即使勉强建立起来了,一旦有风吹草动,也会轰然倒下。

法律的嵌入性理论就是这样的一种给中国制度安法律之家尤其是法律理论之家的法律理论,就是这样的一种给中国制度安法律之大家立法律之大业的地基式的法律理论。法律的嵌入性就是指法律与社会的关系,将法律嵌入社会进行考察、思考和研究。因此,如果将中国法律的安家立业建立在法律的嵌入性理论上,就是将其建立在中国社会基础上,就是研究中国法律与中国社会的关系,就是将中国法律嵌入中国社会进行考察、思考和研究,并建立起专门为中国法律安家立业量身定做的地基,进而在此地基上专门为中国制度量身打造自己的法律之家,就是将中国法律的安家立业建立在中国自己的地基上,而不是建立在别人的地基上。因此,就会使中国法律的安家立业的地基显得非常踏实,非常坚实,也非常稳固。在此地基上建立起来的法律之家不仅非常稳固、结实,而且也非常适合中国制度居住,住起来也非常舒服、舒心,至少不会像现在那样将中国现行制度的家安到别人家中而显得局促、别扭,甚至受到歧视,被别人看不起,最后还有可能被赶出家门,无家可归。

　　法律的嵌入性除了研究中国法律与中国社会的关系,将中国法律嵌入中国社会进行考察、思考和研究外,还研究一般法律与一般社会的关系,包括将别国的法律嵌入别国社会进行考察、思考和研究,因此,如果将中国法律的安家立业建立在法律的嵌入性理论这个地基上,就会使中国法律安家立业的这个地基不仅稳固结实,而且广阔,可以超越时空的局限,具有普适性。因此,中国制度在这样的地基上安的法律之家,不仅适合于中国制度居住,也适合其他各国制度居住,最后还有利于立中国法律之大业。

　　法律的嵌入性不仅是一种理论,还是一种研究法律的方法——嵌入性分析方法。我们之所以将法律嵌入不同环境条件下进行嵌入性分析,最终目的就是使法律在技术操作层面实现与外部和内部社会环境的互洽,实现其技术合理性,包括法律自身的内部的技术合理性和外部的技术合理性。技术合理性与观念合理性的区别在于:前者是建立在制度技术层面的自下而上的合理性,有利于实现制度观念与制度技术的统一;后者是一种建立在制度观念层面的自上而下的合理性,不利于制度观念向制度技术层面推进,也不利于实现制度观念与制度技术的统一。因此,如果将中国法律的安家立业建立在法律的嵌入性理论上,就是将其建立在技术合理性上,也就有利于为中国法律安的家立的业不仅能够达到观念层面,而且能够进一步推进到技术操作层面,实现观念与技术的统一与协调;不仅能够达到"行"的层面,而且能够达到"知"的层面,实现知行合一;最终使为中国法律安的家立的业的地基不仅稳固宽广,而且显得深厚。

　　法律的嵌入性还可根据法律嵌入社会的不同程度(即嵌入度),将其分为强嵌入性、弱嵌入性和零嵌入性,或者高嵌入度、中嵌入度和低嵌入度。因此,根据法律的嵌入性,法律可以分为强嵌入性的法律或高嵌入度的法律、弱嵌入性的法律或中嵌入度的法律、零嵌入性的法律或低嵌入度的法律。如果将中国法律的安家立业建立在法律的嵌入性理论上,我们就可以为不同嵌入度的法律安不同的法律之家、立不同的法律之业。如对于强嵌入性或高嵌入度的法律,可能是不同的社会安不同的法律之家,立不同的法律之业,相对于某一个社会可能是独此一家;对于零嵌入性或低嵌入度的法律,可以四海为家,或者各国法律可以安同一个法律之家,立同一个法律之业;而对于弱嵌入性或中嵌入度的法律,则处于上述两者之间。因此,它们在安法律之家立法律之业的难度上是不同的：对强嵌入性或高嵌入度的法律，由于与具体社会的关系较为密切，牵扯社会的方方面面，因此安家立业的难度较高；对于零嵌入性或低嵌入度的法律，由于与具体社会的关系不是很密切，因此安家立业的难度较低，甚至在某种意义——如对后发国家而言——上，不存在安家立业的问题；对于弱嵌入性或中嵌入度的法律，由于与具体社会的关系的密切程度居中，因此安家立业的难度也居中。

因此，给制度安法律之家立法律之业的问题，我们将侧重于强嵌入性或高嵌入度法律和弱嵌入性或中嵌入度法律的安家立业问题的研究；给中国制度安法律之家立法律之业的问题，我们也将侧重于强嵌入性或高嵌入度法律和弱嵌入性或中嵌入度法律的安家立业问题的研究；尤其是前者，如给中国宪制安法律之家立法律之业的问题，将是笔者在后续的研究中着重探讨的问题和研究方向。这是后话，但本书则是笔者"安家"系列研究的奠基之作。

张洪涛
2015 年 10 月于百家湖寓所

目 录

导论：法律的嵌入性及其意义 ·· (1)
    一、经济的嵌入性 ··· (1)
    二、从经济的嵌入性到法律的嵌入性 ·· (14)
    三、法律的嵌入性之研究意义 ·· (17)
    四、法律的嵌入性之研究现状与本书的结构安排 ······························ (28)

上篇　法律的嵌入性之展开

第一章　规范论：零嵌入性与低度社会化 ······································ (35)
    一、自然法学的价值规范论 ·· (35)
    二、规范分析法学的行为规范论 ·· (37)
    三、新自然法学和新规范分析法学的混合规范论 ······························ (40)
    四、结语：规范论是一种零嵌入性和低度社会化的观点 ························ (43)

第二章　事实论：强嵌入性与过度社会化 ······································ (44)
    一、历史法学派的事实论 ·· (44)
    二、现实主义法学的事实论 ·· (48)
    三、社会法学派的事实论 ·· (54)
    四、结语：事实论是一种强嵌入性和过度社会化的观点 ························ (60)

第三章　混合论：弱嵌入性与中度社会化 ……………………… (62)
一、古典自然法学派孟德斯鸠的混合论 ……………………… (62)
二、早期社会法学派庞德的混合论 …………………………… (64)
三、当代历史法学派伯尔曼的混合论 ………………………… (66)
四、当代社会法学派塞尔兹尼克的混合论 …………………… (68)
五、当代社会法学派哈贝马斯的混合论 ……………………… (72)
六、当代经济—社会法学派波斯纳的混合论 ………………… (75)
七、结语：混合论是一种弱嵌入性和中度社会化的观点 …… (86)

第四章　现代法律的嵌入性与嵌入性分析之最终目标 ……… (88)
一、法律的嵌入性：现代法律的实证考察 …………………… (88)
二、法律的嵌入性分析之最终目标：技术合理性 …………… (91)

中篇　法律的社会网络分析

第五章　当代中国民法典法律洞之社会网络分析 …………… (101)
一、问题、材料与方法 ………………………………………… (101)
二、当代中国民法典法律洞 …………………………………… (103)
三、立法网络的形成 …………………………………………… (108)
四、立法网络结构洞对民法典法律洞的影响 ………………… (114)
五、零成本立法政策对关系人及其知识网的约束 …………… (117)
六、零成本立法政策对主持人及其群内网络的影响 ………… (122)
七、零成本立法政策对立法者及其群间网络的作用 ………… (125)
八、民法典法律洞的主要制度性影响及其立法跨越 ………… (127)

第六章　法律洞司法跨越之社会网络分析 …………………… (133)
一、材料、问题与视角 ………………………………………… (133)
二、法律洞在司法领域的延伸：司法洞 ……………………… (136)
三、法律洞司法跨越的策略选择：退出、扩展还是嵌入 …… (141)
四、法官微观层面的策略性嵌入：法官为何被村支书代替 … (145)
五、法官宏观层面的策略性嵌入：制定法与习惯法的融合 … (149)

六、法官中观层面的策略性嵌入：审判为何被调解置换……………(152)

　　七、结语：从个案研究迈向一般理论……………………………………(155)

下篇　法律的组织结构嵌入性分析

第七章　司法之所以为司法的法律组织学解读……………………(163)

　　一、引子：问题与视角……………………………………………………(163)

　　二、一般的理论探讨：司法组织的结构与功能…………………………(166)

　　三、当代中国法院组织结构的"名"与"实"……………………………(169)

　　四、当代中国法院审判系统的组织结构与功能…………………………(173)

　　五、结语：当代中国法院改革的核心问题及其建议……………………(177)

第八章　调解的技术合理性之法律组织学解读……………………(183)

　　一、研究的缘起……………………………………………………………(183)

　　二、调解的同等组织结构…………………………………………………(185)

　　三、嵌入调解同等组织结构的民意沟通…………………………………(190)

　　四、嵌入调解同等组织结构的沟通合法性………………………………(195)

　　五、调解技术合理性的制度化建议………………………………………(200)

第九章　中国法院压力消解之法律组织学解读……………………(203)

　　一、引论：问题与视角……………………………………………………(203)

　　二、法律洞影响下法院压力何以形成：宏观的功能比较视角…………(206)

　　三、法院压力何以消解：调审组织的形成………………………………(210)

　　四、法官压力何以消解：调解型横向分权式决策的"民主化"………(215)

　　五、法官压力何以消解：审判型纵向分权式决策的"行政化"………(219)

　　六、法官压力何以消解：调审型纵-横向分权式决策的去司法化

　　　　……………………………………………………………………………(222)

　　七、结语：消解压力方式的影响及其制度化解决的建议………………(226)

第十章　审判委员会法律组织学解读…………………………………(229)

　　一、引论：问题与视角……………………………………………………(229)

二、审委会"十字形"组织结构 …………………………………（230）
　　三、审委会存废的标准:"对法官的功能"抑或组织功能 ………（233）
　　四、审委会实际的组织功能 ……………………………………（237）
　　五、结语 …………………………………………………………（241）

主要参考文献 ……………………………………………………（243）

＊　＊　＊　＊

图表目录
　　表5-1　"梁稿"亲属编信息结构统计表 ………………………（105）
　　表5-2　"王稿"婚姻家庭编信息结构统计表 …………………（107）
　　表5-3　"梁网"社会关系统计表 ………………………………（108）
　　表5-4　"王网"社会关系统计表 ………………………………（109）
　　图5-1　立法网络的构成及其结构洞分布示意图 ……………（112）
　　图6-1　嵌入策略前法官(法律)的结构自主性 ………………（142）
　　图6-2　嵌入策略后法官(法律)的结构自主性 ………………（144）
　　图9-1　中国法院调审组织的形成及其影响 …………………（212）
　　图9-2　中国法院法官消解压力方式 …………………………（217）

导论

法律的嵌入性及其意义

嵌入性概念是经济学家和社会学家在研究经济问题时所发现并提出的,最后发展成为新经济社会学中的核心议题之一。在此,先谈谈经济的嵌入性及其研究状况,然后在此基础上将嵌入性由经济领域引入法律领域,尝试探讨法律的嵌入性及其相关问题,最后谈谈本书的主要内容和结构安排。

一、经济的嵌入性

(一) 经济社会学发展简史视野中的"嵌入性"概念

经济与社会的关系一直是社会学关注的传统主题之一。如马克思将整个社会结构分为经济基础与上层建筑两大部分,经济基础包括生产力与生产关系,上层建筑包括政治、意识形态等方面;并认为:经济基础决定上层建筑,上层建筑对经济基础具有反作用。而在韦伯的眼中,经济与社会的关系较为复杂,它们既相互独立,又相互关联。如他在比较研究资本主义为何产生于西方而不是东方时,认为西方的基督教文化对资本主义的产生有决定性的影响;相反,中国由于缺乏基督教文化的影响,资本主义难以出现于东方。而在帕森斯的社会行动的结构中,经济系统只是社会系统中的一个子系统。

经济与社会的关系也是经济学关注的主题之一。如在亚当·斯密的《国富论》发表时,经济的主题与社会的主题几乎没有截然分开。19世纪,这两个主题反而更容易结合,尤其是在德国。另一方面,在英国,大卫·李嘉图和其他一些经济学家很快使更为抽象的分析流行起来,到19世纪中叶,"经济人"概念已经产生了。两种视角——德国的经济—社会的视角和英国的抽象演绎视角——要同时并存有很大困难。这场在德国和奥地利从1880年开始的"方法之争",很快传播到英国和美国等其他国家。抽象—演绎的研究方式最终取得决定性胜利。在整个20世纪,主流经济学越来越局限于经济的主题。

上述发生在经济学领域的情形也同样存在于社会学领域。随着20世纪的推移,社会学家越来越回避经济学的主题,认为它们属于专业经济学家的研究领域,"社会"问题不同于"经济"问题,社会学家只研究"社会"问题。

这种"经济"的主题与"社会"的主题分开的局面,直到1980年代早期才开始有所改变;这就是经济社会学的复兴,人们称之为"新经济社会学"。如经济学家加里·贝克尔突破经济学与社会学的旧分工,将经济学的研究领域扩展到所有社会领域;[1]社会学家哈里森·怀特和阿瑟·斯廷奇库姆开始在经济社会学领域开展工作,如怀特在1981年发表《市场来自哪里》的论文;尤其是后来被称之为"新经济社会学宣言"的格兰诺维特的《经济行动与社会结构:嵌入性问题》论文在1985年的发表,鼓舞了许多社会学家开始对经济社会学感兴趣,试图复兴早先由人类学家卡尔·波兰尼1944年在《大转型》一书中提出,并于1957年在《经济——有制度的过程》一文中详细解说了"嵌入性"(Embeddedness)概念。[2]

新经济社会学自1980年代至今将近40年,产生了大量的围绕"嵌入性"问题而开展研究的著作和论文。新经济社会学嵌入性问题的研究,首先得益于社会网络理论、组织理论的利用,将经济问题嵌入到社会网络和组织(如企业组织)中进行嵌入性分析;但它们"是以损害正确描述文化在经济中的作用为代价的,从某种程度上说,是对塔尔科特·帕森斯累赘和抽象分析类型的反动"[3]。意识到这种不足的经济社会学家如维维安纳·泽利泽(Viviana

---

[1] 参见【美】加里·贝克尔:《人类行为的经济分析》,王业宇、陈琪 译,格致出版社、上海三联书店、上海人民出版社,2008年第2版。

[2] 【美】马克·格兰诺维特,【瑞典】理查德·斯威德伯格:《经济生活中的社会学》,瞿铁鹏,姜志辉 译,上海人民出版社,2014年,第8页。

[3] 【美】马克·格兰诺维特,【瑞典】理查德·斯威德伯格:《经济生活中的社会学》,瞿铁鹏,姜志辉 译,上海人民出版社,2014年,第35—55页。

Zelizer),将文化的视角引入经济社会学研究中,将经济问题嵌入文化、政治等更宏大的社会结构中进行嵌入性分析,着重考察"经济制度的社会建构",形成了新经济社会学研究中第三大板块——文化社会学。

可见,新经济社会学与旧经济社会学一样,同样关注经济与社会的关系问题,但它有别于旧经济社会学的地方在于:新经济社会学是鲜明地批判新古典经济学的,而旧的经济社会学则尊重新古典经济学,这是其一。其二,新经济社会学对谋生之道的经济学问题诸如市场、价格形态和厂商等感兴趣,而旧经济社会学则把大部分注意力专门放在经济边缘的问题上,例如,经济与宗教领域的交叉地带。其三,最重要的是,新经济社会学将经济与社会的关系问题具体地相对集中于"嵌入性"问题,"嵌入性"既是新经济社会学的出发点,也是其落脚点;既是其理论,也是其研究方法——嵌入分析,是理论和方法的统一。嵌入性理论自产生以来,已形成了相对完整的理论体系。纵观嵌入性理论的发展,大致可以分为三个阶段:波兰尼时期、格兰诺维特时期和新发展时期,以下将分而论之。

(二) 波兰尼的"实体主义嵌入性"

波兰尼通过将经济分为"实质的意义"和"形式的意义",将经济学分为实质经济学和形式经济学。

形式意义的经济源于逻辑,因此,形式经济学建立在合理性行动的逻辑之上。这里的合理性既不是指目的也不是指手段,而是指手段与目的的关系,即手段对于目的的实现是否合理。形式经济学把资源视为稀缺,为了满足需求,行动者必须进行选择,因此,合理性行动的逻辑就转变为选择理论的变化形式,经济行动成为一个选择过程。形式经济学将这个选择过程与市场联系起来,所有的商品和服务都可通过市场购买而获得,因而它们都可以量化为一个价格,所有的收入都来自商品和服务的出售。通过引入市场和价格,形式经济学的需求满足问题就转化为在不同用途之间分配稀缺资源的问题,最后转化为求解最大化的问题。

但形式经济学的这种建立于合理性行动的逻辑演绎分析,是一种建立在脱离社会历史环境上的去嵌性或脱嵌化(relative disembeddedness)的分析。因此,波兰尼通过将经济嵌入具体的历史社会环境中的方式,考察了人与环境互动的三种制度化形式:互惠、再分配和交换,发现前两者就不存在所谓市场价格,经济行动者的理性概念也不是所有经济形式都必须具备的因素。

可见,实体主义对形式主义的批判是建立在嵌入性命题基础上,嵌入性是实体主义的出发点和落脚点。无论是波兰尼、霍普金斯(T. K. Hopkins),还是后来的多尔敦(G. Dalton)、布哈南(P. Bohannan)和沙林斯(M. Sahlins),都强调没有必要的经济过程赖以存在的社会条件,就不可能有合理的经济理论。实体主义强调经济过程在社会中的被制度化和经济过程之被嵌入社会关系之中。所以,实体主义学者必须致力于经济过程嵌入性的机制研究。[1]

如在波兰尼看来,实质意义的经济源于事实,只有"经济的"实质意义才能产生社会科学,用来研究过去与现在任何经验经济所必需的概念,它可以被简略地定义为:人类与其环境互动的有制度的过程。经济因此是有制度的过程。这里的"过程"是指位置的变动与比例的变动,位置的变动包括生产、运输等,比例变动包括商品的易手和处置。经济过程的制度化赋予那个过程统一性和稳定性;它产生一种在社会中具有功能的结构。过程的一体化和稳定却是建立在这种变动之间的依赖与变动循环的基础上的,而社会背景是支持各种变动之间的相互依赖性和循环的力量。"因此,人类的经济是嵌入和卷入经济或非经济的制度之中的。纳入非经济的制度是极其重要的。因为宗教或政府对于经济的结构和功能发挥可能像货币制度或减轻劳动之苦的工具和机器一样重要。"[2]但作为经济人类学家的波兰尼着重考察的是"早期欧洲的贸易与市场",因此认为嵌入性只存在于前工业社会,而在当代发达的市场经济社会是不存在嵌入性问题的。

实体主义还探讨了嵌入性程度(即嵌入度)的变异。在霍普金斯看来,经济过程嵌入其中的社会安排只是不同层次的社会系统的组成单位,对于不同层次的社会系统来说,这个组成单位的地位是不一样的:一种经济行动只是经济角色的一部分,经济角色只是组织的一部分,组织又是一个更大结构的一部分。所以,在不同层次上,经济与非经济的整合程度有所不同,嵌入性程度也有所不同:

第一种意义是以非经济角色从事经济行动,这种形式的嵌入性程度最高,是最大化的嵌入水平。其嵌入性的特点是,经济行动与非经济考虑完全整合在一起,实际的经济行动依角色的形式进行组织,依这种角色定义的行动的基本价值并不首先指向经济过程,非经济行动通过角色标准介入经济行

---

[1] 张其仔:《新经济社会学》,中国社会科学出版社,2001年,第19页。
[2] 【美】马克·格兰诺维特,【瑞典】理查德·斯威德伯格:《经济生活中的社会学》,瞿铁鹏,姜志辉 译,上海人民出版社,2014年,第39页。

动的组织。

第二种意义是以非经济组织从事经济活动,从事经济活动的角色是经济角色,但经济角色只是非经济角色的构成部分,这种意义上的嵌入,是一种较低程度的嵌入。

第三种意义是非经济因素在经济组织的层次上介入。在这个层次上,非经济因素作为一种结构背景存在,对经济组织的行为起到修正作用。

第四种意义是以经济组织从事经济活动,但经济组织与非经济组织一起介入共同的价值系统。这种水平的嵌入性是相对去嵌性,经济组织以经济为导向,非经济因素介入极少,只是在下述意义上,经济与非经济因素才被整合在一起:它们介入了共同的价值系统,是定义角色的要素。[1]

(三) 格兰诺维特的"弱嵌入性"

1. 何谓弱嵌入性:在零嵌入性与强嵌入性之间

格兰诺维特是嵌入性理论的集大成者,是在批判继承了波兰尼等嵌入性思想的基础上提出自己的弱嵌入性思想的。

格兰诺维特认为,在对待经济与社会关系上存在两种对立的立场。一种是多数的功利主义者,包括古典经济学和新古典经济学,都假设人的行为是理性而自利的,鲜少受到社会关系的影响,是一种零嵌入性的立场。另一种是强嵌入性立场,认为行为和制度深深受到社会关系的限制,把它们视为相互独立的东西是极大的错误。

社会学家、人类学家、政治学家和历史学家认为,人类经济行为在前市场经济的社会里确实是依赖社会网的,是一种强嵌入性立场,但随着现代化的进程,前市场社会走向市场社会,经济为现代社会中逐渐分离并分化的领域,经济交易逐渐取决于个人基于自利的详细计算,经济行动逐渐脱离社会关系的影响,进入零嵌入性时期。这种镶嵌的观点历来为人类学的"实质论学派"所主张,尤其是波兰尼,也与历史学与政治学中的"道德经济"相仿佛,马克思的思想也明显与之类似。经济学家很少持与上述相同的看法,多数认为早期社会中存在的镶嵌问题在现代市场中相对不甚重要。

格兰诺维特既不同意上述强嵌入性的立场,也不赞成上述零嵌入性的观

---

[1] See Alan Jenkins. *Substantivism as a Comparative Theory of Economic Forms*, in *Sociological Theory if the Economy*, Barry Hindess ed., The Macmillan Press Limited, 1977, pp. 66—91. 转引自张其仔:《新经济社会学》,中国社会科学出版社,2001年,第20—21页。

点,而是提出了有别于两者的弱嵌入性概念。弱嵌入性一方面承认经济嵌入社会关系之中,另一方面承认经济行为的相对自主性,实际上是一种介于强嵌入性和零嵌入性之间的部分嵌入性。从弱嵌入性观点来看,一个社会向现代转型时,并没有改变嵌入性水平。一方面,弱嵌入性认为经济行为的嵌入性程度在前市场经济中比"实质论"者想象的强嵌入性要低一些,在现代化的过程中也没有那么剧烈的变化;但另一方面现代社会经济对社会关系的嵌入水平比"形式主义"论者和经济学家所持的零嵌入性要高,并非无足轻重。这正是新经济社会学的嵌入性概念与波兰尼的嵌入性概念的差别之所在。

2. 何为弱嵌入性:人的社会化理论的论述

社会学在对待个人与结构的问题上一直存在着两种对立:社会化不足与过度社会化的对立。过度社会化认为人被视为完全敏感于他人的意见,并完全屈从于共有的价值与规范系统;这些价值和规范经由社会化过程成功地内化,所以这种屈从十分自然,人们毫无反抗。这种在当时成为社会学主流的观点多半导因于帕森斯认识到霍布斯所提的社会秩序问题,并试着提出不同的解答,以有别于霍布斯和功利主义论者的低度社会化观点。[1] 霍布斯认为,由于人的自然本性——竞争、猜疑和荣誉,因此,在没有一个共同权力使大家慑服时,人们便处于每一个人对每一个人的战争状态,即人们后来通常所说的"霍布斯困境"。[2] 霍布斯对处于霍布斯困境中的人的观念,也就是格兰诺维特认为的是一种社会化不足的观念,从嵌入性角度就是一种零嵌入性观念;此时,社会不可能获得社会秩序。

为此,霍布斯提出了一种解决方案:人们出于理性的考虑,相互间同意订立契约,放弃个人的自然权力,把它托付给一个人或一个组织,这个人或集体能把大家的意识化为一个人的意识,能把大家的人格化为一个人的人格,大家服从他的判断,服从他的人格,这样,社会就产生了秩序。在这种秩序下的人的观念,也就是格兰诺维特称之为"过度社会化"的观念,从嵌入性角度就是一种强嵌入性观念,处于这种秩序的人也是一种过度社会化的人,也就自然而然地形成了某种社会秩序。

这种存在于社会学领域的两种对立的观念也同样存在于经济学中。主流经济学,如古典和新古典经济学,持续着功利主义传统,主张社会性孤立

---

〔1〕【美】马克·格兰诺维特:《镶嵌:社会网与经济行动》,罗家德 译,社会科学文献出版社,2007年,第3页。

〔2〕 参见【英】霍布斯:《利维坦》,黎思复、黎廷弼 译,商务印书馆,1985年,第94页。

的、低度社会化的、零嵌入性的人类行为。这些论点假设,生产、分配与消费行为完全不受社会关系与社会结构的影响。在完全竞争的市场内,没有生产者与消费者能明显地影响总体需求与供给,并因此而操控市价或其他交易条件。如果一个交易者遇到了复杂或困难的人际关系,尤其是不信任或不诚实的情形,他/她只需换一个愿以市场行情诚实交易的对手就好了;社会关系的功能多多少少是不切实际的。古典或新古典经济学因此以为,交易双方有社会关系或多或少只是自由市场的累赘而已。[1] 另一种立场是重视社会影响的研究,视社会影响为行动者获取社会风俗、习惯与规范的过程,这个过程是机械性的,自动自发的,完全枉顾个人的理性选择,与上述所讲的过度社会化的、强嵌入性的观念接近。

但格兰诺维特认为,不管是过度与低度社会化有何明显不同,很讽刺的是,两者共同地以社会性孤立的行动者作为行动与决定的中心。在低度社会化观点中,孤立来自偏狭的自我利益追逐;在过度社会化观点中,孤立来自一个人的行为方式已经被内化,当时情境的人际关系只有敲边鼓的效果而已。来自社会的内化的行为规则并不曾明显地与功利主义区隔开来,因为后者的效用函数的来源仍然是一个待解的谜,它可以是来自社会价值与规范——一如过度社会化的观点。两个观点对社会秩序的解答因此合二为一,共通地将行动者孤立于实时的社会情境之外。[2] 在经济学的模型之中,处理社会关系的方式十分吊诡,即使个人决定似乎包含了他人的影响,但仍旧是社会性孤立的决定。因为经济学分析的一组个体——通常是两人,也有时是较大的团体——都是抽离于社会脉络之外,他们的行为孤立于其他团体及自己内部关系的历史外。孤立问题并没有因为分析单位变成两人或多人而消弭。过度社会化的观点——行动者完全依从于被赋予的角色——被用来补足孤立的、低度社会化的观点。[3]

因此,格兰诺维特的弱嵌入性观念既反对社会化不足的零嵌入性观念,也反对过度社会化的强嵌入性观念,认为,对人类行为的完整分析,应该尽量

---

[1] 【美】马克·格兰诺维特:《镶嵌:社会网与经济行动》,罗家德 译,社会科学文献出版社,2007年,第4—5页。

[2] 【美】马克·格兰诺维特:《镶嵌:社会网与经济行动》,罗家德 译,社会科学文献出版社,2007年,第5—6页。

[3] 【美】马克·格兰诺维特:《镶嵌:社会网与经济行动》,罗家德 译,社会科学文献出版社,2007年,第7—8页。

避免过度与低度社会化的孤立问题。行动者既不是像独立原子一样运行在社会脉络之外,也不会奴隶般地依附于他/她所属的社会类别赋予他/她的角色。他们具有目的性的行动企图实际上是嵌在真实的、正在运作的社会关系系统之中的。[1] 可见,格兰诺维特的弱嵌入性观念,既不完全否定社会化不足,也不完全否定过度社会化,而是一种中度社会化的观念,主张两者的相互支持,个体与结构之间的融合和互动,一方面指出了结构对行动者的制约,另一方面不把行动者当成结构的奴隶,既非原子主义立场,也非结构主义的立场,而是给结构与行动者都留下了作用的空间。

在完成弱嵌入性观点的社会学论证后,格兰诺维特紧接着不仅在实践上以经济生活中的信任与欺诈为例来例证他的弱嵌入性和中度社会化的观点,而且在理论上借着新制度经济学中长期存在的"公司外市场抑或公司内科层"的议题来显示他的弱嵌入性和中度社会化观点如何分析问题,从而最终显示他的弱嵌入性和中度社会化观点如何在理论与实证上改变对经济行为的研究。

3. 从经济的嵌入性迈向一般的嵌入性

由于讨论经济行为的学者职业性地把人们的行为社会性孤立化,从而使这类行为成为未获适当阐释的典型例子;由于很少例外,社会学家退出了所有新古典经济学研究的领域。他们似乎隐约地接受了经济学者的观点,"市场过程"并不是社会学家适合的领域,因为社会关系在现代社会中只是一个细碎琐屑的角色,而不占有中心位置。因此,在格兰诺维特看来,集中讨论经济行为及其嵌入性对于他研究的问题——嵌入性——有其典型意义。但这并不意味着格兰诺维特认为嵌入性只存在于经济行为,而是相信所有人类行为都有嵌入性,都镶嵌在社会网之中;[2] 甚至认为所有社会也都存在嵌入性,尤其现代市场社会也是如此。

为何人类社会行为存在嵌入性呢?格兰诺维特认为,人除了经济动机外,还存在非经济动机。他认为,社会性、赞同、地位和权力是人类的中心动机。所有这些动机的实现都离不开社会关系网络,都离不开他人。经济行动

---

[1] 【美】马克·格兰诺维特:《镶嵌:社会网与经济行动》,罗家德 译,社会科学文献出版社,2007年,第8页。

[2] 【美】马克·格兰诺维特:《镶嵌:社会网与经济行动》,罗家德 译,社会科学文献出版社,2007年,第29页。

是行动者行动集合中的组成单元,很难设想它能在独立的空间中发生运作。[1] 工作不仅仅是为了获得报酬,把钱拿回家,满足物质的需要,工作同时把个人从私人生活中拉出来,把个人与一个更大的社会世界联系起来。经济行动不仅是满足个人自然物质需要的工具,而且是自我实现的工具,工作、金钱是地位、权力、身份等等的重要来源。所有这些只有在社会背景下才能实现。[2]

(四)新发展时期的"嵌入性"

在格兰诺维特提出嵌入性理论之后,嵌入性理论得到了巨大的发展。概括地说,嵌入性理论的新发展主要体现在以下三个方面:

1. 嵌入性作为一种研究方法——社会网络分析

嵌入性理论的发展首先得益于嵌入性分析工具——社会网络分析——的发展,在这个意义上,经济的嵌入性分析也称作经济的社会网络分析或者网络理论视角的经济分析。格兰诺维特在1985年指出了行动者的经济行为嵌入在社会关系体系之中后,在自己以前强关系和弱关系基础上,还认为需要区分行动者的直接联系与有距离的联系的区别,关系嵌入与结构嵌入的区别。关系嵌入是指经济行动、经济结果和经济制度受到行动者之间关系(包括强关系和弱关系)的影响,结构嵌入是指这三个层面的经济现象受到关系所构成的整体网络结构的影响。关于强关系与弱关系的区分在边燕杰那里得到了延续。关于经济行动者之间关系的性质,韦尼·贝克尔发现公司与投资银行间的市场联结形式有三种:关系性的联结、交易性的联结和兼容前两者的混合性联结。乌兹提出公司间的联结存在有一定距离的联结与嵌入性的联结的差异。他们都强调了企业在市场中拥有混合关系的重要性。博特则关注社会联结的网络结构,借助于结构洞概念,研究了玩家(即行动者)在社会关系网络结构中的位置及其给玩家带来的信息利益和控制利益。结构洞思想是在齐美尔、科尔曼和格兰诺维特的思想基础上提出的,从而深化了格兰诺维特的结构嵌入的思想。[3]

---

[1] Mark Granovetter. *Problem of Explanation in Economic Sociology*, in *Network and Organizations*, edited by Nitin Nohria and Robert G. Eccles, Harvard Business School Press, 1992, pp. 26. 转引自张其仔:《新经济社会学》,中国社会科学出版社,2001年,第24—25页。

[2] 张其仔:《新经济社会学》,中国社会科学出版社,2001年,第25页。

[3] 王茂福:《经济的嵌入分析评论》,《社会学评论》,2014年第2卷第5期。

2. 嵌入性作为一种理论——（经济）组织理论

经济社会学家在推动社会网络理论发展的同时，还借助于这种研究方法研究了许多经济问题，主要集中在经济组织及其嵌入的社会网络的研究。比如，密兹鲁奇等研究了公司关系和相互兼任的董事会，格兰诺维特和边燕杰研究劳动力市场中的求职与招聘问题，乌兹研究纽约市服装企业的绩效问题，密兹鲁奇和乌兹研究银行借贷问题，阿波拉菲亚继韦尼·贝克尔研究证券市场之后研究期货市场问题，格兰诺维特研究企业集团，贝卡梯利和萨克森宁分别研究第三意大利和硅谷之类的产业聚集，迪马玖等研究消费者的社会嵌入性购买，斯威德伯格研究作为社会结构的市场，博特研究竞争的社会结构，乔·波多尼研究投资银行承销证券的价格问题，保罗·英格拉姆等从朋友网络角度研究酒店经理的绩效。这些从社会网络理论角度研究经济问题的经济社会学家，大多是组织社会学中社会网络学派的人物，他们中的多位如密兹鲁奇、韦尼·贝克尔、乌兹、乔·波多尼、阿波拉菲亚、英格拉姆等，就职于商学院或管理学院，侧重从企业关系、企业社会网络的角度研究企业的行为和绩效。[1]

3. 嵌入性迈向更深更广的嵌入——文化社会学

大多数经济的嵌入分析学者赞同客观因素对行为的影响远比主观因素要大。怀特在数十年间执着地关注决定行动的结构因素，文化因素一直被边缘化、被忽视。格兰诺维特明确指出嵌入分析对使用思想、价值、精神和认知图谱等抽象概念的社会学分析持相反的看法。网络概念十分接近生动丰富真实的社会现实，在对经济的嵌入分析中尤为有用，可以避免主流经济学、新制度经济学以及其他抽象社会学分析中所共有的概念性错误。

但批评者认为，嵌入分析忽视文化：（1）未能正确认识社会网络的形成与文化的关系。社会结构不可能从文化和组织的真空中自行产生出来。社会制度首先是带有价值烙印的实践，然后才成为各种网络和关系结构赖以产生的决定性框架。（2）夸大了社会网络在行动和观念中的作用，存在"过度嵌入性"问题。社会网络分析无法解释人们的偏好、观念在缺乏人际关系影响的情况下何以产生。成人的行动可能受到儿时内化的社会规范的影响，不能完全从社会网络来理解。（3）未能把握住规范约束和社会期待是社会网络中社会角色的基础。如博特将嵌入分析分为关系分析和位置分析。位置

---

[1] 王茂福：《经济的嵌入分析评论》，《社会学评论》，2014年第2卷第5期。

分析提出了结构等位和角色等位的概念,区分了网络中的孤立者、中心者和边缘者等角色,指出了不同地位上的不同身份的行动者的影响力是不同的。但他止步于此,未能进一步发掘角色、结构背后的文化根源。

文化社会学给出以下建设性意见:(1)要关注文化对社会结构的影响;(2)网络中的结构和意义交织在一起,社会结构本质上充满着期待、符号、图腾、文化习惯、身份等文化创造物,网络分析应将文化纳入其中,甚至有人呼吁建立一种替代式分析;(3)文化和网络一起演进,相互促进,社会关系的形成离不开文化,共享的文化意义也塑造了社会结构。

面对文化社会学的这些批评和建议,格兰诺维特显示出了包容与综合的态度,将他以前的结构嵌入分析进行了修正,指出经济行动在社会网络、文化、政治和宗教的嵌入都属于嵌入的类型,从而使嵌入性迈向更深更广的嵌入:不仅包括微观的关系嵌入性和中观的结构嵌入性,而且包括宏观的文化嵌入性、政治嵌入性、制度嵌入性、宗教嵌入性和认知嵌入性。[1]

(五)"嵌入性"的分类

纵观目前嵌入性研究的各种各样的理论,嵌入性大致可以作如下划分:

1. 根据嵌入的主体不同,嵌入性可以分为人的经济行为的嵌入性和组织的经济行为的嵌入性。早期的嵌入性主体主要是指单个人的经济行为,作为嵌入性研究方法的社会网络也主要是指个人间有规则的一套联系或社会关系。这种从微观角度展开的嵌入性研究,后来被学者们称为"嵌入性个体视角"。之后,随着嵌入性理论逐步发展到中观和宏观层面,特别是嵌入性理论逐渐侧重关注组织理论的阶段,嵌入性主体由个人发展到了由个人构成的总体,即群体或组织。人们把这种嵌入性叫做组织嵌入性,这时的"网络"也叫做组织网络,不仅是指个人间有规则的一套联系或社会关系,而且是指组织间有规则的一套联系或社会关系。[2]如博特在《结构洞:竞争的社会结构》一书中,先研究了结构洞的分布对个人的信息利益和控制利益以及竞争优势的影响,然后将"分析的结构单位"由个人扩展到组织,论证其"正如结构洞在个体间导致不平等一样,它也导致了组织间的不平等"的研究结论,"使

---

〔1〕 王茂福:《经济的嵌入分析评论》,《社会学评论》,2014年第2卷第5期。
〔2〕 参见【美】马汀·奇达夫,蔡文彬:《社会网络与组织》,王凤彬 等译,中国人民大学出版社,2007年。

结构洞理论成为沟通微观—宏观分析层次的有力的概念工具"。[1]

2. 根据嵌入的内容及其层次的不同,嵌入性又可以细分为:

(1) 微观层面的关系嵌入性,又称作"个体嵌入视角"。"这个层次考虑的是个体通过他所嵌入的网络来调配资源的潜在能力,关注的重点是个体的结果"[2],"不过是在特定社会结构情境中来讨论的"[3]。这种特定社会结构情境可以分为强关系和弱关系;因此,关系嵌入性又可以细分为强关系嵌入性和弱关系嵌入性。强关系嵌入性由科尔曼所研究,弱关系嵌入性由格兰诺维特所关注。

(2) 中观层面的结构嵌入性,又称作"结构视角"。"结构视角强调的是社会资本的结构,强调的是个人之间的关系网络的模式,关注作为特定的结构性后果和资源通过网络的流动"[4],"关注的是网络结构形成的过程及其分配结果,而不是组成网络的个体自我"。根据嵌入网络的密度,网络可以分为高密度网络与低密度网络,因此,结构嵌入性又可以细分为高密度网络嵌入性与低密度网络嵌入性。高密度网络嵌入性为科尔曼所研究,低密度网络嵌入性最初由齐美尔、格兰诺维特所关注,最后由博特将这些理论整合为结构洞理论。[5]

(3) 宏观层面的文化嵌入性,又称作"嵌入结构视角"。"它所考虑的是,社会资本在其中运作的网络是如何嵌入到更大的政治经济或文化、规范体系中去的"[6],它所关注的是"宏观社会制度:它影响与其建立联系的人,影响这些联系的表现形式,影响网络中和网络之间的资源分配……考察宏观社会逻辑:它支配着许多种社会资本网络"。[7] 从嵌入结构视角对社会资本网络进行研究的进展不大,也不是很明显。相关的理论要点只出现在文化社会学的经济研究之中,而且并不直接关注社会资本。布朗1997年提出工业结构

---

[1] 【美】罗纳德·伯特:《结构洞——竞争的社会结构》,任敏 等译,格致出版社、上海人民出版社,2008年,第189—201页。

[2] 张其仔:《新经济社会学》,中国社会科学出版社,2001年,第67页。

[3] 李惠斌、杨雪冬主编:《社会资本与社会发展》,社会科学文献出版社,2000年,第80页。

[4] 张其仔:《新经济社会学》,中国社会科学出版社,2001年,第70—71页。

[5] 李惠斌、杨雪冬主编:《社会资本与社会发展》,社会科学文献出版社,2000年,第87—93页。

[6] 张其仔:《新经济社会学》,中国社会科学出版社,2001年,第73页。

[7] 李惠斌、杨雪冬主编:《社会资本与社会发展》,社会科学文献出版社,2000年,第93—94页。

化理论,把对影响社会资本网络的文化要素的思考引入了进来。泽利泽批评一般经济社会学为"结构绝对主义"——把一切还原为社会结构关系和网络,也反对文化绝对主义,而主张一种把结构、经济和文化因素都考虑在内的均衡方法。朱金和迪马基奥引入了以下概念:一是政治嵌入,看到经济行为总是在大的政治背景下进行;二是文化嵌入,看到经济学的假定、规则和理性是由文化限制和塑造的。[1]

政治嵌入性是指一个国家或地区内的组织或个人,其经济行为受到当时的政治环境、政治体制、权力结构的影响,主要关注政治因素对组织或个人经济行为的作用机理,以及影响或激励其经济行为的某些制度特征。类似朱金提出的政治嵌入性,Abolafia 提出了制度嵌入性,指的是组织或个人与制度环境的关系。制度嵌入性有助于组织或个人获取外部资源,但又受到所嵌入的制度环境的影响和制约。从这个角度看,制度嵌入性一定程度上有助于解释组织或个人行为之间的相似性。

文化嵌入性是指传统价值观、宗教信仰、共有信念、传统惯例等社会文化因素对组织或个人经济行为的制约和影响,关注的是共有信念、价值观和传统惯例等对其经济目标实现的促成机理。

认知嵌入性是指组织长期所形成的群体认知对于组织或个人经济行为的引导和限制,关注的是群体认知、群体思维、社会认知等对其经济行为的作用机理。[2]

3. 基于组织嵌入性特征,Hagedoorn 认为组织行为与其所处的国家和产业环境、社会网络有着密切的关系,两个组织间的双边关系也相互影响。因此,Hagedoorn 根据嵌入的内容及其层次的不同,将组织的经济行为的嵌入性细分为:微观的双边嵌入性、中观的组织嵌入性和宏观的环境嵌入性。[3]

(1) 双边嵌入性。双边嵌入性是指两个组织间的合作关系对组织行为所产生的影响。在合作关系中,相互信任是其中一方认为对方诚实的信心,

---

[1] 李惠斌,杨雪冬主编:《社会资本与社会发展》,社会科学文献出版社,2000年,第94页。

[2] 杨玉波等:《嵌入性理论研究综述:基于普遍联系的视角》,《山东社会科学》,2014年第3期。

[3] Hagedoorn J. *Understanding the cross-level embeddedness of interfirm partnership formation*. Academy of Management Review,2006,31(3):670—680。转引自杨玉波等:《嵌入性理论研究综述:基于普遍联系的视角》,《山东社会科学》,2014年第3期。

包含了认知和行为的成分,以双边预期和互惠性为特征。在企业的双边关系中,由于信息不对称造成企业选择新合作伙伴的成本较高,因此,企业更倾向选择已有合作伙伴进行合作。当信任和承诺嵌入企业间联系时,它就与企业合作关系的稳定性呈正相关关系。

(2)组织嵌入性。组织嵌入性是指组织所处社会网络对其经济行为的影响。从横向看,组织间嵌入性反映了组织合作关系的经验影响;从纵向看,组织间嵌入性反映了组织过去参与多种网络的历史经验的影响。

(3)环境嵌入性。环境嵌入性是指一个国家或产业的特性对组织经济行为的影响,包括国家环境嵌入性和产业环境嵌入性。国家层面的环境嵌入性是指国家环境对组织间合作关系形成的影响;产业层面的环境嵌入性是指组织所处的产业特征对组织间合作关系形成的影响,具体表现在不同产业类型的企业具有不同的合作倾向。

必须说明的是,对于嵌入性的不同层次,从宏观的国家环境、产业特性,到中观的企业社会关系网络,再到微观的企业双边关系,都会直接影响到组织对外部合作对象的选择,影响到组织新合作关系的形成。在进行合作关系建立和选择时,组织会受到不同层次外部环境和组织惯例的不同程度的影响,所以这三个不同层次的嵌入性往往一起发挥作用,必须全面考虑三个层次的综合作用。

二、从经济的嵌入性到法律的嵌入性

正如格兰诺维特所言:"大多数的行为都紧密地镶嵌在社会网之中,而此一论点可以避免极端的过度或低度社会化观点。虽然我相信所有人类行为皆是如此,但这里我只是集中讨论经济行为。"[1]因此,嵌入性理论虽然精彩纷呈,名目繁多,但目前只局限于经济领域的经济的嵌入性,认为在经济与社会关系的问题上存在着两种对立的观点:一种是零嵌入性的观点,即经济行为几乎不受社会关系的影响;一种是强嵌入性的观点,即经济行为受到社会关系的较大影响。实际上,格兰诺维特的这种在经济领域存在的嵌入性格局,也同样存在于经济以外的其他社会领域如法律领域。

---

[1]【美】马克·格兰诺维特:《镶嵌:社会网与经济行动》,罗家德 译,社会科学文献出版社,2007年,第29页。

法律的零嵌入性认为,法律和法律行为不受社会关系的影响,法律具有"去嵌性"或者"脱嵌化",强调法律的独立性,主要包括自然法学派(包括中世纪的神学自然法学派、近代古典自然法学派和现代的新自然法学派)和规范分析法学,甚至还包括形式主义的经济分析法学(功利主义法学)和形式主义的社会法学。这些法学思想都不同程度地将法律放在社会真空中来进行逻辑的演绎和推理,或者用"思维实验"来代替真实具体的社会现实,以此作为其整个理论建构的逻辑起点,比如神学自然法学派的逻辑起点是"神"或"上帝",古典自然法学派的逻辑起点是"自然状态",新自然法学派中的罗尔斯的逻辑起点是"原始情境",规范分析法学的逻辑起点是"基本规范""承认规则",形式主义的经济分析法学的逻辑起点是"理性经济人假设或理性",等等,都属于此类情形。这些法学学说都企图以此种"思维实验"来切断法律与社会的联系,都与经济学中的多数功利主义者一样,不约而同地认为,法律或法律人的法律行为"鲜少受到社会关系的影响,因此也预设了一个和上述思维实验相去不远的情境"。[1]

而法律的强嵌入性则强调法律和法律行为深深地嵌入社会关系之中,深深地受到社会关系的影响和限制,法律人在社会关系和社会结构面前,只能被动地机械地接受,忽视甚至否定法律人的主观能动性,完全否定法律的独立性。如历史法学派的梅因、萨维尼,社会法学派的韦伯、马克思、涂尔干、帕森斯、狄骥、埃利希等,现实主义法学派中规则怀疑主义,行为主义法学派的布莱克,实质主义的经济分析法学,法人类学派的埃里克森,国内的学者有费孝通、瞿同祖,等等,大都属于此种情形。

第三种是格兰诺维特所主张的处于零嵌入性与强嵌入性之间的弱嵌入性观点。格兰诺维特集中于经济领域的关于弱嵌入性和中度社会化的观点及其论证,也同样适用于法律领域,也同样存在于法律领域。法律的弱嵌入性在强调法律独立性的同时,并不否定社会关系、社会结构对法律的影响,主要包括古典自然法学派的孟德斯鸠,法律社会学派的庞德、塞尔兹尼克、哈贝马斯、波斯纳,历史法学派的伯尔曼,国内学者有苏力、张维迎,等等,大致属于这种情形。

如何研究法律的嵌入性?在浩如烟海的法律材料中如何切入呢?"在与

---

[1]【美】马克·格兰诺维特:《镶嵌:社会网与经济行动》,罗家德 译,社会科学文献出版社,2007年,第1页。

人类社会有关的问题中,没有几个像'什么是法律'这个问题一样,如此反反复复地被提出来并且由严肃的思想家们用形形色色的、奇特的甚至反论的方式予以回答",因此,哈特将"什么是法律"的问题称为法律理论中"经久不绝的问题"。[1]纵观法学研究的全貌,在"什么是法律"的问题上,大致存在着三种代表性的观点:自然法学认为法律就是正义等价值问题;规范分析法学认为法律就是规范;社会法学认为法律就是事实。"纯粹法学(即规范分析法学)和正义理论(即自然法学)的区别是:前者研究的是'实际上是这样的法律',后者研究的是'应当是这样的法律';纯粹法学和社会学(或社会学法学、法律社会学)的区别在于,前者研究的是'应当如何行为'的法律现实,后者研究的是'实际上如何行为'的自然现实。这两对公式中都涉及同一对词:'现实'和'应当',但两对公式的含义却不同。纯粹法学研究的是'实际上是这样的法律',也即规定'应当如何行为'的规范"。[2]众所周知,纯粹法学试图将"价值"从法律规范中排除出去的努力最终失败了;实际上,价值与规范同时并存于法律规范,区别在于:分析法学所主张的规范是显现于外的行为规范,自然法学所主张的价值只不过是隐含于内的价值规范。因此,从法律与社会的角度来看,对于"什么是法律"的争论,又可以归结为"规范抑或事实"的争论。

因此,针对上述三种法律的嵌入性,笔者将在上篇——法律的嵌入性之展开——用法律领域存在的丰富内容和材料,从历史和现实的维度,来展示、呈现嵌入性理论在法律领域的情形,试图将格兰诺维特所提出的嵌入性理论由经济领域拓展到法律领域,以尝试探讨格兰诺维特所提出但至今仍无人探讨过的那个"相信"的法律部分。历史的维度,笔者将以持续不断地、伴随法学发展始终存在于法学理论争论中的议题——"规范抑或事实"——为切入点,来考察法律的嵌入性;现实的维度,将以现存的法律制度为材料和内容,考察法律的嵌入性在现有法律制度中存在的情形;不论是历史的法律嵌入性,还是现实维度的法律嵌入性,其最终目标就是实现法律的技术合理性。笔者希望借助于这两个具有代表性和典型性的"斑点",来展示、呈现、窥探嵌入性在法律领域的"全豹"。

---

[1]【英】哈特:《法律的概念》,张文显 等译,中国大百科全书出版社,1996年,第1页。
[2] 沈宗灵:《现代西方法理学》,北京大学出版社,1992年,第157页。

三、法律的嵌入性之研究意义

(一) 理论意义

1. 对经济的嵌入性和一般嵌入性理论的意义

法律与经济最大的区别之一在于：各国法律形成了自己相对确定的规范体系，这些规范体系不仅大多数有自己的不间断的历史发展过程，而且至今仍然存在于各国法律规范体系及其法律实践中，因此，我们不仅可以对一般法律作嵌入性的分析和研究，而且可以对各国法律体系、各国法律体系的每个法律部门作嵌入性的分析和研究，甚至可以对每个法律部门中每个法律规则作嵌入性的分析和研究；也因此，我们不仅可以对一般法律、各国法律体系及其法律部门及其法律规则作历时性的嵌入性分析和研究，观察、比较、总结法律在不同历史时期的嵌入性状况及其规律，而且可以对一般法律、各国法律体系及其法律部门及其法律规则作共时性的嵌入性分析和研究，观察、比较、总结法律在不同国家、地域、社区等社会环境中的嵌入性状况及其规律。这些关于法律的嵌入性的研究，是经济的嵌入性研究由于缺乏像法律那样的规范体系而难以做到的，从而可以大大丰富、促进嵌入性理论的发展和完善。

法律与经济还有一个区别就是，法律与社会的密切程度至少高于经济与社会的密切程度，因此，尽管嵌入性理论首先来源于经济领域，但法律的嵌入性的法律实践史和理论研究史绝不会比经济的嵌入性逊色。法律与道德、法律与习俗、法律与文化、法律与地理环境的关系等有关法律的嵌入性问题一直伴随着法律发展的始终，至今仍然是法学研究主要思考和探讨的问题；而像规范分析法学尤其是纯粹分析法学那样对法律的脱嵌化研究，在整个法律实践史和研究史中，可以说只是昙花一现，很快被历史法学、社会法学派等法学思潮所取代或修正，因此，在整个法学思潮中，法律的脱嵌化研究成为主流的时间也较短，法律的嵌入性分析和研究一直是法学研究的主流，尽管这些研究并没有明确冠名为法律的嵌入性分析和研究。比较而言，像理性经济人假设那样的经济的脱嵌化研究，一直是经济学研究的主流思潮，而从社会角度研究经济问题的经济学思潮，一直处于经济学研究的边缘地位，这种研究格局直到 1980 年代经济学家加里·贝克尔发表《人类行为的经济分析》、社会学家哈里森·怀特发表《市场来自哪里》的论文之后才有所改变,但至今仍然不足以动摇像理性经济人假设那样的经济的脱嵌化研究在整个经济学思潮的统治地位。

从广度来说,法律是社会的一面镜子,因此有学者认为:"法学和社会学都关注全部社会关系这一共同性,使得从社会学的角度研究法律问题有可能比其他方法——如纯粹以经济因素或有关人际关系的某种学科的角度研究法律——更'普遍地'富有成效……在社会科学中,唯独社会学具备这种综合性,从社会学这个角度看,法律作为一种社会调节机制、一种专业领域和一门学科,都可成为用社会学解释的研究客体。"[1]在这个意义上,法律的嵌入性比经济的嵌入性更突出、更典型,范围也更广泛、更普遍,法律比经济更适于、也更应该开展嵌入性的研究。因此,从理论上看,法律的嵌入性研究在整个嵌入性理论中比经济的嵌入性研究更重要,也应该更有成效,对一般嵌入性理论的发展应该作出比经济的嵌入性研究更大的贡献。

由于上述法律与经济的区别,因此法律的嵌入性研究从理论上说可以弥补经济的嵌入性甚至一般嵌入性研究的不足。如客观形成的古今中外大量关于法律的嵌入性的经验材料,包括从一般的法律到某国的法律体系直到某个法律规则的嵌入性研究的经验材料,可以在一定程度上弥补经济的嵌入性研究在经验材料上的不足,促进一般嵌入性理论向经济以外的领域扩展,为一般嵌入性理论的发展、完善提供了可能。再如,大量的法律的嵌入性研究的经验材料的存在,为嵌入性理论的跨时期、跨国、跨地域的比较研究提供了可能。又如,经济的文化嵌入分析对经济的嵌入性研究而言较为薄弱,但对于法律而言则较为丰厚,法律本身就是文化的一部分,古今中外形成了许多绚丽多彩的法律文化,实质上也形成了许多关于法律的文化嵌入的经验研究成果,因此,法律的文化嵌入性研究可以在一定程度上弥补经济的文化嵌入性在这个方面的不足,从而有助于文化嵌入性理论的发展和完善。还如,法律作为一种社会生活方式,受到一定范围的社会群体的认知水平、特征等方面的影响,如环境犯罪、知识产权保护就受到一定群体认知水平的影响,这些实际形成的大量关于法律的认知嵌入性的经验材料,在一定程度上可以为认知嵌入性的研究提供方便和可能。此外,众所周知,法律还受到一定的政治

---

[1]【英】罗杰·科特威尔:《法律社会学导论》,潘大松 等译,华夏出版社,1989年,第6页。

和制度环境的影响,这些实际形成的大量关于法律的政治嵌入性和制度嵌入性的经验材料,在一定程度上也可以为政治嵌入性和制度嵌入性的研究提供方便和可能。另外,随着法律的不断发展,形成了大量的专业化的法律机构和组织,实际上也形成了大量关于法律的组织嵌入性的经验材料,在一定程度上也可以为组织嵌入性的研究提供方便和可能。总之,法律的嵌入性研究不仅可以弥补经济的嵌入性研究的不足,还可以丰富、发展和完善格兰诺维特所提出的一般的嵌入性理论。

2. 对法律的理论意义

从经济的嵌入性发展历史来看,嵌入性理论的发展首先得益于社会网络理论的引入与运用。同样,嵌入性理论的引入与运用到法律领域,必然会导致社会网络理论引入和运用到法律研究中,也必然会给法律研究带来一种全新的理论视野——社会网络视野。社会网络理论之所以广泛运用于社会科学领域,就是因为这种理论能有效地逼真地将现代日益复杂化的社会环境网络化,从网络理论上再现这种真实而复杂的社会,并满足各种社会科学对社会的研究。因此,如果将法律嵌入到这种社会网络进行嵌入分析,我们就可以从理论——尤其是社会网络理论——的角度,考察法律在现代这种日益复杂的网络化的社会中的运作情形,并对法律在现代复杂社会中的真实的运作状况作高仿真的研究,以便使法律更加贴近社会,更加契合于社会,更好地适应现代社会发展的需要,最终使我们制定的法律更具有科学性和针对性,有助于实现法律制定的技术合理性。

同样,从经济的嵌入性发展历史来看,嵌入性理论的发展其次还得益于社会组织——尤其是经济组织——理论的引入与运用。因此,嵌入性理论的引入法律领域,必然会导致社会组织理论引入和运用到法律研究中,弥补目前法律研究中中层理论——尤其是法律组织学理论——研究的不足,并促进法律组织学理论的形成和发展,从而在法律理论上改变目前法律研究中宏观研究与微观研究因中层理论研究缺少而导致的脱节、断裂的格局,在法律实践上尽早实现现代法律组织的合理化和现代化,有助于有效地实现法律组织的技术合理性。

从研究的角度来看,旧经济社会学中的嵌入性,实质上就是从"经济与社会"的角度来探讨经济问题;而新经济社会学的嵌入性,实质上就是从"经济与社会网络"的角度来探讨经济问题。因此,如果嵌入性理论引入并运用到法律领域,从研究角度来看,并借用经济社会学的说法,就是旧法律社会学的

"法律与社会"的研究角度的强化和进化问题,就是新法律社会学的"法律与社会网络"的引入和运用的问题,并促进传统的"法律与社会"研究角度向现代的"法律与社会网络"研究角度转型,就是旧法律社会学向新法律社会学转型的问题,最终就是使我们对法律与社会的关系的认识和研究更网络化、更技术化,从而也更精细、更深刻、更全面、更逼真,最终有助于有效地实现法律的外部的技术合理性。

法律的嵌入性的研究有助于消除法律的脱嵌化思想,尤其是法律的意识形态化或道德化思想。与法律的嵌入性研究相反的是法律的脱嵌化研究,也就是极端的零嵌入性和低度社会化的思想。如果说法律的嵌入性研究的最终目的是追求法律的技术合理性,那么,法律的脱嵌化研究追寻的则是观念合理性,尤其会自觉或不自觉地导致法律及其研究的意识形态化,从而大大节省其研究的时间成本和社会成本,能满足那些面临着立法信息和法学研究信息困境的立法者和法学研究者的节约时间成本和社会成本的需要,因此自觉或不自觉地受到这些立法者和法学者的青睐;同时,还会导致法律日益"独立与自治"的必然结果,形成"自治型法";[1]与此同时,必然也会导致法律和法学研究日益脱离社会现实的需要,日益封闭于社会,甚至会成为一种能够自我创生、自我修改、自我运转的"自创生系统"。[2]因此,法律的嵌入性的研究,有助于从观念和技术上消除这种法律研究的脱嵌化思想,尤其是有助于从观念和技术上消除法律及其研究的意识形态化思想,更好地达到波斯纳所说的"去魅",使法律更加贴近于社会,契合于社会,更加适应社会不断发展和变化的需要,从而更好地服务于社会,更好地实现法律的技术合理性。

3. 对法学研究的方法论意义

从方法论的角度来看,经济的嵌入性尤其是新经济社会学有关经济的嵌入性的研究,在相当大的程度上得益于社会网络分析方法的引入与运用。因此,嵌入性在法律研究领域的引入和运用,必然会为法学研究带来新的更有力的先进的社会科学研究方法——社会网络分析。作为一种社会科学的研究方法,社会网络分析目前不仅形成一整套相对成熟的将社会网络化的理论模型,而且也发展出一整套相对成熟的将社会网络化之后进行社会研究的资

---

[1] 参见【美】诺内特、塞尔兹尼克:《转变中的法律与社会》,张志铭 译,中国政法大学出版社,1994年,第59—80页。

[2] 参见【德】贡塔·托依布纳:《法律:一个自创生系统》,张骐 译,北京大学出版社,2004年。

料收集技术——如自我中心社会网资料的测量和收集、整体社会网资料的测量和收集——与资料的处理和分析技术,如图论法、矩阵法、中心性(度)分析、子群分析、小团体分析、角色分析等分析技术。[1] 因此,嵌入性的引入和运用到法律研究领域,必然会导致社会网络分析方法的引入和运用到法律研究领域,也必然会给法学研究带来全新的研究方法和相应的研究技术,促进法学研究方法的多元化和现代化,甚至可以极大地推动法学研究的推陈出新和提档升级。

与社会网络理论既是理论也是方法一样,嵌入性理论也是研究理论与研究方法的统一。从方法论的角度来看,与法律的嵌入性理论可以实现对历史上各种法律理论进行理论整合一样(详后),法律的嵌入性分析方法也可以实现对历史上各种法律研究方法进行方法论的整合,厘清各种法学研究之间的内在联系和各自的优缺点,使之体系化、层次化,为全面地、多维度、多层面、多角度地研究法律问题提供了方法论的指导。如从法律的嵌入性分析所嵌入的不同社会环境来看,可以分为以下三个层面:一是宏观的嵌入性分析,包括法律的社会结构嵌入分析、法律的社会文化嵌入分析等方面;二是中观的嵌入性分析,包括法律的组织结构的嵌入分析、法律的社会网络的嵌入分析等方面;三是微观的嵌入性分析,包括法律的经济嵌入分析等方面。本书不仅试图从内容上来展示、呈现法律的嵌入性,也试图从方法论意义上来展示、呈现法律的嵌入性。

(二) 对法律的实践意义

1. 对法律制定的实践意义

法律的嵌入性分析的最终目标是寻求法律的技术合理性(详后),因此,对法律——尤其是对即将要被制定出来的法律——的嵌入性分析和研究,就必然会使法律的制定更具有针对性、科学性,并采取不同的立法战略和立法措施。

(1) 根据法律的嵌入度的不同确定与之相适应的立法战略。首先,在制定嵌入度高的法律时,由于法律与社会的关系密切,嵌入社会的程度较高,因此,这类法律的制定不可能从一个国家或地区直接移植到另一个国家或地

---

[1] 参见:罗家德:《社会网分析讲义》,社会科学文献出版社,2010年;林聚任:《社会网络分析:理论、方法与应用》,北京师范大学出版社,2009年;【英】约翰·斯科特:《社会网络分析法》,刘军 译,重庆大学出版社,2007年。

区,即采取"买"的立法战略;即使基于一些主观或客观的原因(如立法的时间成本和社会成本)采取了移植或"买"的立法战略,但法律实施必然会遇到巨大的社会阻力,最终形成一纸空文。因此,针对这类嵌入度高的法律的制定,应该选择时间成本和社会成本较高的"做"的立法战略,侧重解决被制定的法律与具体社会环境的相互契合、相互适应等互恰性问题,即法律的外部的技术合理性问题。其次,在制定嵌入度低的法律时,由于法律与社会的关系不紧密,嵌入社会的程度较低,因此,这类法律的制定适宜选择时间成本和社会成本较低的"买"的立法战略,侧重解决法律自身的自洽性问题,即法律内部的技术合理性问题。最后,在制定嵌入度适中的法律时,应该选择"做"与"买"相结合的立法战略,既要关注法律自身的自洽性问题,即内部的技术合理性问题,又要解决法律与社会环境的互恰性问题,即外部的技术合理性问题。

(2)根据法律实施的可能的社会环境,将法律嵌入到各种社会环境作嵌入性分析,以使被制定出来的法律能够更好适应各种社会环境。如有些法律(如婚姻家庭法等)受社会的传统文化环境影响较大,在制定此类法律时,就需要侧重于将它们嵌入到传统文化环境中作文化嵌入性的分析和研究,以使被制定出来的法律能够与传统文化相协调,至少要避免与传统文化发生正面的直接冲突;有些地域性的法律(如民族区域自治法等)受地域性社会环境的影响较大,在制定此类法律时,就应该侧重将它们嵌入到一定的地域环境作嵌入性的分析和研究,以使被制定出来的法律能够与一定地域的社会环境相协调;有些法律受一定群体及其认知水平等因素的影响较大,在制定此类法律时,就需要侧重于将它们嵌入到一定群体中作认知嵌入性的分析和研究,以使被制定出来的法律适合于此类群体及其相应的认知水平;有些法律(如法官法、检察官法等)受社会组织及其结构—功能的影响较大,在制定此类法律时,就应该侧重于将它们嵌入到一定社会组织的结构—功能中作社会组织嵌入性分析和研究,以使被制定出来的法律适合于此种社会组织环境;有些法律受经济及其规律的影响较大,在制定此类法律时,需要侧重于将它们嵌入到一定的经济环境中作经济嵌入性的分析和研究,以使被制定出来的法律适应于此种经济环境,至少与经济规律不发生直接的正面冲突;有些法律(如宪法等)受整个社会结构的影响较大,在制定此类法律时,就应该将它们嵌入到一定的社会结构中作社会结构嵌入性分析和研究,以使被制定出来的法律与一定的社会结构相适应。

(3) 根据被嵌入的法律的不同内容,对不同层面或范围的法律作不同层面或范围的嵌入性分析,以实现不同层面或范围的法律的技术合理性。对一国的整个法律体系作嵌入性分析,以便评估一国整个法律体系的技术合理性及其水平,促进一国整个法律体系的技术合理性的提高和完善。对一国法律体系中某个法律部门作嵌入性分析,以便评估一国整个法律体系中某个法律部门的技术合理性及其水平,促进一国整个法律体系中某个法律部门的技术合理性的提高和完善。对某个法律部门中的某部法律作嵌入性分析,以便评估某个法律部门中的某部法律的技术合理性及其水平,促进某个法律部门中的某部法律的技术合理性的提高和完善。对某部法律中的某个具体法律原则或规则作嵌入性分析,以便评估某部法律中的某个具体法律原则或规则的技术合理性及其水平,促进某部法律中的某个具体法律原则或规则的技术合理性的提高和完善。

2. 对法律实施的实践意义

当法律制定的嵌入性分析和研究不足或缺少时,法律实施必然会受到来自法律内部或外部社会的阻力的影响,这时,法律实施的嵌入性分析和研究就显得尤为必要和重要。法律实施的嵌入性分析和研究有助于修改、完善法律自身,或者改善甚至改造法律实施的外部社会环境,或者两者兼而有之,以便重新获得本应在法律制定时获得的内部和外部的技术合理性。具体包括以下三种情形。

(1) 嵌入度低的法律实施的嵌入性分析和研究。嵌入度低的法律实施的嵌入性分析和研究,主要是将被实施的法律嵌入到法律规范系统作嵌入性分析和研究,以便重新获得本应在法律制定时获得的内部的技术合理性。

(2) 嵌入度高的法律实施的嵌入性分析和研究。嵌入度高的法律实施的嵌入性分析和研究,主要是将被实施的法律嵌入到外部社会环境中作嵌入性分析和研究,以便重新获得本应在法律制定时获得的外部的技术合理性。

(3) 嵌入度适中的法律实施的嵌入性分析和研究。嵌入度适中的法律实施的嵌入性分析和研究,既要将被实施的法律嵌入到法律规范系统作嵌入性分析,又要将被实施的法律嵌入到外部社会环境中作嵌入性分析,以便重新获得本应在法律制定时获得的内部和外部的技术合理性。

3. 对法学教育的实践意义

法律的嵌入性分析和研究会使我们的法学教育和学习更具有针对性、科学性,使在课堂上学习到的法律知识得到最大化的运用和实践,提高法学教育和学习的效率。具体包括以下三个情形。

(1) 嵌入度低的法律的法学教育和学习。对于嵌入度低的法律的法学教育和学习，由于法律与社会的关系不密切，法律的嵌入度较低，因此，为了满足法律实践对知识的需要，只需传授和学习法学的知识和技能。

(2) 嵌入度高的法律的法学教育和学习。对于嵌入度高的法律的法学教育和学习，由于法律与社会的关系密切，法律的嵌入度较高，因此，为了满足法律实践对知识的需要，法学教育既要注重传授和学习法学知识，更要注重相关的人文社会科学知识的传授和学习。

(3) 嵌入度适中的法律的法学教育和学习。对于嵌入度适中的法律的法学教育和学习，由于法律的嵌入度适中，因此，为了满足法律实践对知识的需要，法学教育既要传授和学习法学知识，又要传授和学习相关的人文社会科学知识。

4. 对法学研究项目的设计与投资的实践意义

法律的嵌入性研究还会使法学研究项目的设计与投资更具有针对性、科学性，针对不同的法学研究项目投入相应的人力、物力和财力，提高法学研究投资的效率。具体包括以下三种情形。

(1) 嵌入度低的法律的法学研究项目的设计与投资。针对嵌入度低的法律的法学研究项目的设计与投资，由于法律的嵌入度较低，有关项目研究所需的知识主要局限于法学知识和技能，因此，课题设计侧重关注研究法律的内部的技术合理性，项目研究所需的人力投资主要局限于法学研究人员中从事规范分析和研究的人员，项目研究所需的物力和财力投入相比同类的从事交叉学科研究的要低，在项目经费的投入上要根据这些特征确定与之相应的相对较低的经费投入，以便使项目的投入与产出相一致，最大化法学研究投资的效率。

(2) 嵌入度高的法律的法学研究项目的设计与投资。针对嵌入度高的法律的法学研究项目的设计与投资，由于法律的嵌入度较高，有关项目研究所需的知识既需要法学知识和技能，更需要相关的人文社会科学方面的知识和技能，因此，课题设计侧重关注研究法律的外部的技术合理性，项目研究所需的人力投资侧重于法学研究人员中从事交叉学科分析和研究的人员甚至还可以包括相关人文社会科学研究的人员，项目研究所需的物力和财力投入相比同类的从事交叉学科研究的要高，在项目经费的投入上要根据这些特征确定与之相应的相对较高的经费投入，以便使项目的投入与产出相一致，最大化法学研究投资的效率。

（3）嵌入度适中的法律的法学研究项目的设计与投资。针对嵌入度适中的法律的法学研究项目的设计与投资，由于法律的嵌入度适中，有关项目研究所需的知识既需要法学知识和技能，又需要相关的人文社会科学方面的知识和技能，因此，课题设计既要关注研究法律的内部的技术合理性，又要关注法律的外部的技术合理性，项目研究所需的人力投资最好是法学研究人员中从事交叉学科分析和研究的人员，或者课题组成员中既有规范分析的成员也有交叉学科研究的成员，项目研究所需的物力和财力投入相比前两类的投资而言居中，在项目经费的投入上要根据这些特征确定与之相应的相对适中的经费投入，以便使项目的投入与产出相一致，最大化法学研究投资的效率。

（三）对中国法治的特殊意义

1. 中国的特殊国情更需要法律的嵌入性分析和研究

从嵌入性的角度——法律与社会关系——来看，构成现代世界法律制度主要支柱的两大法系——大陆法系和英美法系——主要来源于人口较少、地域面积较小、社会同质性较高的欧洲小国；即使是后来的像美国那样的地域面积较大、人口相对较多、社会异质性较高的大国，实际上也是采取欧洲小国那样的治理方式——联邦制——来治理；因此，在这个意义上，从理论的角度来看，现代世界法律制度更适合于小国的治理和运用。但这并不意味着这些"小国"的法律制度对于"大国"的法律治理没有借鉴意义，作为大国的美国应该是在这个方面做得比较成功的例子。美国之所以在法律制度上取得如此的成果，在一定意义上得益于能够根据自己的国情对来自欧洲小国（主要是英国）的法律制度进行创造性的移植和改造，换言之，就是法律的嵌入性分析和研究。由于美国特殊的法官造法的判例法制度及其体现出对技术合理性——尤其是外部的技术合理性——的追求；由于美国特殊的法学教育制度，尤其是法学教育开始于研究生阶段、法科学生的自然科学和人文社会科学背景；由于美国的英国文化背景，尤其是商业传统及其实用主义精神，使美国的法学研究呈现出一种更强的实用主义倾向，在法学研究上更强调"理论密切联系实际"，更习惯于"实事求是"。因此在这些主要因素的综合作用下，使美国更适合也更易于进行法律的嵌入性分析和研究，尽管他们没有明确地称之为"法律的嵌入性分析和研究"。

与美国更与欧洲小国比较而言，中国与美国一样不仅是地域大国，更是人口大国,现有人口是美国的3倍多,尤其是文化大国,有5 000多年不间断的、一脉相承的文明史;在这个意义——基本国情——上,中国是现有世界上几乎独一无二的巨型国家。因此,中国现代法律制度的建设要想取得像美国那样的成功和成就,就需要借鉴当时美国移植和借鉴欧洲小国的法律制度的成功经验,在移植和借鉴欧洲小国的法律制度时,也需要进行法律的嵌入性分析和研究,甚至在某种意义——基本国情——上,中国比美国更需要进行法律的嵌入性分析和研究,用毛泽东的话说就是更需要"实事求是"的精神,用邓小平的话说就是更需要"白猫黑猫,抓住老鼠就是好猫"的精神。这不仅是过去保障中国革命和改革取得成果的"法宝",也可能是目前中国法治国家建设取得成功的"法宝"。

2. 中国法治的脱嵌化更需要法律的嵌入性分析和研究

理论上的应然并不对于行动上的实然。由于中国自身内部的历史文化传统、中国历史上形成的中央集权治理体制,由于近现代中国外部因素的逼迫,更为根本的是由于中国是大国以及由此导致的强国家—弱社会的社会结构,使中国有必要也有可能选择一条能够节约时间成本和社会成本的、能够在最短时间快速地实现国家和社会的现代化的、自上而下的意识形态化或道德化——实质上就是脱嵌化——的国家治理之路,最终也使中国法治在30余年内走完了西方几百年才能走完的路的同时,也留下了脱嵌化、去中国化的弊端。这些脱嵌化的弊端主要体现在以下方面:

(1)法律制定的脱嵌化现象较为严重。为了满足中国社会主义市场经济快速发展的需要,中国的法治建设在"市场经济就是法制经济""与国际接轨"等意识形态的推动下,也走上了时间成本和社会成本较低的快速发展之路,在法律制定上也主要选择了时间成本和社会成本较低的"买"的立法战略。对于嵌入度低的法律的制定,选择这种时间成本和社会成本较低的"买"的立法战略,本无可厚非,也在法理、情理、事理之中;但问题的关键是,到了进行嵌入度高或嵌入度适中的法律的制定时,也自觉或不自觉地就采取这种"买"的立法战略了。因此,最终使中国当代立法在整体上呈现出一种在中国近代出现过的"中国法律'看不见中国'"的脱嵌化现象(详后)。[1]

(2)法学研究的脱嵌化现象较为严重。实践的需要推动认识的发展。为了满足中国当代快速法制化的需要,中国法学研究——尤其是嵌入度高和

---

[1] 江照信:《中国法律"看不见中国"》,清华大学出版社,2010年,第19页。

适中的法律的法学研究——也呈现出一种脱嵌化的倾向,规范分析多于社会分析,法逻辑学的研究多于法社会学的研究,"西方法学"多于"中国法学",最终使中国法学在整体上呈现出与上述"中国法律'看不见中国'"现象一样,也存在"看不见中国"的情形,以致敏锐地意识到这个问题的学者认为,中国法学由于"受西方现代化范式的支配性影响",存在着"中国法学研究中'中国'的缺位"的情形,并对法学界大声疾呼:"中国法学向何处去?"[1]"什么是你的贡献?"[2]

(3)法学教育的脱嵌化现象较为严重。由于中国法学教育的分科开始于大学本科阶段,法科学生的自然科学和人文社会科学的知识较为缺乏,知识结构较为单一,知识背景较为单调,法学教育主要局限于规范分析方法和技能的训练,"法律缺乏交叉学科研究",法学教育与法律实践脱节的现象较为突出,"理论脱离实际的情况仍然是课程设置和教学内容的重大和急需解决的问题"[3];尤为突出的是,不能针对嵌入度高和适中的法律,在法学教育的内容、方法和技能上区别于嵌入度低的法律,而是千篇一律地采取一种适合于嵌入度低的法律的法学教育内容、方法和技能。因此,与上述法律制定和法学研究"看不见中国"的情形一样,中国法学教育在整体上也呈现出一种"看不见中国"的格局,形成一种中国法学教育特有的脱嵌化的"'隔离'现象":"法学与其他学科的隔离""法学学科内部的隔离"和"法学教育与法律实践的隔离"。[4]

改变中国法治在法律制定、法学研究和法学教育中较为普遍存在的脱嵌化现象,需要法律的嵌入性分析和研究的引入以及广泛运用,尤其是要改变中国法治在法律制定、法学研究和法学教育上,对法律的嵌入度低的法律与嵌入度高和适中的法律不加以区别对待的情形,要根据法律的嵌入度的不同,将法律嵌入到不同的社会环境加以嵌入性的分析和研究,实现在不同层面、范围和内容上的法律的技术合理性。

---

[1] 参见邓正来:《中国法学向何处去》,商务印书馆,2006年,第107—130页。
[2] 苏力:《法治及其本土资源》,中国政法大学出版社,1996年,"什么是你的贡献?(自序)"。
[3] 参见苏力:《法治及其本土资源》,中国政法大学出版社,1996年,第292—319页。
[4] 刘红:《我国法学教育中的"隔离"现象透视》,载《东南法学》(第四辑,年刊),东南大学出版社,2012年,第134—140页。

四、法律的嵌入性之研究现状与本书的结构安排

（一）研究现状

"任何理论倾向都是识别一种连续统一体——一种变化据以发生的尺度——的方式。"[1]为此，笔者前述将零嵌入性也纳入了法律的嵌入性理论中；严格说来，尤其是从"法律与社会的关系"的角度来看，法律的嵌入性分析应该只是包括弱嵌入性和强嵌入性的观点，即狭义的法律的嵌入性。在此，笔者只谈谈我国法学研究在狭义的法律的嵌入性意义上的研究状况。尽管在法律领域至今还没有学者明确提出法律的嵌入性概念并有意识地开展这个方面的研究，但从研究的实际内容来看，还是有许多有关法律的嵌入性的研究成果。在此，笔者试图比照经济的嵌入性研究状况，从以下几个方面来粗线条地描述、概括法律的嵌入性在中国法学中的研究现状。

1. 宏观层面的法律的嵌入性分析

（1）法律的文化嵌入性分析。法律的文化解释和研究，法律与习俗的研究，都曾经一度成为了我国法学研究的热点问题之一，在这方面形成了大量的研究成果，如梁治平的《寻求自然秩序中的和谐》，王启梁的《迈向深嵌在社会与文化中的法律》，都属于这方面的成果。

（2）法律的政治嵌入性分析。在我国，政法本是一家，这方面的研究成果也较为丰厚，苏力称之为"政法法学"流派[2]，如张静的《土地使用规则的不确定：一个解释框架》（《中国社会科学》2003年第1期），目前的政治宪法学研究，都应该属于这方面的研究成果。

（3）法律的社会结构嵌入性分析。从社会结构——尤其是社会与国家的视角、社会转型的视角、乡土社会的角度——来研究法律问题，曾经一度成为我国法学研究的热点问题之一，在这方面形成了大量的研究成果，如梁治平的《清代习惯法：社会与国家》，苏力的《送法下乡》《道路通向城市》，都属于这方面的研究成果。

（4）法律的认知嵌入性分析。法律与认知科学正在中国法学研究初露

---

[1]【美】诺内特，塞尔兹尼克：《转变中的法律与社会》，张志铭 译，中国政法大学出版社，1994年，第9页。

[2] 苏力：《也许正在发生——转型中国的法学》，法律出版社，2004年，第9—11页。

头角,如李学尧的《认知流畅度对司法判决的影响》(《中国社会科学》2014 年第 5 期),就是这方面的研究成果。

2. 微观层面的法律的嵌入性分析

微观层面的法律的嵌入性分析,主要体现在法律经济学的研究上。"法律经济学方法在给定的结构下对具体问题有较强的解释力,但对结构本身却无法给出自圆其说的解释。"[1]因此,从嵌入性的角度来看,法律经济学的研究就是将法律问题嵌入到经济关系中进行分析和研究,属于微观的关系嵌入性层面的研究,而不属于中观层面的组织或网络结构嵌入性分析和研究,更不属于宏观层面的社会结构的嵌入性分析和研究。法律经济学的研究在我国法学研究中也形成了大量的研究成果,如苏力的《"海瑞定理"的经济学解读》(《中国社会科学》2006 年第 6 期),就属于这方面的研究成果。

3. 中观层面的法律的嵌入性分析

比照经济的嵌入性研究状况,中观层面的法律的嵌入性分析,应该主要体现在法律的社会网络分析和法律组织学的研究上。根据笔者的阅读范围,严格意义上的法律的社会网络分析,至今在中国法学研究中还没有看到。有关法律组织的研究成果,如对中国法院的研究,对中国法院中某个法律组织——如审判组织、调解组织、审判委员会、政法委等——的研究,可以说还不少,如苏力在《送法下乡》一书中对法院组织、法院审判委员会的研究,侯猛在《中国最高人民法院研究》一书中对中国最高法院组织的系统研究,都应该属于这个方面的研究成果。但严格的法律组织学意义——将法律嵌入到法律组织结构—功能中进行嵌入性分析和研究——上的研究成果较少,甚至可以说凤毛麟角。

4. 作为研究方法的法律的嵌入性分析

法律的嵌入性不仅是一种理论,而且也是一种研究法律的方法和思维方式。作为一种研究方法的法律的嵌入性,就是将法律嵌入到不同的社会环境——尤其是新经济社会学的社会网络化的社会环境——进行嵌入性分析和研究的方法。因此,在严格的新经济社会学的意义上,作为研究方法的法律的嵌入性分析,实际上就是社会网络分析。而运用这种社会网络分析的研究方法来进行法学研究,在笔者的阅读范围内,至今还没有看到。但在一种

---

[1] 陈柏峰:《法律社会学研究的经验路线》(代序),载王启梁:《迈向深嵌在社会与文化中的法律》,中国法制出版社,2010 年,第 3 页。

更宽泛的意义——还包括旧法律社会学的"法律与社会"的视角——上,作为一种研究方法的法律的嵌入性分析和研究,还是有所涉及的,如苏力在《也许正在发生》一书中提到的"语境论",就主张将法律放到具体的"语境"中进行思考和透视,以便更好地实现法律的外部的技术合理性,就是属于这个方面的研究成果。在此还必须说明的是,尽管他是站在法律人(如法官等)的司法实践的角度对"语境论"进行了限定,但实际上这种方法也可以为法学人从事法学研究所用。

由上可见,中国法律的嵌入性研究存在着两大不足:一是在理论和方法上基本停留在旧法律社会学及其"法律与社会"的视角阶段,没有进一步地向新法律社会学及其精细化、网络化的"法律与社会关系网络"阶段发展;二是中层研究和理论的薄弱甚至缺乏,以及由此而导致微观层面的法律的嵌入性与宏观层面的法律的嵌入性的断裂和脱节。而这两点归根结底集中到一点,在某种意义上,就是社会网络分析方法的缺失以及由此而造成的法律中层理论的缺失。如果说经济的嵌入性之所以发展到新经济社会学及其"经济与社会关系网络"阶段,在某种意义上,得益于社会网络理论和研究方法的引入和广泛运用,以及中层组织理论的研究,那么,法律的嵌入性之所以停留在旧法律社会学及其"法律与社会"的视角阶段,在某种意义上,也归结于社会网络理论和方法的缺失,以及由此而形成的严格意义上的法律中层理论的塌陷。为了实现中国法律理论的"中部崛起",本书除了在上篇的理论部分探讨法律的嵌入性外,在中篇和下篇着重展示了中观层面的法律的社会网络分析和法律组织学的研究,力图弥补中国法律社会学在这个方面研究的不足,希望能起到抛砖引玉的作用。

(二) 具体内容和结构安排

法律的嵌入性是理论和方法的统一。为此,根据我国法律的嵌入性分析和研究的不足,笔者试图从方法和理论的角度来安排本书研究的主要内容和结构。

从方法论的角度来看,本书试图从三个层面来展示、呈现法律的嵌入性,也构成了本书的上、中、下三篇。上篇主要以"规范抑或事实"议题为切入点,从整体的宏观的角度——具体而言就是历史和现实的维度——来展示、呈现法律的嵌入性,具体包括:规范论:零嵌入性和低度社会化(第一章);事实论:强嵌入性和过度社会化(第二章);混合论:弱嵌入性和中度社会化(第三章);现代法律的嵌入性和嵌入性分析的最终目标(第四章)。中篇主要是将法律嵌入到社会关系网络中进行嵌入性分析,即法律的社会网络分析,以便展示、呈现中观的社会网络层面的法律的嵌入性。本篇按照从立法到司法的顺序,来安排本编的研究内容,具体包括:当代中国民法典法律洞之社会网络分析(第五章)和法律洞司法跨越之社会网络分析(第六章)。下篇主要是将法律嵌入到法律组织的结构—功能中进行法律的嵌入性分析,即法律组织学的研究,以便展示、呈现中观的法律组织层面的法律的嵌入性。本篇按照从理论到实践,从理念化的审判组织和调解组织到混合型的调审组织及其具体的调审组织审判委员会的顺序,来安排和架构本篇的研究内容,具体包括:司法之所以为司法的法律组织学解读(第七章);调解的技术合理性之法律组织学解读(第八章);中国法院压力消解之法律组织学解读(第九章);审判委员会法律组织学解读(第十章)。

  从具体内容看,本书的上、中、下三篇也具有内在的紧密的逻辑联系。如果说上篇属于总论,从整体的角度着重探讨了法律的嵌入性,中、下篇则属于分论,从社会网络分析和法律组织学的角度展示、呈现了法律的嵌入性;如果说上篇属于宏观层面,中、下篇则属于中观层面;如果说上篇是从理论上论述法律的嵌入性分析方法的最终目标是法律的技术合理性,中、下篇则是从中国法律实践来展示法律的嵌入性分析是如何实现其技术合理性的,包括中国立法是如何实现其技术合理性的(第五章),中国司法是如何实现其技术合理性的(第六章),司法又具体包括审判是如何实现其技术合理性的(第七章),调解是如何实现其技术合理性的(第八章),调审组织是如何实现其技术合理性的(第九章),中国法院审判委员会是如何实现其技术合理性的(第十章);如果说上篇侧重于法律的嵌入性的理论,中、下篇则侧重于法律的嵌入性在中国法律实践中的体现。在理论部分,主要以"规范抑或事实"议题为切入点,论证了嵌入性的三种情形不仅历时性地存在于法学史中,包括规范论的法律的零嵌入性和低度社会化、事实论的法律的强嵌入性和过度社会化、混合论的法律的弱嵌入性和中度社会化,而且也共时性地存在于现代法律之中,包括低嵌入度的法律、高嵌入度的法律和中嵌入度的法律。在实践部分,按照从立法实践到司法实践的顺序,首先,考察了当代中国立法中存在的法律的零嵌入性(或低度社会化),必然造成中国法律与社会的关系微弱甚至间断,即法律洞(第五章);其次,这种在立法阶段存在的零嵌入性(或低度社会化)和法律洞,必然延续到司法阶段成为法官不得不解决的司法洞,中国法院的法官不得不采取一种嵌入策略,将本应在立法阶段嵌入的中国因素重新嵌入到司法活动中来,以填补在立法阶段形成的法律洞,最终实现法律洞的司法跨越(第六章);最后,为了使法官在司法阶段能够制度化地将中国因素嵌入到司法活动中并跨越法律洞,中国法院还必须在组织结构—功能上作出相应的调整,也就是将调解嵌入到中国法院组织中来,形成一种审判与调解相结合、混合而成的组织形态——调审组织,以及作为调审组织之一的审判委员会(包括第六章的部分内容和第七、八、九、十章)。

　　总之,不论是从方法论的角度还是从理论本身的角度,法律的嵌入性是法律的重要特征。本书研究的目的,小而言之,意在推动我国"旧法律社会学"向"新法律社会学","法律与社会"的角度向"法律与社会关系网络"的角度转型,以弥补中层法律理论的缺失以及由此而导致的宏观与微观脱节的不足;大而言之,旨在拓展并丰富格兰诺维特的嵌入性理论,以便起到抛砖引玉的作用。作者这些主观愿望是否能够实现,最有发言权的则是广大的读者,真诚欢迎各位同仁和广大读者的批评指正。但愿这些善意的、宝贵的批评,评说能充斥甚至撑爆我的电子邮箱:hongtaozhang2004@aliyun.com。

上 篇
法律的嵌入性之展开

第一章

规范论：零嵌入性与低度社会化

一、自然法学的价值规范论

由于自然法学研究的是"应当是这样的法律"，着重探讨隐含于法律规范之内的价值规范，研究的是法律的应然状态和理想，但这种法律的理想状态并不存在于当时的现实社会，因此，为了论述或推导出这个法律的理想状态，自然法学一般都假设了一种并非存在于现实社会的"神的世界"或"自然状态"，然后将法律问题嵌入这种世界或状态中进行逻辑的演绎和推理，来探讨自然法、自然权利以及在此基础上演绎、推导出人法或者国家法和实在法的起源问题、国家权力归属问题、如何掌握和使用国家权力问题以及实在法的本质等问题。

如中世纪神学自然法学家阿奎那认为，"理性是人类行动的第一原理"[1]，因此，法是理性的体现，理性是法的基础，只有体现理性的法才是真正的法。但阿奎那所说的"理性"，既不同于亚里士多德的理性，也有异于近代自然法的理性，更不同于黑格尔的理性，比较接近于西塞罗的思想，认为人的自然理性是上帝赋予的，是从神学世界观产生的认识。可见，阿奎那是将法律嵌入到神学世界中来探讨有关法律的问题。为此，阿奎那从神学世界观

---

[1]《阿奎那政治著作选》，第104页；转引自严存生主编：《新编西方法律思想史》，山西人民教育出版社，1989年，第71页。

出发,将法律分为永恒法、自然法、人法和神法,认为:永恒法起源于神的智慧,是神的理性的体现,是上帝统治和支配整个宇宙的大法;自然法是理性动物之参与永恒法,是永恒法的一部分,是分享神的智慧的结果,"我们赖以辨别善恶的自然理性之光,即自然法,不外乎是神的荣光在我们身上留下的痕迹"[1];人法即世俗国家的法律,是根据人的理性在自然法原则基础上制定的;神法又称神祇法即《圣经》。由于人的一切行为是受法律支配的,也由于人类的判断不可靠,特别是在偶然或特殊的问题上,人法的判断只能涉及人的外部表现,达不到人的内心世界,因此,阿奎那认为除了自然法和人法外,还要有神法来指导人类的社会生活。可见,阿奎那从神学世界观出发,将法律世界嵌入到神的世界中,构建了一个以永恒法为中心的法律世界和法律体系:体现上帝意志的永恒法高居首位;自然法降为永恒法的从属者;人法的地位更低;神法处于一种特殊地位,源于上帝的启示,补充着自然法和人法的不足和缺陷,能解决超越人的能力和理性之外的难题,其地位比自然法和人法要优越得多。

如果说神学自然法学是将法律嵌入到"神的世界"中,那么近代古典自然法学就是将法律嵌入到"人的世界"中。但古典自然法学的"人的世界"并非是当时现实的社会,而是假设的一种并非存在于现实社会的人类的"自然状态"。如霍布斯从人性恶,人人都是利己主义者的基本观点出发,认为人类社会的自然状态是一种"每一个人对每个人的战争"状态[2],人与人之间的关系是一种"狼与狼的关系"。在这种自然状态下,人们享有一种自由或自然权利,"就是每一个人按照自己所愿意的方式运用自己的力量保护自己的天性——也就是保全自己的生命——的自由。因此,这种自由就是用他自己的判断和理性认为最合适的手段去做任何事情的自由。自由这一词语,按照其确切的意义来说,就是外界障碍不存在的状态"[3]。为了摆脱这种"每一个人对每个人的战争"的自然状态,霍布斯提出的方案就是建立"利维坦",以保障自然法和社会秩序的实现。

而洛克从人性善出发,认为自然状态是一种完美无缺的自由状态,是一种和平、善意、互助、安全的自然状态。但自然状态下的自然法还是存在缺

---

[1]《阿奎那政治著作选》,第107页;转引自严存生主编:《新编西方法律思想史》,山西人民教育出版社,1989年,第72页。

[2]【英】霍布斯:《利维坦》,黎思复、黎廷弼 译,商务印书馆,1985年,第94页。

[3]【英】霍布斯:《利维坦》,黎思复、黎廷弼 译,商务印书馆,1985年,第97页。

陷：自然法在自然状态下不可能像政治社会中的法律那样，明文规定，众所周知；自然法并不是由专门机构适用的，人们是用良心和道义，用对自然法的理解，自己仲裁自己的行为和纷争；自然法的适用缺少一种现实的权力作后盾。为此，洛克主张将自然状态的自然法引入到政治社会中，即自然法在政治社会中的引进和适用问题；认为，自然法虽然产生于自然状态，但它的天然合理性决定了它在政治社会中也可以适用，而且还是一切合理的法律的来源和基础。可见，洛克也是将法律嵌入到自然状态中而不是嵌入到现实的社会状态中来演绎和推理的。

再如新自然法学派的罗尔斯，正义论是他学说的核心，他的目的是以洛克、卢梭和康德的社会契约论为基础，提出一种新正义论，以代替在道德思想领域中长期占统治地位的功利主义的传统学说。那么，罗尔斯是怎样论述其社会正义论的呢？罗尔斯通过"将洛克、卢梭和康德著作中人们所熟知的社会契约论加以综合并推进到更高的抽象水平"[1]，提出了一种与古典自然法学的"自然状态"相类似的"原始情境"（original position），以及在此基础上订立的"原始契约"。但他所说的"原始契约"不同于洛克等人所说的"社会契约"，这种原始契约并不是为了参加一种特殊的社会或为了创立一种特殊的统治形式而订立的；它只是为了得到关于社会基本结构的正义原则。这些原则是那些自由的和有理性的人，为了增进他们自己的利益，站在"原始的平等情境"（initial position of equality）上来规定他们联合的基本条款时可能接受的原则。这种"原始的平等情境"相当于社会契约论中所说的自然状态。但这种原始情境绝不是实际的历史状态，更不是指人类文化发展中的原始阶段，它只是指一种"纯粹假设的状态"，只是"为了得出某种正义概念"。[2] 可见，罗尔斯的正义论是将其嵌入到"原始情境"中而不是嵌入到现实的社会中加以论述的。

二、规范分析法学的行为规范论

为了使法学成为一门科学，规范分析法学尤其是其中比较极端的纯粹分

---

[1]【美】罗尔斯：《正义论》，哈佛大学出版社所属 Belknap 出版社，1971年，第11页；转引自沈宗灵：《现代西方法理学》，北京大学出版社，1992年，第114页。

[2]【美】罗尔斯：《正义论》，哈佛大学出版社所属 Belknap 出版社，1971年，第12页；转引自沈宗灵：《现代西方法理学》，北京大学出版社，1992年，第114—115页。

析法学,"所提出的一般理论旨在从结构上去分析实在法,而不是从心理上或经济上去解释它的条件,或从道德上或政治上对它的目的进行评价"[1]。因此,纯粹分析法学主张将自然法学着重研究的价值规范问题完全排除出研究领域之外,试图"通过把先验的正义从它的特定领域中排除出去,坚持明确区分经验的法和先验的正义……认为它只不过是以人类经验为基础的一种特定的社会技术,纯粹法理论拒绝成为一种法的形而上学,因而它并不从形而上学法律原则中,而是从法的假设中,从对实际法律思想的逻辑分析所确立的基本规范中去寻求法律的基础,即它的效力的理由"[2]。如纯粹分析法学在论述法律的约束力时,认为:"约束力并不来自任何下命令的人而却来自不具人格的、无名的'命令'本身这一观念,体现在这句名言中: non sub homine,sed sub lege(不在人下,仅在法下)。"[3]

为此,凯尔森构建了一个法律规范的体系,并将其效力的基础最终追溯到一个"不能从一个更高规范中得来自己效力的规范,我们称之为'基础'规范"[4]。因此,"一个规范属于某一规范体系,属于某一规范性秩序,只能通过这样的办法来检验,即确定它是从构成秩序的基础规范中得来自己的效力。一个'现实'的陈述之所以真实,是因为它与感觉经验的现实相一致;而一个'应当'的陈述,只有在它属于这样一个有效力的规范体系时,只有在它可以从一个被预定为有效力的基础规范中得来时,才是一个有效力的规范。一个'是'的陈述的真实性的根据是它与我们经验现实的一致性;一个规范效力的理由却是一个预定、被预定是一个最终有效力的规范,即基础规范。探求规范效力的理由,并不是像探求结果的原因那样,一个 regressus adihfintum(无止境的回溯);它终止于一个最高规范,这个最高规范是规范体系内的效力的最终理由,而在一个自然现实的体系中,是没有最后或最初原因的地

---

〔1〕【奥】凯尔森:《法与国家的一般理论》,沈宗灵 译,中国大百科全书出版社,1996年,"作者序",第2页。

〔2〕【奥】凯尔森:《法与国家的一般理论》,沈宗灵 译,中国大百科全书出版社,1996年,"作者序",第3页。

〔3〕【奥】凯尔森:《法与国家的一般理论》,沈宗灵 译,中国大百科全书出版社,1996年,第38页。

〔4〕【奥】凯尔森:《法与国家的一般理论》,沈宗灵 译,中国大百科全书出版社,1996年,第126页。

位的"[1]。比如说,"像'你决不可说谎''你决不可欺骗''你应守信'这样一些规范,都是随着一个规定真诚老实的一般规范而产生的"[2]。而不是像自然法学那样,将这些规范嵌入到一个道德体系中,追寻这些规范背后更深的更基础的基本道德规范——如诚信原则,及其建立在此基本道德规范基础上的规范效力;更不是像社会法学那样嵌入到社会甚至社会关系网络中,运用社会网络分析的方法,研究这些规范之所以被遵循或被违反的社会条件和社会结构原因,"像'你决不可说谎''你决不可欺骗''你应守信'这样一些规范",之所以被遵循,是因为你生活在一个老根不常动的关系密切的熟人社会;而这些规范之所以被违反,是因为你生活在一个高流动的人们之间关系距离较大的陌生人社会。在规范分析法学看来,"规范之所以是有效力的法律规范就是由于,并且也只是由于,它已根据特定的规则而被创造出来。法律秩序的基础规范就是这样一个被假设的最终规则,根据该规则这一秩序的规范才被创造和被废除,才取得并丧失其效力"[3]。而基础规范"之所以有效力是因为它是被预定为有效力的;而它之所以是被预定为有效力的,是因为如果没有这一预定,个人的行为就无法被解释为一个法律行为,尤其是创造规范的行为"[4]。

可见,如果说自然法学是将法律嵌入到一个并不存在的、假设的"自然状态"或"原始情境"中,那么,规范分析法学则是将法律嵌入到一个假设的"基础规范"及其立基其上的规范体系中,因此,在"应当"或"规范"的问题上,它们都是一致的,都是一种"假设";不同只是"应当"或"规范"或"假设"的具体内容不同而已:前者是"应当是这样的法律",着重研究的是隐含于规范之内的"价值规范","假设"的是社会状态;后者是"应当如何行为",着重探讨的是显现于规范之外的"行为规范","假设"的是规范状态。

---

[1]【奥】凯尔森:《法与国家的一般理论》,沈宗灵 译,中国大百科全书出版社,1996年,第126页。

[2]【奥】凯尔森:《法与国家的一般理论》,沈宗灵 译,中国大百科全书出版社,1996年,第126—127页。

[3]【奥】凯尔森:《法与国家的一般理论》,沈宗灵 译,中国大百科全书出版社,1996年,第128页。

[4]【奥】凯尔森:《法与国家的一般理论》,沈宗灵 译,中国大百科全书出版社,1996年,第132页。

三、新自然法学和新规范分析法学的混合规范论

实际上,任何规范既包括技术层面的具体规则,也包括观念层面的价值问题。纯粹分析法学主张将价值问题排除出法学研究范围、只研究法律规则的学术努力,最终必然以失败而告终;而自然法学单纯研究法律规范的价值问题而不进一步探讨价值得以承载的技术问题的学术旨趣,也显得有其明显的缺陷与不足。因此,规范分析法学的行为规范论和自然法学的价值规范论发展到了现当代,两者呈现出一种取长补短、相互靠拢的发展趋势,笔者在此称之为"混合规范论"。

如自然法学的富勒,一方面保持自然法学的学术传统,着重考察了"法律的道德性"和"自然法":先将道德分为愿望的道德和义务的道德,认为义务的道德与法律最为类似,愿望的道德与美学最为类似;然后将法律的道德分为法律的内在道德和外在道德,而法律的内在道德是指法律的解释和执行的方式问题,即一种特殊的、扩大意义上的程序问题,因此又称为程序自然法,法律的外在道德是指法律的实体目标,因此又称为实体自然法。另一方面,从富勒关于法律的内在道德即程序自然法的具体内容来看,包括"法律的一般性、颁布、溯及既往型法律、法律的清晰性、法律中的矛盾、要求不可能之事的法律、法律在时间之流中的连续性、官方行动与公布的规则之间的一致性"等法律技术性方面,这些内容属于传统规范分析法学研究的主要问题。在这个意义上,富勒所研究的"自然法"实际上包含着规范分析法学所研究的实在法的内容,而不是古典自然法学所持的那种严格意义上的"自然法";换言之,富勒的自然法学说呈现出有向规范分析法学靠拢的特征,是一种混合了规范分析法学内容的自然法学说,在"法律是什么"的问题上,持一种价值规范与行为规范相混合的"混合规范论"的观点。

再如新自然法学派的德沃金,核心理论是他自称的"权利论"。在德沃金看来,"在构建我们的法律原则以使其反映我们的道德原则的过程中,我们创造了权利。权利即是来源于政治道德原则的法律原则"[1]。因此,德沃金的个人权利不仅是指法律上规定的权利,而且是指道德上的权利。正是在这种

---

[1] 【美】德沃金:《认真对待权利》,信春鹰、吴玉章 译,中国大百科全书出版社,1998年,"中文版序言",第21页。

"权利论"的基础上,德沃金提出了他的法律行为模式理论:法律不仅包括规则,也包括原则和政策。

首先,德沃金论述了权利理论是如何解决规则与原则的问题。"我们只有承认法律既包括法律规则也包括法律原则,才能解释我们对于法律的特别尊敬。一个规则和一个原则的差别在于,一个规则对于一个预定的事件作出一个固定的反应;而一个原则则在我们决定如何对一个特定的事件作出反应时,指导我们对特定因素的思考。"[1]而"理性道德的推理也是通过权衡原则来进行的"[2]。因此,"通过把我们的法律原则建筑在道德原则的基础之上,我们允许法律在面对一个问题时考虑道德因素。在此问题上,权利理论给那些主张即使是在明显违背道德时也应该服从法律的法学家们提供了一个答案。当法律规则和道德看起来是相互矛盾的时候,法律必须权衡所有有关的原则,而不应该机械地服从法律规则。权利理论也给以牺牲道德判断来促进法律思考,因而对法律的运用具有疑问的怀疑论者提供了一个答案。法律原则允许我们把法律思想和道德思想联系起来,它们允许我们保证我们的法律发展和道德发展携手共进"[3]。

其次,德沃金论述了原则与政策的问题。德沃金认为司法与立法不同,在司法中,特别是在疑难案件中,法官更多依靠的是原则而不是政策。但是在立法中,尤其复杂的立法案中,一般需要政策和原则两方面的考虑。即使是一个主要是政策性问题的立法案,也需要以一定的原则来论证它的特定目的。而在一个主要依靠原则的立法案中,也需要以政策作为条件。

更为重要的是,权利理论还是一种"守法论"[4]。"通过揭示法律与道德之间的相互联系,权利理论能够解释我们给予法律的特别尊敬。我们遵守法律,不仅仅是因为我们被迫遵守法律,而是因为我们感到遵守法律是正确的。甚至在我们知道遵守法律并不有利于我们个人的直接利益的时候,在我们知道我们可以不遵守法律而不会因此受到惩罚的时候,还是感到有责任遵守法律。我们这样做,因为法律原则通过自身的协调反映了我们的道德情感,使

---

[1] 【美】德沃金:《认真对待权利》,信春鹰、吴玉章 译,中国大百科全书出版社,1998年,"中文版序言",第18页。

[2] 【美】德沃金:《认真对待权利》,信春鹰、吴玉章 译,中国大百科全书出版社,1998年,"中文版序言",第20页。

[3] 【美】德沃金:《认真对待权利》,信春鹰、吴玉章 译,中国大百科全书出版社,1998年,"中文版序言",第20页。

[4] 沈宗灵:《现代西方法理学》,北京大学出版社,1992年,第127页。

法律获得了道德特征,获得了道德权威。这些是以强制力为后盾的规则的集合体所不能享有的。正是法律的这种由法律原则所给予的道德特征,给予了法律特别的权威,也给予了我们对法律的特别的尊敬。"[1]

由上可见,德沃金不仅着重研究了自然法学的价值问题,如权利与道德问题,而且也探讨了分析法学的规则问题,因此对"法律是什么"的问题,也是持一种混合规范论的观点。

还如新规范分析法学的哈特,遵循规范分析法学的传统,着重研究了"法律的概念",认为"法即第一性规则和第二性规则的结合";[2]这不仅是"法理学科学的关键"[3],而且"居于法律制度的核心"[4]。哈特在论述了第一性规则后,认为它存在不确定性、静态性和无效性的不足,因此需要第二性规则——承认规则、改变规则和审判规则——弥补其缺陷。在所有这些规则中,哈特与凯尔森提出的基本规范相类似,认为承认规则是"法律制度的基础"[5],具有"最终性"和"最高性","承认规则提供了用以评价这一制度的其他规则的效力的标准,在(我们试图阐明的)一个重要意义上说,承认规则是一个最终的规则:像通常一样,在标准是依照相对从属和优先的地位排列顺序的地方,其中之一将是最高的"[6]。但哈特反对凯尔森关于基本规范本身效力来源的解释:基本规范之所以有效力是因为它是"被假定"为有效力的。哈特认为,就一个为其他规范提供效力的最终、最高的规则(即凯尔森的基本规范)来说,其本身根本不存在有/无效力的问题,它的存在是一个事实。另一方面,在自然法学的关于法律与道德的问题上,哈特尽管反对自然法学的将道德观念或法律与道德的必然联系当作法律制度的中心或关键,但他还是承认法律和道德是有联系的,只是并无"必然的联系"。因此,哈特提出了他的"自然法的最低限度的内容"理论。[7]可见,哈特的规则主义学说也具有向自然法学靠拢的特征,在"法律是什么"的问题上,也持一种混合规范论的观点。

---

[1]【美】德沃金:《认真对待权利》,信春鹰、吴玉章 译,中国大百科全书出版社,1998年,"中文版序言",第20—21页。

[2]【英】哈特:《法律的概念》,张文显 等译,中国大百科全书出版社,1996年,第81页。

[3]【英】哈特:《法律的概念》,张文显 等译,中国大百科全书出版社,1996年,第83页。

[4]【英】哈特:《法律的概念》,张文显 等译,中国大百科全书出版社,1996年,第100页。

[5]【英】哈特:《法律的概念》,张文显 等译,中国大百科全书出版社,1996年,第101页。

[6]【英】哈特:《法律的概念》,张文显 等译,中国大百科全书出版社,1996年,第106页。

[7]【英】哈特:《法律的概念》,张文显 等译,中国大百科全书出版社,1996年,第189—195页。

四、结语：规范论是一种零嵌入性和低度社会化的观点

综上，规范论，不管是自然法学的"价值规范论"和规范分析法学的"行为规范论"，还是新自然法学和新规范分析法学的"混合规范论"，从社会的角度来看，都不是将法律嵌入到真实社会中，更不是嵌入到社会关系网络中，来追寻其效力基础和合法性基础，其法学研究具有明显的去嵌性或脱嵌化的特征，忽视甚至否定社会对法律的影响；从法律的角度来看，都是将法律嵌入到一个规范（包括价值规范和行为规范）体系中来追寻其效力基础和合法性基础，都在不同程度地强调法律相对于社会的独立性，法律自身的逻辑自洽性。在这个意义——法律与社会的关系——上，规范论实质上是一种零嵌入性和低度社会化的观点。

第二章

事实论：强嵌入性与过度社会化

由于规范论(包括自然法学的价值规范论和规范分析法学的行为规范论)将其效力基础和合法性基础建立在"假设"基础上,有其明显而致命的缺陷,因此受到许多主张社会实证研究的事实论的学者的批评。

一、历史法学派的事实论

第一个对自然法学和规范分析法学的这种"假设"提出批判的学者是历史法学派的梅因。对于自然法的这种"假设法"研究方法所带来的影响,梅因认为:"我们的法律科学之所以处于这样不能令人满意的状态,主要由于对于这些观念除了最最肤浅的研究之外,采取了一概加以拒绝的草率态度或偏见……凡是似乎可信的和内容丰富的、但却绝对未经证实的各种理论,像'自然法'或'社会契约'之类,往往为一般人所爱好,很少有踏实地探究社会和法律的原始历史的;这些理论不但使注意力离开了可以发现真理的唯一出处,并且当它们一度被接受和相信了以后,就有可能使法律学以后各个阶段都受到其最真实和最大的影响,因而也就模糊了真理。"[1]不仅如此,通过考察"自然"和"自然法"的源流,梅因还认为:"'自然法'把'过去'和'现在'混淆起来了。逻辑上,它意味着曾经一度由自然法支配的一种'自然'状态;但法学

---

[1]【英】梅因:《古代法》,沈景一 译,商务印书馆,1959年,第2页。

专家并不明白地或确信地说到过有这样一个状态存在,这种状态除了偶尔在幻想黄金时代的诗歌中能够发现外,的确也绝少为古人们所注意到。"[1]因此,这种建立在纯理论上的推测和假设基础上的"'自然法'提出的一些近代纯理论中暴露出来的意识模糊、用语含混不清之处,实际上远比我们公正地责咎于罗马法学家的还要来得厉害"[2]。这种假设的自然状态理论,在卢梭那里则达到了顶点,卢梭认为:"一个完美的社会秩序可以求之于单纯的对自然状态的考虑,这一种社会秩序同世界的实际情况完全没有关系,并且同世界的实际情况完全不同。"[3]这样,最终导致了两种结果,"一种痛责现在,因为它不像理想中的过去;而另外的一种,假定现在同过去一样必要,因此也就轻视现在或谴责现在"[4]。总之,忽视对法律真实情况的研究,"也许除了孟德斯鸠外,在所有这些纯理论中,的确都有一个可以指责的显著遗漏。在这些纯理论中,都忽视了在它们出现的特定时间以前很遥远的时代中,法律在实际上究竟是怎么样的"[5]。

因此,梅因主张"采用观察的方法以代替假设法"和"调查研究的方法";并认为:"法学家进行调查研究的方法真和物理学与生物学中所用的调查研究方法十分近似。"[6]当然,梅因在这里着重观察和调查研究的是古代社会和真实存在于古代社会的"古代法",是将"古代法"嵌入古代真实存在的社会来考察研究,着重考察探讨法律的"事实"——"法律在实际上究竟是怎么样的",是一种事实论,而不是像规范论那样将法律嵌入一种"假设"中进行逻辑的推演。

运用这种实证的"调查研究方法",梅因还对规范分析法学的"假设"进行了批判。梅因通过对东、西方国家法律起源的历史的调查研究,认为始于霍布斯并被边沁和奥斯丁所倡导的法是"主权者的命令",是与历史的真实情况不符的,也是不科学的:"我们对于古代思想史如果研究得越深入,我们发现我们自己同边沁所主张的所谓法律是几个要素的混合物的这种概念,距离越远。可以断言,在人类初生时代,不可能想象会有任何种类的立法机关,甚至

---

[1]【英】梅因:《古代法》,沈景一 译,商务印书馆,1959年,第42页。
[2]【英】梅因:《古代法》,沈景一 译,商务印书馆,1959年,第42页。
[3]【英】梅因:《古代法》,沈景一 译,商务印书馆,1959年,第51页。
[4]【英】梅因:《古代法》,沈景一 译,商务印书馆,1959年,第51页。
[5]【英】梅因:《古代法》,沈景一 译,商务印书馆,1959年,第68页。
[6]【英】梅因:《古代法》,沈景一 译,商务印书馆,1959年,第2页。

一个明确的立法者。"[1]

在批判了规范论的"假设"后,梅因研究了法律的起源和演化的历史,认为法律起源于"地美士",即"司法女神",这是因为,"所有对于人类原始状态的忠实观察者现在都能清楚地看到,在人类的初生时代,人们对于持续不变的或定期循环发生的一些活动只能假用一个有人格的代理人来加以说明"[2],而"地美士第,即地美西斯,是'地美士'的复数,意指审判的本身,是由神授予法官的……但是我们必须明白了解'地美士第'并不就是法律而是审判"[3]。然后,由审判演变为习惯。"在古代社会的简单机构中,情况类似的情形可能比现在还要普遍,而在一系列的类似案件中,就有可能采用彼此近似的审判。我们由此就有了一种'习惯'的胚种或者雏形,这是在'地美士第'或判决之后的一种概念。"[4]再接着,由习惯演变为习惯法。由于"法律寡头政治现在所主张的是要垄断法律知识,要对决定争论所依据的各项原则有独占的权利。我们在事实上已到了'习惯法'的时代"[5],"这种专门为有特权的少数人所知道的法律……是一种真正的不成文法"[6]。最后,"离开'习惯法'时代……也就是'法典'时代"。这就是梅因所调查研究发现的法律的社会进化史模式:判决—习惯法—法典。

"当原始法律一经制成'法典',所谓法律自发的发展,便告中止。自此以后,对它起着影响的,如果确有影响的话,便都是有意的和来自外界的。"[7]一般而言,"社会的需要和社会的意见常常是或多或少走在'法律'的前面。我们可能非常接近地达到它们之间缺口的接合处,但永远存在的趋势是要把这缺口重新打开来。因为法律是稳定的;而我们所谈到的社会是进步的,人民的幸福的或大或小,完全决定于缺口缩小的快慢程度"[8]。因此,为了使法律和社会相互协调,梅因认为人类依次发展有三种手段:"法律拟制""衡平"和"立法"。"'法律拟制'这一个用语,是要用以表示掩盖、或目的在掩盖一条法律规定已经发生变化这一事实的任何假定,其时法律的文字并没有被

---

[1]【英】梅因:《古代法》,沈景一 译,商务印书馆,1959年,第5页。
[2]【英】梅因:《古代法》,沈景一 译,商务印书馆,1959年,第2页。
[3]【英】梅因:《古代法》,沈景一 译,商务印书馆,1959年,第3页。
[4]【英】梅因:《古代法》,沈景一 译,商务印书馆,1959年,第3页。
[5]【英】梅因:《古代法》,沈景一 译,商务印书馆,1959年,第7页。
[6]【英】梅因:《古代法》,沈景一 译,商务印书馆,1959年,第8页。
[7]【英】梅因:《古代法》,沈景一 译,商务印书馆,1959年,第13页。
[8]【英】梅因:《古代法》,沈景一 译,商务印书馆,1959年,第15页。

改变,但其运用则已经发生了变化。"[1]"衡平"是指"同原有民法同时存在的某一些规定,它们建筑在各别原则的基础上"[2]。"立法"就是"由一个立法机关制定的法规"[3]。这就是梅因关于立法权的社会进化史:法律拟制—衡平—立法。

梅因不仅如上述所示那样将法律问题嵌入到社会中研究法律的社会进化史,而且还认为通过研究古代的法律来研究社会的进化史,用孟德斯鸠的话说就是:"我们应当用法律去阐明历史,用历史去阐明法律。"[4]梅因认为:"我们所能知道的社会状态的雏形,来自三种记录——即观察者对于同时代比较落后的各种文明的记事,某一个特殊民族所保存下来的关于他们的原始历史的记录,以及古代的法律。第一种证据是我们可以预期的最好的一种……一些史料,叙述着民族的幼年,保存在档案中流传给我们的,也被认为由于种族骄傲或由于新时代的宗教情绪而被歪曲了。然而对于大部分的古代法律却并未发生过这些毫无根据的或合理的疑虑,这是非常值得重视的事实……如果我们能集中注意力于那些古代制度的断片,这些断片还不能合理地被假定为曾经受到过改动,我们就有可能对于原来所属社会的某些主要特征获得一个明确的概念。"[5]正是通过对印度人、罗马人的古代法律的比较研究,尤其是罗马"家父权"制度的研究,梅因认为:"从比较法律学中所获得的证据,使我们对人类原始状态确立了一种看法,即所谓'宗法理论'。"[6]"正是在这一点,古代法律提供给我们最大的贡献之一,并且填补了否则只可能以猜度来渡过的一个鸿沟。它不论在任何方面都明显地表示着,原始时代的社会并不像现在所设想的,是一个个人的集合,在事实上,并且根据组成它的人们的看法,它是一个许多家族的集合体。如果说一个古代社会的单位是'家族',而一个现代社会的单位是'个人'。"[7]那么,古代的"家族"法是怎样变成了现代的"个人"法的呢?梅因认为:"民法的范围在开始时虽然很小,不久即不断地逐渐扩大。改变法律的媒介即拟制、衡平和立法,依次在原始制度中发生作用,而在每一个发展过程中必有大量的个人权利和大量的财产从

---

[1]【英】梅因:《古代法》,沈景一 译,商务印书馆,1959年,第16页。
[2]【英】梅因:《古代法》,沈景一 译,商务印书馆,1959年,第17页。
[3]【英】梅因:《古代法》,沈景一 译,商务印书馆,1959年,第16页。
[4]【法】孟德斯鸠:《论法的精神》(下册),张雁深 译,商务印书馆,1963年,第363页。
[5]【英】梅因:《古代法》,沈景一 译,商务印书馆,1959年,第69—70页。
[6]【英】梅因:《古代法》,沈景一 译,商务印书馆,1959年,第70页。
[7]【英】梅因:《古代法》,沈景一 译,商务印书馆,1959年,第72页。

家庭审判中转移到公共法庭的管辖权之内。"[1]因此,"在运动发展的过程中,其特点是家族依附的逐步消灭以及代之而起的个人义务的增长。'个人'不断地代替了'家族',成为民事法律所考虑的单位"[2]。与此同时,"我们也不难看到:用以逐步代替源自'家族'各种权利义务上那种相互关系形式的……就是'契约'。在以前,'人'的一切关系都是被概括在'家族'关系中,把这种社会状态作为历史上的一个起点,从这一个起点开始,我们似乎是在不断地向着一种新的社会秩序状态移动,在这种新的社会秩序中,所有这些关系都是因'个人'的自由合意而产生的"[3]。这就是梅因通过研究古代法并用法律语言概括的"所有进步社会"的社会进化史:"所有进步社会的运动,到此处为止,是一个'从身份到契约'的运动。"[4]

可见,历史法学派主要是将法律嵌入到历史真实的社会中,着重考察"法律在实际上究竟是怎么样的",是一种"历史事实论"。

二、现实主义法学的事实论

在"法律是什么"的问题上,如果说历史法学派着重研究的是法律在历史上的真实情况,"法律在实际上究竟是怎么样的",即过去的"事实",现实主义法学则侧重于研究法律在现实社会中的真实情况,"行动中的法",即现在的"事实";如果说历史法学派是将古代法律嵌入到古代社会中考察古代法的"事实",现实主义法学则是将法律嵌入到现代社会中考察现代法的"事实";如果说历史法学派侧重批判的是自然法学派的自然状态的假设,现实主义法学则侧重于批判规范分析法学的行为规则的假设。

如作为现实主义法学先驱之一的格雷认为:"到目前为止,我们一直将法律视为由法院发布的用来裁判案件的规则所构成;所有这些规则都是法律;法院不会适用的行为规则便不是法律;法院适用这一事实使得这些规则成为了法律;除去这些规则,并不存在'法律'这一神秘实体;法官与其说是法律的

---

[1]【英】梅因:《古代法》,沈景一 译,商务印书馆,1959年,第95页。
[2]【英】梅因:《古代法》,沈景一 译,商务印书馆,1959年,第96页。
[3]【英】梅因:《古代法》,沈景一 译,商务印书馆,1959年,第96页。
[4]【英】梅因:《古代法》,沈景一 译,商务印书馆,1959年,第97页。

发现者,不如说是创造者。"[1]那么法院和法官是如何行使这种权力呢?格雷认为有两种方式:"首先,创制它们;其次,限制它们的行动,或者说,指示渊源,让它们通过这些渊源寻找构成法律的规则。"[2]对于法律渊源,格雷也作出了独特的解释,除了立法法案外,还包括司法先例、专家意见、习惯和道德原则。[3]为何立法机关制定的立法也只是法律渊源的一种呢?格雷认为:"当这一规则实施时,它与法院所承受的有关其他渊源的规则同样不明确;这是因为,立法机构表达的毕竟仅仅是一些词语;这些词语是什么意思还是要取决于法院,即是说,要由法院解释立法案例;无疑,对法院的解释权依然存在限制,但这种限制与对法院处理其他渊源时的限制一样,几乎都是不明确的。"[4]因此,在格雷看来,法律只是指法院在其判决中所规定的规则,"立法法案或者说制定法应被当作法律的渊源来处理,而不是法律本身的组成部分……人们有时会说,法律由两部分构成——立法机关的法律和法官造法,但实际上,所有的法律都是法官造法。某个制定法在某个社会作为行为规则被实施,其形式就是通过法官对制定法的解释来实现的。正是法院将生活纳入了制定法僵死的语言中"[5]。

如果说格雷在"法律是什么"的问题上,并没有完全否定立法机关制定的法律规则的作用,那么,现实主义法学的另一个先驱人物霍姆斯,通过对"普通法"发展历史的实证考察,明确否定规范分析法学所主张的法律逻辑和法律规则的作用,认为:"法律的生命不是逻辑,而是经验。一个时代为人们感受到的需求、主流道德和政治理论、对公共政策的直觉——无论是公开宣布的还是下意识的,甚至是法官与其同胞们共有的偏见,在决定赖以治理人们的规则方面的作用都比三段论推理大得多。法律蕴涵着一个国家数个世纪发展的故事,我们不能像对待仅仅包含定理和推理的数学教科书一样对待它。要理解法律是什么,我们必须了解它以前是什么,以及它未来会成为什么样子。我们必须交替地参考历史和现有的立法理论。但最困难的工作是

---

[1]【美】格雷:《法律的性质与渊源》,马驰 译,中国政法大学出版社,2012年,第102—103页。
[2]【美】格雷:《法律的性质与渊源》,马驰 译,中国政法大学出版社,2012年,第105页。
[3]【美】格雷:《法律的性质与渊源》,马驰 译,中国政法大学出版社,2012年,第105页。
[4]【美】格雷:《法律的性质与渊源》,马驰 译,中国政法大学出版社,2012年,第105—106页。
[5]【美】格雷:《法律的性质与渊源》,马驰 译,中国政法大学出版社,2012年,第106页。

要理解,两者在每一个阶段如何结合在一起产生出新东西。"[1]因此,在霍姆斯看来,以逻辑来解释法律发展的思想,以为法律能够"像数学那样从某些行为的一般公理中推导出来",乃是一大"谬误"[2];"从形式上,法律的发展是逻辑的。正统的理论认为,每一个新的判决都是遵循已有先例通过三段论发展出来的。但是……纯粹从逻辑的角度来观察,遵循它们的结果通常只会是失灵和混乱"[3]。

对于自然法学侧重关注的法律与道德的问题,霍姆斯也认为应该将两者分离开来。霍姆斯认为:"法律理念与道德理念混淆的许多恶果之一是理论倾向于本末倒置。"[4]因此,霍姆斯认为:"要对这个问题(法律预测论——引者注)有务实的理解,第一件事就是要理解它的界限,所以我认为值得立即指出并摒弃道德和法律的混淆,它有时候会被提升到意识理论的高度,而更为经常的、事实上总在发生的并非意识问题,而是它在具体细节上所制造的麻烦。"[5]同时,霍姆斯强调:"我强调法律和道德的区别只有一个目的,就是学习和理解法律……这一区分对于我们在这里所考虑的问题而言至关重要——把正确地学习和掌握法律作为一项界限明确的事业,作为一套位于确定边界之内的原理。"[6]

那么如何才能更好地学习和理解法律呢? 霍姆斯提出了"坏人理论"——"如果你想了解法律而不是其他东西,你必须从坏人的角度来审视它,坏人只在乎这种知识能使他预测到的实质性后果,而好人会在良心的模糊约束中找到他行为的理由,无论是在法律之内还是在法律之外"[7],而"道德所涉及的是个体意识的实际内在状况,也就是他实际上想要什么"[8]。因此,霍姆斯认为坏人理论(即法律)与好人理论(即道德)的混淆,不利于对法律的学习和理解,并实证地考察了法律实践中道德与法律混淆的情形:"法律

---

[1]【美】霍姆斯:《普通法》,冉昊,姚中秋 译,中国政法大学出版社,2006年,第1页。
[2] 转引自【美】霍姆斯:《普通法》,冉昊,姚中秋 译,中国政法大学出版社,2006年,"翻译说明",第3页。
[3]【美】霍姆斯:《普通法》,冉昊,姚中秋 译,中国政法大学出版社,2006年,第32页。
[4]【美】霍姆斯:《霍姆斯读本》,刘思达 译,上海三联书店,2009年,第13页。
[5]【美】霍姆斯:《霍姆斯读本》,刘思达 译,上海三联书店,2009年,第14页。
[6]【美】霍姆斯:《霍姆斯读本》,刘思达 译,上海三联书店,2009年,第14—15页。
[7]【美】霍姆斯:《霍姆斯读本》,刘思达 译,上海三联书店,2009年,第15页。
[8]【美】霍姆斯:《霍姆斯读本》,刘思达 译,上海三联书店,2009年,第20页。

与道德理念的混淆在合同法领域表现得最为明显"[1];"一个人在道德意义上的权利等同于在宪法和法律意义上的权利只能带来思想混乱"[2];"作为在法律中使用道德词语的其他例子,我提到了恶意、故意和过失"[3]。霍姆斯通过这些实例的考察得出结论说:"我希望我举的例子已经说明了在思考和实践中将道德与法律混淆的危险,以及法律语言在我们道路的那一边所设下的圈套。"[4]

那么如何作出更好更精确的法律预测呢?霍姆斯认为:"就内容而言,法律的生长是立法性的。法院宣称已经是法律的那些法律规则,在更深层次上说,其实都是新的。它从基础上说就是立法性的。那些法官很少提及、而总是为其辩护的那些考虑,恰恰就是法律抽取生命之液的秘密根茎……每一个通过诉讼发展出来的重要规则,事实上、并且归根结底,都是或多或少地准确理解公共政策的结果;更一般地说,在我们的实践和传统下,是直觉偏好和无法言说的信念的无意识结果,而归根到底,这些偏好和信念依然可以追溯到公共政策。"[5]"如果法律人的训练能使他们习惯于更为明确和直率地考虑使他们所确立的规则获得正当性的社会利益,他们将会不时地对目前他们自信的东西感到迟疑,并且意识到,他们其实是在有争议甚至经常十分棘手的问题上作出偏袒。"[6]为了对法律的这种公共政策或社会利益作出准确的预测,霍姆斯认为:"对法律的理性研究而言,现在所需要的或许是精通文字的人,而未来所需要的则是精通统计学和经济学的人。"[7]"作为向着那个理想所迈出的一步,我觉得每个法律人都应当试图掌握经济学。"[8]其中,"理论是法律原则中最重要的部分,就像建筑师是房屋建造过程中最重要的人一样"[9],"在我看来,法理学只不过是法律里最具概括性的部分。任何将案例简化为规则的努力都是一次法理学的努力,虽然在英语里这个名称被限定为最广义的规则与最根本的概念。一个伟大法律人的标志之一就是他能发现

---

[1]【美】霍姆斯:《霍姆斯读本》,刘思达 译,上海三联书店,2009年,第18页。
[2]【美】霍姆斯:《霍姆斯读本》,刘思达 译,上海三联书店,2009年,第15页。
[3]【美】霍姆斯:《霍姆斯读本》,刘思达 译,上海三联书店,2009年,第19页。
[4]【美】霍姆斯:《霍姆斯读本》,刘思达 译,上海三联书店,2009年,第22页。
[5]【美】霍姆斯:《普通法》,冉昊,姚中秋 译,中国政法大学出版社,2006年,第32页。
[6]【美】霍姆斯:《霍姆斯读本》,刘思达 译,上海三联书店,2009年,第27页。
[7]【美】霍姆斯:《霍姆斯读本》,刘思达 译,上海三联书店,2009年,第29页。
[8]【美】霍姆斯:《霍姆斯读本》,刘思达 译,上海三联书店,2009年,第36页。
[9]【美】霍姆斯:《霍姆斯读本》,刘思达 译,上海三联书店,2009年,第41—42页。

最广义规则的应用……如果一个人从事了法律,那么成为精通它的人是要付出代价的,成为精通它的人意味着能够穿过所有戏剧性事件而察觉到预言的真实基础"[1]。

总之,在霍姆斯看来,法律就是"法院事实上将做什么的预测",法官"不应为了三段论而牺牲解决实际问题的智慧";[2]"我们所说的法律只意味着对法院实际将会做什么的预测,而不是那些毫无根据的东西。再考虑一下一般认为法律所包含的最宽泛概念——法律义务……我们用所有取自于道德的内涵来填充它。但对一个坏人来说它意味着什么呢?主要和首要的是一个预测,即如果他做了某些事情,他就将得到监禁或者强制性付款的不利后果"[3]。"我崇敬法律,尤其是我们的法律体系,它是人类思想所产生的最为巨大的成果之一。没有人比我更清楚,无数伟大的智者都尽其所能地使它获得某些添加或者改善,但其中最伟大的改善与其巨大的整体相比都显得微不足道。它值得尊敬的终极理由在于它的存在,在于它并非一个黑格尔式的梦想,而是人们生活的一部分。但一个人还是可以批评他所崇敬的东西。法律是我的生命所致力于的事业,如果没有用我的全部精力来改善它,而且当我观察到在我看来是它未来的理想时,如果我在指出它或者全身心地推进它时犹豫不决,我就没有显示出足够的奉献热情。"[4]

沿着格雷和霍姆斯开辟的现实主义法学道路,作为现实主义法学代表之一的卢埃林,一方面,对传统的规范分析法学"以传统法律规则和概念来说明法院和人们的实际行为和对法律规则在法院判决中起重要作用的学说抱怀疑态度";[5]另一方面,在"法律是什么"的问题上,提出了"法律是官员关于纠纷的行为"的观点,[6]并认为:"那些负责做这种事的人,无论是法官、警长、书记官、监管人员或律师,都是官员。这些官员关于纠纷做的事,在我看来,就是法律本身。"[7]同时,卢埃林认为:"当我们听到法官说他们必须受法律规则约束,必须遵守规则时,我们一定要将他们所说的和他们所做的加以比较,看他们的言行是否一致。总之,我们所必须研究的'法律'是他们的行

---

[1] 【美】霍姆斯:《霍姆斯读本》,刘思达 译,上海三联书店,2009年,第37—38页。
[2] 【美】霍姆斯:《普通法》,冉昊,姚中秋 译,中国政法大学出版社,2006年,第32页。
[3] 【美】霍姆斯:《霍姆斯读本》,刘思达 译,上海三联书店,2009年,第37—38页。
[4] 【美】霍姆斯:《霍姆斯读本》,刘思达 译,上海三联书店,2009年,第35—36页。
[5] 转引自沈宗灵:《现代西方法理学》,北京大学出版社,1992年,第314页。
[6] 转引自沈宗灵:《现代西方法理学》,北京大学出版社,1992年,第313页。
[7] 转引自沈宗灵:《现代西方法理学》,北京大学出版社,1992年,第314页。

为以及可用以影响他们行为或我们如何对付他们行为的手段。在所有这些问题上,'规则'之所以重要仅在于它帮助我们了解或预测法官做什么或帮助我们使法官做什么事。"[1]另外,卢埃林还认为,要区分"纸面规则"和"实在规则","纸面规则的存在仅意味它们有适用可能性,这种可能性也是重要的。但有决定意义的是实际适用。认为规则是普遍适用的观点也是一种虚构。事实上,大部分规则仅在有限范围内适用,主要应考虑真正适用的范围,即官员适用的行为"。[2]

如果说卢埃林是现实主义法学中的规则怀疑主义者,那么,现实主义法学的另一个代表人物弗兰克则走得更远,不仅怀疑乃至否定规则的作用,甚至怀疑法律事实的确定性,是一个事实怀疑主义者。在弗兰克看法,规范分析法学所持的法律的确定性是一个"基本法律神话"[3],法律就是对法官(法院)行为的预测,"就任何具体情况而论,法律或者是:① 实际的法律,即关于这一情况的一个已作出的判决;或者是② 大概的法律,即关于一个未来判决的预测"[4]。其中,"法官的个性是司法中的中枢因素……法律就可能是要依碰巧审理某一具体案件的法官的个性而定"[5]。比较而言,弗兰克对法律规则在判决中的作用,持一种更加消极的看法,"认为通常……所讲的规则只是用以作为预测和判决的工具,但它们本身并不是法律,至少并不是'法律的全部'"[6],"当规则进入法律创造中时,它们并不是全部法律,判决过程(法律)并不仅限于规则的范围,规则只扮演了一个次要的角色"[7]。

综上,在"法律是什么"的问题上,现实主义法学的共同之处在于:"法律并不是'书本上的法律'(或'纸面规则'——引者注),而是'行动中的法律'(或'实在规则'——引者注);不是固定的规则,而是官员,特别是法官的行为;不是一个规则体系,而是一批'事实'"[8]。这就是现实主义法学的事实论。

---

[1] 转引自沈宗灵:《现代西方法理学》,北京大学出版社,1992年,第315页。
[2] 转引自沈宗灵:《现代西方法理学》,北京大学出版社,1992年,第316—317页。
[3] 转引自沈宗灵:《现代西方法理学》,北京大学出版社,1992年,第329页。
[4] 转引自沈宗灵:《现代西方法理学》,北京大学出版社,1992年,第335页。
[5] 转引自沈宗灵:《现代西方法理学》,北京大学出版社,1992年,第340页。
[6] 转引自沈宗灵:《现代西方法理学》,北京大学出版社,1992年,第336页。
[7] 转引自沈宗灵:《现代西方法理学》,北京大学出版社,1992年,第336页。
[8] 沈宗灵:《现代西方法理学》,北京大学出版社,1992年,第333页。

三、社会法学派的事实论

与现实主义法学贬低甚至否定法律规则在判决中的作用相比,社会法学派则走得更远:如果说现实主义法学是将"法律是什么"的问题嵌入到司法或执法中进行探讨,社会法学派则将其嵌入到更广阔的社会环境中加以考察;如果说现实主义法学侧重关注的是法官或官员的法律行为,社会法学派侧重考察的则是影响法律规范效力和合法性基础背后深层次的社会条件或社会规范。

如奥地利法学家,欧洲社会法学、自由法学的创始人之一的埃利希在其代表作《法社会学原理》的"作者序"中明确提出该书的中心:"在当代以及任何其他的时代,法的发展的重心既不在于立法,也不在于法学或司法判决,而在于社会本身。"并认为:"也许这句话中就包含有任何一种法社会学原理的精髓。"[1]那么,埃利希的"社会本身"是什么呢?他认为:"人类社会的概念构成了任何社会科学考察之不言自明的出发点。社会乃彼此存在联系的人类团体的总体。这些构成社会的人类团体是各式各样的。"[2]为此,他将社会团体分为"原始团体"和"其他团体",认为人类最初的联合形式是氏族和家庭,"在较低的发展阶段,人类的社会秩序完全建立在原始团体及其结盟而成的部落和民族之上……在更高发展阶段的社会……另一些形式的组织产生了……这些组织是:公社,国家,宗教团体,社团,政党,社会帮派,社交俱乐部,农业和作坊和工厂中的经济团体,行业协会,职业协会,运输经营联合体。在最高级的文明民族中,人们加入了几乎无以记数的各式各样的共同体,他们的生活更加丰富、更加多样化、更加错综复杂"[3]。

埃利希就是将他的"法律是什么"的问题嵌入到他的这种"社会理论"中加以论述的。他认为,法律有两种,一种是国家制定的"法条",另一种是"人类团体的内部秩序";而"人类团体的内部秩序不仅仅是原初的法的形式,而且直到当代仍然是法的基本形式。法条不仅很晚才出现,而且至今绝大部分

---

[1] 【奥】埃利希:《法社会学原理》,舒国滢 译,中国大百科全书出版社,2009年,"作者序"。

[2] 【奥】埃利希:《法社会学原理》,舒国滢 译,中国大百科全书出版社,2009年,第28页。

[3] 【奥】埃利希:《法社会学原理》,舒国滢 译,中国大百科全书出版社,2009年,第28—30页。

依然来源于团体的内部秩序。因此,要说明法的起源、发展和本质,就必须首先探究团体的秩序。所有迄今为止想弄清法的本质的尝试均告失败,原因就在于其不是以团体中的秩序而是以法条作为(研究的)出发点……在过去若干世纪里,决定着团体秩序的所有法律规范均以习俗、契约、法人团体的章程为基础,人们至今还必须主要到这些地方去寻找它们"[1]。

埃利希还将这种"人类团体的内部秩序"称为"活法",认为:"'活法'与纯粹在法院和其他国家机关中所实施的法律不同。活法不是在法条中确定的,而是支配生活本身的法"[2];"活法的科学意义并不限于它对法院的判决规范或者制定法的内容具有决定性这一点上。活法具有它自己的认识价值,这在于:它是人类社会法律秩序的基础"[3]。那么,如何探究"活法"呢?埃利希认为:"想把一个时代或一个民族的全部法律都框进某个法典的法律条文之中,其实就像欲把一条河流堵截在池子里一样愚蠢:凡被放进池子里的水就不再是流动的活水,而是一潭死水,何况大量的活水根本不可能放进池子里。此外,假如认为任何一部制定法在其制定的那一刻必然被活法所超越,而且随着每日每时的发展而愈来愈过时,那么,人们无论如何必须看到,大量广阔的、尚未完全开垦的处女地有待现代的法学研究者去开发。"[4]首先,埃利希认为:"毫无疑问,在当代,认识活法的最重要的来源就是现代法律文件。"[5]其次,埃利希认为:"当然,法律文件所表明的只是被制作成文件的那一部分活法。那么,我们又应当如何去搜集那些未制作成法律文件、却大量存在、十分重要的活法呢? 此处,除了睁开双眼,通过仔细观察生活去获知,询问民众并记录下他们的陈述之外,可能没有其他方法。"[6]

可见,埃利希是将法律嵌入到社会中来探究,并将法律的效力和合法性

---

[1]【奥】埃利希:《法社会学原理》,舒国滢 译,中国大百科全书出版社,2009年,第40—41页。

[2]【奥】埃利希:《法社会学原理》,舒国滢 译,中国大百科全书出版社,2009年,第545页。

[3]【奥】埃利希:《法社会学原理》,舒国滢 译,中国大百科全书出版社,2009年,第554页。

[4]【奥】埃利希:《法社会学原理》,舒国滢 译,中国大百科全书出版社,2009年,第539—540页。

[5]【奥】埃利希:《法社会学原理》,舒国滢 译,中国大百科全书出版社,2009年,第545页。

[6]【奥】埃利希:《法社会学原理》,舒国滢 译,中国大百科全书出版社,2009年,第550页。

基础建立在社会规范——"人类团体的内部秩序"或"活法"——基础之上。

与埃利希相类似,法国法学家、社会连带主义法学的创始人狄骥也是将"法律是什么"的问题嵌入到社会中去探究的,并将法律的效力基础和合法性基础建立在他所称的"社会连带关系"上。狄骥在涂尔干的"社会分工论"的基础上,认为人们之间存在着两种连带关系:一种是机械的连带关系,即求同的连带关系;另一种是有机的连带关系,即分工的连带关系。狄骥还认为,社会连带关系的存在仅仅表明这样一个事实:"人们相互有连带关系,即他们有共同需要,只能共同地加以满足;他们有不同的才能和需要,只有通过相互服务才能使自己得到满足。因而,人们如果想要生存,就必须遵循连带关系的社会法则。连带关系并不是行为规则,它是一个事实,一切人类社会的基本事实。"[1]

因此,狄骥认为:"社会连带关系既然是一切人类社会的基本事实,因而,尽管它本身不是人们的行为规则或社会规范,但却是所有这些规则或规范的基础。"[2]狄骥进而认为,将建立在社会连带关系基础上的"法律规则或规范就是所谓'客观法',它不同于实在法,即国家制定的法律。客观法是和人类社会同时存在的,它本身就具有制裁力,即使在国家出现以前就已存在;且存在于国家之外,国家的职能在于实现客观法,因而客观法高于国家及其制度的实在法。客观法,即'法律规则的概念,如果理解为赋有社会制裁的一种社会规则来说,是全然不依国家观念为转移的。这一概念先于并高于国家观念,并比后一观念更为广泛'。实在法常常被认为是根据国家主权意志创造的客观法,事实上,实在法仅仅是客观法的'陈述',是用来保证尊重客观法的'手段的组织'"[3]。

可见,狄骥是将法律的效力基础和合法性基础建立在社会规范——"社会连带关系"即"客观法"——基础之上。

而"法律与社会规范"研究的奠基者埃里克森比埃利希和狄骥走得更远,通过对夏斯塔县"邻人如何解决纠纷"的法人类学考察,"试图例证,人们常常以合作的方式化解他们的纠纷,而根本不关心适用于这些纠纷的法律"[4];

---

[1] 沈宗灵:《现代西方法理学》,北京大学出版社,1992年,第252页。
[2] 沈宗灵:《现代西方法理学》,北京大学出版社,1992年,第254页。
[3] 沈宗灵:《现代西方法理学》,北京大学出版社,1992年,第256页。
[4] 【美】埃里克森:《无需法律的秩序:邻人如何解决纠纷》,苏力 译,中国政法大学出版社,2003年,"原书序",第1页。

并认为是"规范,而不是法律规则,才是权利的根本来源"[1]。在埃里克森看来,"这种规范是从社会群体的博弈互动中产生的,最好的法律说到底不过是对这种社会群体长期反复博弈中产生的规范之承认和演化(继续的博弈)"[2];"而所有其他法律都可以说是在这些规范基础上的演化和变种,而我们的各种关于成文法的说法都仅仅是对这些规范的系统表述,是一种生活中的规范'再现',而不是这些规范或法律本身"[3]。"在这个意义上,埃里克森借助博弈论的研究成果,颠覆了国家或正式法律是社会秩序之唯一或主要渊源、民间法或民间规范只是正式法律之补充或从属这样一个命题,他确立了民间法或民间规范是社会秩序之根本这样一个普遍性命题"[4];甚至在关系密切群体中,还可以建立一种"无需法律的秩序"。

"更重要的是他比前人更有力地借鉴了当代的博弈论理论,部分地然而仍然是相当强有力地论证了为什么以及如何这些规范会在交织紧密的人际关系互动中生发出来……有了这个论证,那些关注民间法规范或自发秩序的学者的论证就无需借助于一个个例证,无需借助于权威,至少可以较少借助权威的洞识来说服人,而可以从理论自身的力量来论证民间规范的重要性。"[5]而埃里克·波斯纳借助于博弈论和信息经济学中的信号传递模型,研究了陌生人社会中,社会规范的形成和人们遵守社会规范的机理,[6]从而弥补了埃里克森的理论局限,最终使埃里克森的这个"普遍性命题"更具有普遍性:不仅存在于关系密切群体,而且也适用于陌生人群体;换言之,适用于所有社会群体。

在"法律是什么"的问题上,比上述来自法学的法社会学学者走得更远的是,则是来自社会学的法社会学学者。

---

[1]【美】埃里克森:《无需法律的秩序:邻人如何解决纠纷》,苏力 译,中国政法大学出版社,2003年,第63页。

[2]【美】埃里克森:《无需法律的秩序:邻人如何解决纠纷》,苏力 译,中国政法大学出版社,2003年,"译者序",第7页。

[3]【美】埃里克森:《无需法律的秩序:邻人如何解决纠纷》,苏力 译,中国政法大学出版社,2003年,"译者序",第8页。

[4]【美】埃里克森:《无需法律的秩序:邻人如何解决纠纷》,苏力 译,中国政法大学出版社,2003年,"译者序",第9页。

[5]【美】埃里克森:《无需法律的秩序:邻人如何解决纠纷》,苏力 译,中国政法大学出版社,2003年,"译者序",第9页。

[6] 参见【美】埃里克·波斯纳:《法律与社会规范》,沈明 译,中国政法大学出版社,2004年。

如涂尔干是将法律问题嵌入到他的社会分工理论中来探讨的,认为,在社会分工不发达的人类早期低等社会形态里,社会同质性较高,人们之间形成了一种"机械团结,即相似性所致的团结"[1]。因此,"我们可以看到,在低等社会形态里,所有法律几乎都是一种刑法,并且总是固定不变"[2]。这就是涂尔干所称的"压制法"。"压制法在本质上展现了这种团结,至少展现了这种团结最基本的要素。无论范围是大是小,它所具有的一般的社会整合功能显然是建立在包含着某种共同意识同时又受到这种共同意识规定的社会生活的基础之上的。"[3]而在社会分工发达的高等社会形态里,随着社会分工的不断发展,社会的异质性较高,人们之间形成了一种"有机团结,即分工形成的团结"[4],"交换的普通方式是契约"[5]。因此,涂尔干又将这种团结称为"契约团结"[6]。在这种高等社会形态中,"契约法"即涂尔干又称之为"恢复性法"的超过了"压制性法"。最后,涂尔干得出了法律是随着社会分工的发展而发展的结论。

而马克思是将法律嵌入到他的社会结构中来探讨的,认为社会由经济基础和上层建筑两部分构成,经济基础决定上层建筑;而法律只是上层建筑中的一个组成部分,因此,马克思又得出了法律受经济的决定性影响的结论:法律随经济的不断发展而产生、发展和消亡。

帕森斯是将法律嵌入到他的整个社会体系中来研讨的,认为社会系统由法律体系、社会化子系统、政权(国家组织)和适应性子系统等四个子系统构成,它们分别承担整合功能、模式维持功能、目标追求功能和环境适应功能。帕森斯就是将法律系统作为他的社会系统中的一个子系统,来考察法律系统与其他社会系统的结构—功能关系,以及法律系统自身的结构—功能等相关法律问题的。

韦伯也是将他的法律嵌入到他的整个社会学理论中来建构的。韦伯首先研究了他建构社会学理论的微观基础——社会行为,将其分为非理性行为(又细分为传统行为和情感行为)和理性行为(又细分为价值理性行为和工具

---

[1]【法】涂尔干:《社会分工论》,渠东 译,三联书店,2000年,第33页。
[2]【法】涂尔干:《社会分工论》,渠东 译,三联书店,2000年,第41页。
[3]【法】涂尔干:《社会分工论》,渠东 译,三联书店,2000年,第71页。
[4]【法】涂尔干:《社会分工论》,渠东 译,三联书店,2000年,第73页。
[5]【法】涂尔干:《社会分工论》,渠东 译,三联书店,2000年,第160页。
[6]【法】涂尔干:《社会分工论》,渠东 译,三联书店,2000年,第159页。

理性行为），并在自己研究经济、政治、宗教、音乐、法律等社会领域的基础上，得出了整个社会在不断理性化的一般性结论。在此基础上，韦伯具体研究了法律的理性化问题：包括法律自身的理性化和法律人的理性化等方面。在法律自身理性化方面，韦伯将法律理念化地分为：实质非理性、形式非理性、实质理性和形式理性四种，并认为大陆法系的形式理性是最好的法律，也是法律发展追求的目标。而在法律人的理性化方面，将法律人分为法律先知、法律绅士和法律专家，认为随着社会的不断理性化，法律人也在不断理性化，其最终结果就是以前的法律先知和法律绅士被法律专家所取代。

而布莱克则试图改变上述来自法学的法社会学学者的研究与来自社会学的法社会学学者的研究相互隔绝、互不联系的局面。一方面，与来自社会学的法社会学学者一样，布莱克将法律嵌入到社会——包括宏观、中观和微观层面——中，多维度、立体地考察影响"法律的运作行为"的社会因素，带有很强的综合性和系统性的特征。但在"法律是什么"的问题上，布莱克主张一种"纯粹社会学"的观点，认为："在经验世界中是不可能发现价值判断的"；"价值考虑对法律社会学就像对任何其他科学理论一样是无关的。"[1]为此，布莱克追求一种对法律的多变量研究，试图达到社会科学甚至自然科学的定量化程度，认为："法律是政府的社会控制，或者说它是国家和公民的规范性的生活，如立法、诉讼和审判……法律是一个变量……法律的量可以用多种方式测定。"[2]在影响法律这个因变量的众多自变量中，布莱克既考察了宏观的社会分层、社会分工、社会构成的社会规范方面的其他社会控制、社会构成的符号方面的文化等社会结构因素对法律的影响，认为"法律的变化与分层成正比"[3]，"法律和分化（含社会分工）之间的关系呈曲线型"[4]，"法律的变化与其他社会控制成反比"[5]，"法律的变化与文化成正比"[6]；也考察了

---

[1] 转引自沈宗灵：《现代西方法理学》，北京大学出版社，1992年，第362页。

[2] 【美】布莱克：《法律的运作行为》，唐越，苏力 译，中国政法大学出版社，1994年，第2—3页。

[3] 【美】布莱克：《法律的运作行为》，唐越，苏力 译，中国政法大学出版社，1994年，第14页。

[4] 【美】布莱克：《法律的运作行为》，唐越，苏力 译，中国政法大学出版社，1994年，第45页。

[5] 【美】布莱克：《法律的运作行为》，唐越，苏力 译，中国政法大学出版社，1994年，第125页。

[6] 【美】布莱克：《法律的运作行为》，唐越，苏力 译，中国政法大学出版社，1994年，第75页。

中观层面的组织及其组织化程度对法律的影响,认为"法律的变化与组织性成正比"[1];还考察了微观层面的人与人之间关系距离对法律的影响,认为"法律与关系距离之间的关系呈曲线型"[2]。

另一方面,与来自法学的法社会学学者一样,布莱克的法社会学理论还带有很强的实践应用指向性的色彩,研究了法律行为尤其是司法行为,力图将他的那种"纯粹社会学"的研究成果应用于法律实践中,形成了自己的"案件社会学"理论:试图用"案件的社会结构"代替"案件的法律结构",以便更科学地、更客观地、更全面地、更准确地解释"案件的法律结构"无法解释的、影响案件最后审判结果的各种社会因素,为人们尤其是律师预测案件最后审判结果提供法律实践指导,并预言这种"法律的新模式"——"社会学模式"——必将取代现有的"法理学模式"。[3]

可见,如果说来自法学的法社会学学者是将法律问题嵌入到社会中来拷问法律问题,那么,来自社会学的法社会学学者是将法律理论嵌入到他/她的更为宏大的社会理论中来建构,进而也是嵌入到更深广的社会背景中来拷问法律问题;如果说来自法学的法社会学学者最终目的还是探究法律问题和法律理论,那么,来自社会学的法社会学学者(布莱克除外)最终目的则是探究社会问题和社会学理论;如果说来自法学的法社会学学者规范性意识较强,是将法律的效力基础和合法性基础建立在社会规范上,其事实论就是一种"社会规范论",那么,来自社会学的法社会学学者规范性意识较弱(布莱克除外),是将法律的效力基础和合法性基础建立在更为宽泛的社会结构上,其事实论就是一种"社会结构论"。

四、结语:事实论是一种强嵌入性和过度社会化的观点

综上,事实论,不论是历史法学派的"历史事实论"、现实主义法学的"法律行为论",还是来自法学的法社会学学者的"社会规范论"和来自社会学的

---

[1] 【美】布莱克:《法律的运作行为》,唐越,苏力 译,中国政法大学出版社,1994年,第101页。

[2] 【美】布莱克:《法律的运作行为》,唐越,苏力 译,中国政法大学出版社,1994年,第47页。

[3] 【美】布莱克:《社会学视野中的司法》,郭星华 等译,法律出版社,2002年,第1—26页。

法社会学学者的"社会结构论",从社会的角度来看,都是不同程度地将法律嵌入到社会中,考察法律"实际上如何行为",追寻法律的效力基础和合法性基础,都是在单向度地强调社会因素对法律不同程度的影响,甚至是决定性的影响;从法律的角度来看,都是在不同程度地忽视甚至否定法律相对于社会的独立性,都是在不同程度地强调法律对社会环境的依赖性和适应性,都是在不同程度地强调法律对社会环境的影响只是一个机械、被动接受的过程。在这个意义——法律与社会的关系——上,事实论实质上是一种强嵌入性和过度社会化的观点。

第三章

混合论：弱嵌入性与中度社会化

在"什么是法律"问题上，除了规范论和事实论外，还有一种混合论：法律既是规范，也是事实；或者说，法律既不是规范，也不是事实；换言之，法律是规范与事实的混合，借用哈贝马斯的话说就是"在事实与规范之间"。

一、古典自然法学派孟德斯鸠的混合论

混合论最早可以追溯到古典自然法学派的孟德斯鸠那儿。孟德斯鸠认为："从最广泛的意义来说，法是由事物的性质产生出来的必然关系。在这个意义上，一切存在物都有它们的法。上帝有他的法；物质世界有它的法；高于人类的'智灵们'有他们的法；兽类有它们的法；人类有他们的法。"[1]但是，"在所有这些规律之先存在着的，就是自然法。所以称为自然法，是因为它们是单纯渊源于我们生命的本质"[2]。因此，孟德斯鸠研究了自然法学派通常研究的自然状态、自然法，以及为了避免自然状态的不足而制定的"人为法"，还探讨了自由及其保障自由的国家权力分立等内容；在这个意义上，孟德斯鸠在"法律是什么"的问题上，与自然法学派一样，持一种价值规范论的观点。

同时，孟德斯鸠认为："一般地说，法律，在它支配着地球上所有人民的场

---

[1]【法】孟德斯鸠：《论法的精神》，张雁深 译，商务印书馆，1963年，第1页。
[2]【法】孟德斯鸠：《论法的精神》，张雁深 译，商务印书馆，1963年，第4页。

合,就是人类的理性;每个国家的政治法规和民事法规应该只是把这种人类理性适用于个别的情况。为某一国人民制定的法律,应该是非常适合于该国的人民的;所以如果一个国家的法律竟能适合于另外一个国家的话,那只是非常凑巧的事。法律应该同已建立或将要建立的政体的性质和原则有关系……法律应该和国家的自然状态有关系;和寒、热、温的气候有关系;和土地的质量、形势与面积有关系;和农、猎、牧各种人民的生活方式有关系。法律应该和政制所能容忍的自由程度有关系;和居民的宗教、性癖、财富、人口、贸易、风俗、习惯相适应。"[1]因此,孟德斯鸠首先探讨了对法律影响最大的因素政体的性质和原则与法律的关系,然后考察了军事、经济、自然地理环境、人口、文化(包括民族的精神、风俗、习惯、宗教、历史等方面)等社会因素对法律的影响。就此而言,孟德斯鸠既不满足于自然法学从神和自然状态那儿对法律研究作简单的逻辑演绎和推理,也不满足于"以前的法律学者主要满足于法律条文的解释。孟德斯鸠则在法律之外,从历史、生活、风俗习惯种种方面去研究法律的'精神',从社会的演进去探求这种力量在政制、法律方面所起的作用和一般规律;这是一个伟大的尝试;它在社会理论的'前科学'时期,使法学向科学前进了一大步"[2]。在这个意义上,孟德斯鸠在"法律是什么"的问题上,与历史法学派和社会法学派一样,持一种事实论的观点。

另外,孟德斯鸠还认为:"法律和法律之间也有关系,法律和它们的渊源,和立法者的目的,以及和作为法律建立的基础的事物的秩序也有关系。"[3]因此,孟德斯鸠还考察了宪法及其与立法、审判、刑法、民法、国际法等的关系问题:"由政体的性质直接引申出来的法律"(第二章),"三种政体的原则"(第三章),"三种政体原则的腐化"(第八章),"教育的法律应该和政体的原则相适应"(第四章),"立法应与政体原则相适应"(第五章),"各种政体原则的结果和民、刑法的繁简、判决的形式、处刑等的关系"(第六章),"政体原则与节俭法律、奢侈以及妇女身份的关系"(第七章)[4]。在这个意义上,孟德斯鸠在"法律是什么"的问题上,与规范分析法学派一样,持一种行为规范论的观点。

---

[1]【法】孟德斯鸠:《论法的精神》,张雁深 译,商务印书馆,1963年,第6—7页。
[2] 张雁深:《孟德斯鸠和他的著作》,载【法】孟德斯鸠:《论法的精神》,张雁深 译,商务印书馆,1963年,第18页。
[3]【法】孟德斯鸠:《论法的精神》,张雁深 译,商务印书馆,1963年,第7页。
[4]【法】孟德斯鸠:《论法的精神》,张雁深 译,商务印书馆,1963年,第7—129页。

总之,孟德斯鸠在"法律是什么"的问题上所持的观点,既有自然法的成分,也有规范分析法学的内容,更有社会法学的成分和研究方法,是一种混合论的观点。

二、早期社会法学派庞德的混合论

早期社会法学派的庞德在"法律是什么"的问题上,也是持一种混合论的观点。庞德认为:"从公元前六世纪希腊人开始考虑这些事情以来,什么是法律这个问题一直是一个争论的题目……① 法学家们现在所称的法律秩序——即通过有系统地、有秩序地使用政治组织社会的强力来调整关系和安排行为的制度。② 一批据以作出司法或行政决定的权威性资料、根据或指示……③ 卡多佐法官中肯地所称的司法过程,而今天我们还必须加上行政过程——即为了维护法律秩序依照权威性的指示以决定各种案件和争端的过程。"[1]其中,"争论的大部分是针对第二种意义上的法律的性质,这里的法律是指一批决定争端的权威性资料……这种意义上的法律包括各种法令、技术和理想:即按照权威性的传统理想由一种权威性的技术加以发展和适用的一批权威性法令"[2]。

另外,庞德还认为:"法令成分是由各种规则、原则、说明概念的法令和规定标准的法令组成的……一项规则是对一个确定的具体事实状态赋予一种确定的具体后果的法令。这是法令的最初形式……一个原则是一种用来进行法律论证的权威性出发点……一个概念是一种可以容纳各种情况的权威性范畴,因而,当人们把这些情况放进适当的框子里时,一系列的规则、原则和标准就都可以适用了……一个标准是法律所规定的一种行为尺度,离开这一尺度,人们就要对所造成的损害承担责任,或者使他的行为在法律上无效。"[3]

在对法律的各组成部分条分缕析之后,庞德认为:"(由于——引者加)三种完全不同的东西都曾用着法律的名称,而人们都曾试图以其中一个为根据来解释所有这三者……因而,这就有了三种观念,而它们都用同一个名称,这

---

[1]【美】庞德:《通过法律的社会控制》,沈宗灵 译,商务印书馆,1984年,第20页。
[2]【美】庞德:《通过法律的社会控制》,沈宗灵 译,商务印书馆,1984年,第20—21页。
[3]【美】庞德:《通过法律的社会控制》,沈宗灵 译,商务印书馆,1984年,第22—23页。

在讨论这一问题时就造成了很多混乱。"[1]"例如,以19世纪的几个学派而论,分析法学派所讲的法律,主要是指权威性法令中的立法因素;历史法学派了解社会控制的连续性,但却看不到它的分化,因而也就看不到一种高度专门化的社会控制,即法学家所讲的法律;哲理法学派仅注意法律中的理想成分。这三派都看不到法律中的司法和行政过程的意义。而20世纪的现实主义法学派却把法律的这一意义当作它的全部意义。"[2]为此,庞德提出了用社会控制的概念将法律的这三种意义统一起来的解决方案,认为:"如果这三种意义可以统一起来的话,那就是用社会控制的观念来加以统一。我们可以设想一种制度,它是依照一批在司法和行政过程中使用的权威性法令来实施的高度专门形式的社会控制。"[3]

如果说自然法学侧重关注的法律价值在庞德的法律概念中不是很明显的话,那么,在他的关于法律价值的论述中则显得非常突出。庞德认为:"价值问题虽然是一个困难的问题,但它是法律科学所不能回避的。即使是最粗糙的、最草率的或最反复无常的关系调整或行为安排,在其背后总有对各种互相冲突和互相重叠的利益进行评价的某种准则。这种准则可能仅仅是保持和平。它可能是保持社会现状。它可能是促进最大限度的自由的个人自我肯定。它可能是一个占统治地位的社会或经济阶级或是争取成为占统治地位的阶级的自我利益的实施。它可能是维护和加强一个已经确立的政治组织的权力。"[4]那么,"法律在实际上对价值尺度这个问题是怎样处理的呢?"[5]庞德认为:"如果我们着眼于各种法令的实际制定、发展和适用,而不着眼于法学理论的话,那么我们可以说已经有了三种方法。一种是从经验中去寻找某种能在丝毫无损于整个利益方案的条件下使各种冲突的和重叠的利益得到调整,并同时给予这种经验以合理发展的方法。"[6]第二种就是理性的方法,即庞德所说的"法学家们定出各种法律假说,即关于一定时间和地点的文明社会的关系和行为的各种假设,并且用这种方法为法律推理得出各种权威性的出发点"[7]。"第三种价值尺度,无论在罗马法还是近代世界法

---

[1]【美】庞德:《通过法律的社会控制》,沈宗灵 译,商务印书馆,1984年,第20页。
[2] 沈宗灵:《现代西方法理学》,北京大学出版社,1992年,第301页。
[3]【美】庞德:《通过法律的社会控制》,沈宗灵 译,商务印书馆,1984年,第20页。
[4]【美】庞德:《通过法律的社会控制》,沈宗灵 译,商务印书馆,1984年,第50页。
[5]【美】庞德:《通过法律的社会控制》,沈宗灵 译,商务印书馆,1984年,第53页。
[6]【美】庞德:《通过法律的社会控制》,沈宗灵 译,商务印书馆,1984年,第53页。
[7]【美】庞德:《通过法律的社会控制》,沈宗灵 译,商务印书馆,1984年,第54页。

律的古典时代都被使用过,而在法律成熟时期则完全被确认了,这就是关于社会秩序从而也是关于法律秩序的一种公认的、传统的权威性观念,以及关于法律制度和法律学说应当是怎样的东西,把它们适用于争端时应当取得什么样的后果等的公认传统性权威观念。"[1]

可见,庞德在"法律是什么"的问题上所持的观点,既有自然法学关注的价值规范的成分,也有规范分析法学强调的行为规范的成分,还有现实主义法学主张的法律行为的成分,以及社会法学所强调的法律事实的成分,是一种混合论的主张。

三、当代历史法学派伯尔曼的混合论

在"法律是什么"的问题上,当代历史法学派的伯尔曼也持一种混合论的观点。伯尔曼认为:"法律概念的狭隘性不仅阻碍了我们对法律的视野,而且阻碍了我们对历史的视野。"这些法律概念的狭隘性主要体现在以下方面:"将法律归结为一套处理事务的技术性手段;使法律脱离于历史;把一国的法律等同于我们的全部法律、把一国的法律史等同于我们全部的法律史……排他的政治的和分析的法学('法律实证主义'),或孤傲的哲理的和道德的法学('自然法理论'),唯我独尊的历史的和社会—经济的法学('历史法学派','法的社会理论')。"[2]如分析法学认为"法律是来源于制定法和法院判决的规则体系的这种传统的概念——一种反映把立法者('国家')意志作为法律最终渊源的理论——完全不适合于用以探讨跨国的法律文化"[3]。"自然法理论……通常认为,人类法最终源于理性和良心并受理性和良心的检验。不仅根据该时代的法律哲学,而且根据实在法本身,任何实在法,不论是制定法还是习惯法,都必须遵守自然法,否则将缺少作为法律的效力,人们可以对它置之不理。"[4]"历史法学……认为法律的含义和权威来自该民族作为法律的过去历史,来自该民族的习惯、制度方面的民族精神、历史价值和先例理

---

[1]【美】庞德:《通过法律的社会控制》,沈宗灵 译,商务印书馆,1984年,第56页。
[2]【美】伯尔曼:《法律与革命》,贺卫方 等译,中国大百科全书出版社,1993年,"序言",第3页。
[3]【美】伯尔曼:《法律与革命》,贺卫方 等译,中国大百科全书出版社,1993年,第13页。
[4]【美】伯尔曼:《法律与革命》,贺卫方 等译,中国大百科全书出版社,1993年,第14页。

论。"[1]"当然,所有这些学派都有许多差异。但每一种理论本身都仅仅注意到真理的某一个方面。它们中任何一个都不能单独地为理解西方的法律理论提供一个基础。这些各种法律哲学派别的涌现和冲突的历史本身就是西方法律传统历史的一部分。它们并不解释历史;而是历史解释它们——它们何以出现,不同的学派何以在不同的地方和时代盛行。"[2]为此,伯尔曼提出:"我们需要一种能够综合这三个传统学派并超越它们的法学。"[3]也就是伯尔曼所说的"走向一种法的社会理论……首要任务旨在摆脱关于法律及其因果关系的过分简单化的概念……一种……依照它对法律的定义和分析应该强调精神和物质、观念和经验之间的互动作用。应该把三个传统的法学派——政治学派(法律实证主义)、道德学派(自然法理论)和历史学派(历史法学派)综合成一个一体化的法学"[4]。正是在"法的社会理论"的指引下,伯尔曼先后考察了"西方法律传统在教皇革命中的起源","西方法律传统在欧洲大学中的起源","西方法律传统的神学起源",以及世俗法律体系形成的各种社会渊源。通过这些厚重的历史考察,伯尔曼最后得出了研究的结论,认为:"(法的——引者注)社会理论必须承认一种比马克思和韦伯所认为的更宽泛的法律概念。正如他们所确信的那样,法律是一种统治工具,一种实现立法者意志的手段。这种与实证主义法学派一脉相承的社会理论只道出了部分真相。法律也是对人类理性所理解的道德准则的一种表达。这种与自然法理论相关联的法律观点也只是部分正确。最后,法律是习惯的一种派生物,一种根源于社会共同体的历史价值和规范的产物。这第三种观点与法律哲学中的历史法学派相一致,也能像另两个学派的任何一个一样,主张自己揭示真理的三分之一……法律不仅仅是事实,它也是一种观念或概念,此外,它还是一种价值尺度。它不可避免地具有智识的和道德的方面。与纯粹智识的和道德的标准不同,法律需要人来实施,而法律与纯粹的物质条件也不同,它包含观念和价值。而且,法律的各种观念和各种价值被认为彼此之间具有某种程度的一致性——与社会共同体中的非法律方面的观念和价值

---

[1]【美】伯尔曼:《法律与革命》,贺卫方 等译,中国大百科全书出版社,1993年,第15页。
[2]【美】伯尔曼:《法律与革命》,贺卫方 等译,中国大百科全书出版社,1993年,第14页。
[3]【美】伯尔曼:《法律与革命》,贺卫方 等译,中国大百科全书出版社,1993年,"序言",第3页。
[4]【美】伯尔曼:《法律与革命》,贺卫方 等译,中国大百科全书出版社,1993年,第48—51页。

即它的整个意识形态也具有某种程度的一致性。法律实质上既是物质的又是意识形态的这一事实是与以下事实相联系的：法律既是从整个社会的结构和习惯自下而上发展而来，又是从社会中的统治者们的政策和价值中自上而下移动。法律有助于对这两者的整合。"[1]

可见，在"法律是什么"的问题上，伯尔曼也持混合论，甚至比庞德走得更远，认为："现在，法律通常被定义为'规则体'……对于不仅关心书本上的法律而且关心实际运作的法律的任何研究来说，这样的定义简直是太狭窄了。实际运作的法律包括法律制度和诉讼程序、法律的价值、法律概念与思想方式和法律规范。它包括有时称作'法律过程'或德语中所谓法律'实现'的东西……但我想通过指出以下一点走得更远一些：这个事业的目的不仅仅是公正地制定和适用规则，而且也包括其他的管理方式，诸如投票选举、分布命令、任命官员和宣布判决等。而且，在法律一词通常的意义上，它的目的不仅仅在于管理：它是一种促成自愿协议的事业——通过交易谈判、发放证件（例如信用证或所有权文据）和履行其他性质的法律行为。实际运作的法律包括人们的立法、裁决、执行、谈判和从事其他法律活动。它们也是分配权利和义务和由此解决冲突和创造合作渠道的一个生活的过程。"[2]

四、当代社会法学派塞尔兹尼克的混合论

在"法律是什么"的问题上，当代社会法学派的塞尔兹尼克也持一种混合论的观点。如果说伯尔曼侧重于"西方法律传统的形成"，并在展示、总结历史经验的基础上，提出西方应对法治危机的方案；塞尔兹尼克关注的则是"转变中的法律与社会"，试图在将西方历史上的"法律与社会"理论化为两个阶段——压制型法和自治型法与前官僚型社会和官僚型社会——的基础上，推演出西方应对法治危机的方案——回应型法。但在应对西方法治危机时，塞尔兹尼克也提出与伯尔曼相似的方案与策略，如果说伯尔曼提出的是"走向一种法的社会理论"，塞尔兹尼克提出的则是"一种社会科学策略"："为了使法理学更加贴切、更具活力，就必须重新整合法律的、政治的和社会的理论。

---

[1]【美】伯尔曼：《法律与革命》，贺卫方 等译，中国大百科全书出版社，1993年，第663—665页。

[2]【美】伯尔曼：《法律与革命》，贺卫方 等译，中国大百科全书出版社，1993年，第4—5页。

作为这方面的一个步骤,我们曾试图用社会科学的观点重新安排各种法理学问题。"[1]塞尔兹尼克认为:"在各种经验研究和实践经验中,似乎很容易认识到,世界的方方面面都是在或大或小的程度上、在种种混合中、以不同表象存在着。但是……在知性和感性、事实和价值、冲突和合意、神圣和亵渎、法律和道德等之间所作的那些逻辑辨析或理论辨析,能够把经验世界分别归入确定的范畴。他们把这些范畴当作在经验上和逻辑上都是分离的东西,而不是认识到,任何理论倾向都是识别一种连续体——一种变化据以发生的尺度——的方式。这是'错置具体物的谬误'的一种形式。"[2]例如,"在法理学的那些论战中……在法律与强制、道德或理性的关系被当作是法律现象的一个定义性的因素时,就是如此。一维的法律概念……它的结果必定是再创造一个盲人摸象的寓言"[3],而"社会科学的态度是把法律经验看作可变的和场合性的……我们所持的观点是,法律秩序是一种多维事物,只有把多种维度当作变项,才能对法律进行彻底的研究。我们不应该空谈法律与强制、法律与国家、法律与规则或法律与道德之间必要的联系,而应该考虑这些联系在什么程度上和在什么条件下发生"[4]。

正是在这种"多维的社会科学策略"的指导下,塞尔兹尼克认为:"在社会科学中最好是定义要'弱'而概念要'强'。一个'弱'的定义是包含性的,它的条件容易符合;一个'强'的概念要求更多,例如它可以确认那些潜在的或明显的属性,或提出这一现象的充分发展或退化的模式。所以他在自己书中所讲的法律一词是一般的,足以包括所有法律经验,不管如何不同或原始。"[5]

正是在这种"多维的社会科学策略"和"弱的定义"的指导下,塞尔兹尼克在整合新规范分析法学代表人物哈特与新自然法学代表人物富勒的法律概念基础上,提出自己的"弱的(法)定义"。哈特认为:法是设定义务的第一性

---

[1] 【美】诺内特,塞尔兹尼克:《转变中的法律与社会》,张志铭 译,中国政法大学出版社,1994年,第3页。

[2] 【美】诺内特,塞尔兹尼克:《转变中的法律与社会》,张志铭 译,中国政法大学出版社,1994年,第9—10页。

[3] 【美】诺内特,塞尔兹尼克:《转变中的法律与社会》,张志铭 译,中国政法大学出版社,1994年,第10页。

[4] 【美】诺内特,塞尔兹尼克:《转变中的法律与社会》,张志铭 译,中国政法大学出版社,1994年,第10页。

[5] 转引自沈宗灵:《现代西方法理学》,北京大学出版社,1992年,第350页。

规则和授予权力的第二性规则的结合。第二性规则是关于第一性规则的规则,包括承认规则、改变规则和审判规则;其中,承认规则是法律制度的基础,也是法律权威性获得的基础。[1]富勒认为:"法律是使人类行为服从规则治理的事业"[2],其权威性来源于道德,"道德使法律成为可能"[3]。塞尔兹尼克为了使自己的"法的定义"能够"足以包括所有法律经验",包括哈特和富勒的法律经验,于是从两者的法律概念中找到其最大公约数:第一,"他们所提出的法律的概念都是与国家概念(有组织的政治社会)分开的,而且他们都不将强制作为法律的一个特有的标准"[4];第二是规则。因此,塞尔兹尼克认为:"构成法律的特征是权威(而不是强制——引者注)和规则。"[5]于是,在"法律是什么"的问题上,塞尔兹尼克也提出了与伯尔曼一样较为宽泛的法的定义,即"弱的定义":"法律制度是权威性规则的存在"[6];即"权威说","法律是依靠正式权威和制定规则作为社会控制的一切制度中特有的事物";其最终目的在于统合以富勒为代表的新自然法学派和以哈特为代表的新规范分析法学的法律经验,使其具有混合论的特点。

塞尔兹尼克的混合论还体现在他的"强的(法)概念"和法律改革方案上。正是在这种"多维的社会科学策略"的指导下,塞尔兹尼克还在总结目前"风险小的方案"与"风险大的方案"基础上,提出了自己的"强的(法)概念"和法律改革方案。在目前应对西方法治危机上,塞尔兹尼克认为形成了两种方案:"第一种态度可以称之为风险小的法律和秩序观点,它强调法律的稳定性对自由社会的贡献是如何如何重大……公民服从法律的义务与保持官方对实在法不折不扣的忠诚正相对应……法律的变更要通过政治秩序来实现,而不应通过法律机构响应党派要求行使自由裁量权去达到。法律和政治应该严格分离,法律的缺陷必须坚定地加以克服。另一种观点强调机构潜在的弹性和开放性。它不那么顾及权威,而是更接受挑战和无序状况……政治上的不服从应该得到宽容,应该待之以协商确立新的权威基础的意愿。法律和政

---

[1] 【英】哈特:《法律的概念》,张文显 等译,中国大百科全书出版社,1996年,第92—111页。
[2] 【美】富勒:《法律的道德性》,郑戈 译,商务印书馆,2005年,第116页。
[3] 【美】富勒:《法律的道德性》,郑戈 译,商务印书馆,2005年,第40页。
[4] 沈宗灵:《现代西方法理学》,北京大学出版社,1992年,第350页。
[5] 沈宗灵:《现代西方法理学》,北京大学出版社,1992年,第350页。
[6] 转引自沈宗灵:《现代西方法理学》,北京大学出版社,1992年,第350页。

治之间的界限由此变得模糊不清……这是一种风险大的法律和秩序观点。"[1]但"多维的社会科学策略"认为:"现代法制所面临的改革课题绝不是孤立的、偶发的,因而法律与道德、政治、强制的关系也不能分别讨论,应该考虑这些关系是什么状况下产生以及在多大程度上互为因果。为此,需要通过经验分析抽出规定法律现象的基本变数,从这些变数与法的不同对应的方面去发现法的基本形态。"[2]于是,他们提出了三个"强的(法)概念":压制型法、自治型法和回应型法。这三种法的概念,"就是在比较了目的、合法性、规则、推理、裁量、强制、道德、政治、服从期待、参与等基本变数与法的不同对应关系基础上建立的理论模型"[3]。前两者是对历史上已有法律经验的模式化,并试图在"我们的第二种分析策略——运用一种发展的观点"——的指引下[4],在前两者的基础推导出未来法律改革的发展方向:"回应型法"。

塞尔兹尼克认为:"压制型法使人想起 T. 霍布斯、J. 奥斯丁和 K. 马克思所描绘的景象。在这种模型中,法律是原则上拥有无限自由裁量权的主权者的命令;法律与国家是不可分的。自治型法是一种在 A. V. 戴雪的法理学中被作为'法治'加以表达和赞美的统治形式。当代法律实证主义者如 H. 凯尔森和 H. L. A. 哈特的著作——尤其是 L. L. 富勒的《法律的道德性》一书——也论及官方决定对法律的服从,论及自主的法律机构和法律思维方式的特色以及法律判断的完整性。"[5]但是,"由于法理学论战集中于那些相互对立的法本质概念,才使得以上这种重迭现象(如回应型法——引者注)相形失色。因此,一种社会科学的策略可以更便捷、更清晰地认识众多的法律经验"[6]。为此,塞尔兹尼克提出了一种法律改革的努力方向:回应型法。"对回应型法律秩序的需要,则已成为所有分享 R. 庞德那种功能性、实用性和目的性精

---

[1]【美】诺内特,塞尔兹尼克:《转变中的法律与社会》,张志铭 译,中国政法大学出版社,1994年,第6—7页。

[2]【美】诺内特,塞尔兹尼克:《转变中的法律与社会》,张志铭 译,中国政法大学出版社,1994年,"译序",第4页。

[3]【美】诺内特,塞尔兹尼克:《转变中的法律与社会》,张志铭 译,中国政法大学出版社,1994年,"译序",第4页。

[4]【美】诺内特,塞尔兹尼克:《转变中的法律与社会》,张志铭 译,中国政法大学出版社,1994年,第21页。

[5]【美】诺内特,塞尔兹尼克:《转变中的法律与社会》,张志铭 译,中国政法大学出版社,1994年,第20页。

[6]【美】诺内特,塞尔兹尼克:《转变中的法律与社会》,张志铭 译,中国政法大学出版社,1994年,第20页。

神的人的首要论题,成为法律现实主义者和规则模型的当代批评者的首要论题。"[1]

可见,"压制型法、自治型法和回应型法不仅是独特的法律类型,而且在某种意义上也是法律与政治秩序和社会秩序的关系的进化阶段"[2]。塞尔兹尼克提出的"回应型法"及其法律改革方案,并不是对"压制型法"和"自治型法"的简单否定和肯定,而是在吸取了两者合理因素以后的超越,具有混合论的特征。

总之,不论是从"弱的(法)定义"来看,还是从"强的(法)概念"及其法律改革方案来看,塞尔兹尼克在"法律是什么"的问题上,持一种混合论的观点。

五、当代社会法学派哈贝马斯的混合论

在"法律是什么"的问题上,当代社会法学派的哈贝马斯也持一种混合论的观点。正如塞尔兹尼克所言:"阐明一个概念其实是陈述一种理论。"[3]将这句话用到哈贝马斯的《在事实与规范之间》一书上,是最恰当不过了。从整本书来看,哈贝马斯既是在"陈述一种理论",也是在"阐明一个(关于法的——引者注)概念":法处在"事实与规范之间"、法是"作为事实性和有效性之间社会媒介的法律"[4];具体而言,包括内在于法律的事实性和有效性之间与外在于法律的社会的事实性和法律的有效性之间两个方面。

在哈贝马斯看来,现代法治危机的根本问题在于事实(或事实性)与规范(或有效性)之间的张力。面对这个根本性问题,哈贝马斯从三个有内在逻辑联系的层面——哲学、社会学和法学——进行了回应,认为,"解决这种张力有着内在的逻辑过程,即哲学层面的问题如何体现为社会层面的问题,社会层面的问题如何又必然转变为法律问题并最终要通过法律手段解决"[5]。

那么,如何解决法律上的这种"事实与规范之间"的张力问题呢?在策略上,哈贝马斯认为:"事实性和有效性之间的这种来回折腾,使得政治理论和

---

[1] 【美】诺内特,塞尔兹尼克:《转变中的法律与社会》,张志铭 译,中国政法大学出版社,1994年,第20页。
[2] 【美】诺内特,塞尔兹尼克:《转变中的法律与社会》,张志铭 译,中国政法大学出版社,1994年,第21页。
[3] 沈宗灵:《现代西方法理学》,北京大学出版社,1992年,第350页。
[4] 【德】哈贝马斯:《在事实与规范之间》,童世骏 译,三联书店,2003年,第1页。
[5] 郑永流主编:《商谈的再思》,法律出版社,2010年,第5页。

法律理论目前处于彼此几乎无话可说的境地。规范主义的思路始终有脱离社会现实的危险,而客观主义的思路则淡忘了所有规范的方面。这两个方面之间的紧张关系,可以被理解为对我们的一种提醒:不要固执于一个学科的眼光,而要持开放的态度,不同的方法论立场(参与者和观察者),不同的理论目标(意义诠释、概念分析和描述、经验说明),不同的角色视域(法官、政治家、立法者、当事人和公民),以及不同的语用研究态度(诠释学的,批评的,分析的,等等),对这些都要持开放的态度。"[1]换言之,就是"商谈论的思路"或"交往理性"[2]。"交往理性使得一种对有效性主张的取向成为可能,但它本身并没有给实践性任务的完成提供有确定内容的导向……它一方面包罗了全部的有效性主张……另一方面,它涉及的仅仅是洞见——仅仅是论辩性的澄清在原则上可以通达的那些可批判性表达,就此而言,它仍然赶不上那旨在形成动机和指导意志的实践理性。作为行动之义务性导向的规范性,并不与以理解为取向的行动的合理性完全重合。规范性和合理性仅仅在对道德洞见进行论证的领域里才是彼此重合的……它的作用不再是直接引出一个关于法和道德的规范理论。相反,它提供的是一种导向作用,引导人们对形成意见和准备决策的诸多商谈——合法行使之民主统治的基础就在于此——所构成的网络进行重构。"[3]

正是在这种"持开放的态度"或"商谈论的思路"或"交往理性"的指导下,哈贝马斯首先探讨了外在于法律的事实与规范之间的张力问题(包括第2、7、8章)。如在第2章,哈贝马斯认为:"我首先将追溯社会科学中的系统论这条线,以便证明对法律进行客观主义解魅的优点和缺点。然后,我将以约翰·罗尔斯(John Rawls)提出的法律概念为例子,来说明一种纯粹规范的哲学正义论所面临的与前一类困难相互补的困难。最后,我将步马克斯·韦伯和塔尔科特·帕森斯的后尘,提出一种双重视角,它使我们可以同时从两个角度来看待法:从内在视角出发,郑重其事地重构其规范性内容;从外在视角出发,把它描述为社会实在的组成部分。"[4]"这为他后面以商谈论的视角展开的法律重构工作奠定了基础。"[5]而在第7章,哈贝马斯"关注于整个民主过

---

[1] 【德】哈贝马斯:《在事实与规范之间》,童世骏 译,三联书店,2003年,第8—9页。
[2] 【德】哈贝马斯:《在事实与规范之间》,童世骏 译,三联书店,2003年,第1—10页。
[3] 【德】哈贝马斯:《在事实与规范之间》,童世骏 译,三联书店,2003年,第6—7页。
[4] 【德】哈贝马斯:《在事实与规范之间》,童世骏 译,三联书店,2003年,第54页。
[5] 郑永流主编:《商谈的再思》,法律出版社,2010年,第37页。

程的规范面向和事实面向。他首先分析了经验性民主理论在处理民主规范性问题时所导致的矛盾,然后转向规范性民主理论,提出了与自由主义和共和主义不同的程序性民主观,即以商谈程序作为民主过程的核心,并对各方关于程序中立性的批评进行了回应"[1]。而在第8章,"哈贝马斯通过批评诸多'现实主义'的民主理论,否定了那种仅仅从'事实性'出发的民主进路,进而肯定了商议民主才是唯一可行的民主模式,对此具体地提出了作为商议式政治的社会学模式的'政治权力的循环模式'作为解决方案,并认为,该种模式的有效运作依赖于生发于市民社会的公共领域发挥积极的作用"[2]。

正是在这种"持开放的态度"或"商谈论的思想"或"交往理性"的指导下,哈贝马斯还探讨了内在于法律的事实与规范之间的张力问题(包括第3～6章)。"在这几章中,哈贝马斯以商谈论为理论工具,探讨了事实性和有效性之间的关系在权利、法治国原则、司法、立法领域内的表现形式和矛盾解决的途径。"[3]

最后,"哈贝马斯将前面的社会学理论与法律理论的考察结合起来,分析了被其称为福利国家实质法和资产阶级形式法的两种法律范式,认为资产阶级形式法的弱点在于片面关注有效性的要求而对社会方面的事实性视而不见,而福利国家实质法的弱点则在于虽然关注了社会事实,但是同时不可避免地会因此妨碍公民的个人自决。所以,哈贝马斯提出其程序主义的法律范式以消解法治国危机,从而实现对资产阶级形式法和社会福利国家这两种社会模式之间对立的超越"[4]。

可见,不论是作为理论还是作为概念,哈贝马斯在整部书《在事实与规范之间》中与哈特在《法律的概念》一书中一样,都是围绕"法律是什么"的问题而展开,都是在从不同的角度、不同的层面、不同的方面拷问或阐述这样的问题:法律中既有事实的成分,也有规范的成分,因此可以说法律既是事实也是规范;也因此可以说法律既不是规范也不是事实,而是规范与事实混合/化合后形成的新的"物质"——"混合/化合物";总之,如果在此借用塞尔兹尼克的话说,"任何理论倾向都是识别一种连续体——一种变化据以发生的尺

---

[1] 郑永流主编:《商谈的再思》,法律出版社,2010年,第213页。
[2] 郑永流主编:《商谈的再思》,法律出版社,2010年,第247页。
[3] 郑永流主编:《商谈的再思》,法律出版社,2010年,第13页。
[4] 郑永流主编:《商谈的再思》,法律出版社,2010年,第14页。

度——的方式"[1]，一端是事实，另一端是规范。那么，法律就处在"事实与规范之间"，具有明显的混合论特征。

六、当代经济—社会法学派波斯纳的混合论

在"法律是什么"的问题上，当代经济—社会法学派的波斯纳，也持一种混合论的主张。为了整合或囊括现有的法律理论和法律经验，如果说庞德提出了"社会工程说"，伯尔曼提出了"法的社会理论"，塞尔兹尼克提出了"社会科学的策略"，哈贝马斯提出了"持开放的态度或者商谈论的思路或交往理性"，那么，波斯纳则提出了"实用主义"。

波斯纳是在梳理了"法理学简史"尤其是法律实用主义的简史——创始于边沁，发展于霍姆斯，成熟于卡多佐——的基础上，提出了自己的法律实用主义。在波斯纳看来，"在两千多年里，法理学领域一直有两个非常不同的尽管是复杂的群体在打仗。一派（'法治论者'——引者注）主张法律不仅仅是政治，认为在能干的法官手中——至少在某些时候、在稳定的条件下——即使是对最困难的法律问题，法律也能产生正确的答案。另一派（'怀疑论者'——引者注）则认为法律是彻头彻尾的政治，认为法官行使着广泛的裁量性威权"[2]。同时，波斯纳认为："极端的立场总是更有趣，但在法理学中真实的和优秀的立场只能在形式主义和'现实主义'的两极之间发现……我的立场也许看起来是令人厌恶的中庸……如果我必须选择，我将把自己排列在怀疑主义者这一边，但实用主义的态度也许能使法治论者和怀疑论者之间的冲突得以超越。"[3]因此，波斯纳的法律实用主义"反对'人为理性'，反对德沃金的'正确答案'论题，反对形式主义，反对诸如'校正正义'，'自然法'以及'财富最大化'这样一些支配一切的正义观——然而却不反对这类规范体系的温和理论——但同时也反对'强烈的'法律实证主义。我将赞同一种法律的'行动'理论——一种支持霍姆斯的预测说的理论；赞同行为主义并因此而反对精神论、意图说和自由意志这些'丰富'观念；赞同批判是一种独特的建设性的逻辑运用；赞同这样的看法，即在疑难案件中，法官的恰当目标是合乎

---

[1]【美】诺内特，塞尔兹尼克：《转变中的法律与社会》，张志铭 译，中国政法大学出版社，1994年，第9页。
[2]【美】波斯纳：《法理学问题》，苏力 译，中国政法大学出版社，1994年，第32—33页。
[3]【美】波斯纳：《法理学问题》，苏力 译，中国政法大学出版社，1994年，第43—44页。

情理的结果而不是一个论证可疑的正确结果;还赞同将法官理解为一个有责任心的代理人而不是一种管道,用来传送政治体系在什么地方所作出的决定。更甚的是,我还将赞同客观性是法律决定的一种文化和政治特点,而不是一种认识的特点;赞同在法治美德与对具体案件的衡平和裁量性思考之间保持一种平衡;赞同使法律更能吸收科学,但对无法补救的法律的威权主义之特点有恰当警惕,因为这一特点会限制法律中科学精神的活动;并且赞同一种解释的结果论。总之,我的观点是赞同对法律过程作一种功能性的、充满政策性的、非法治论的、自然主义并且是怀疑主义的但绝不是玩世不恭的理解;一言以蔽之(尽管我担心这很不充分),我赞同一种实用主义法理学。"[1]但波斯纳重申:"这并不是我的创造……我所添加的观点既是实证主义的又是规范性的——也就是说,既是描述性的又是评价性的。"[2]波斯纳还重申:"我是在哲学意义上而不是常识意义上使用'实用主义'的……我所喜欢的那种牌号的实用主义强调科学的优点(思想开放、实实在在的探讨),重视研究的过程而不是研究的结果,偏好活动性而讨厌停滞,不喜欢'形而上学',对在任何研究领域里发现的'客观真理'都表示怀疑,缺乏为其思想活动建立一个充分哲学基础的兴趣,喜好实验,讨厌装腔作势吓唬人,并且——在谨慎的范围内——偏好通过与昔日保持连续来构造未来。因此我所谈论的是一种态度而不是一种教条;这种态度的'公分母'是'一种面向未来的工具主义,它努力运用思想作为武器,以便更有效地行动'。"[3]总之,波斯纳认为:"法律是向前看的。这一点隐含于工具主义的法律观——这是实用主义的法律观,即视法律为人类需要的仆人。'重要的不是源头,而是目标'。"[4]并在书的开头和结尾借用 W. B. 叶芝的文学性诗化语言强调了这种"处理法理学问题的基本指导思想":"对生命,对死亡/投上冷冷的一眼。/骑马者,向前!"[5]"与我开始时一样,我的结束也是一段叶芝的诗文——出自'一件大衣',其贴切之处在于作为司法的象征之一的法官黑袍的重要性:'赤裸着行走/有更大的事业'。"[6]

---

[1] 【美】波斯纳:《法理学问题》,苏力 译,中国政法大学出版社,1994年,第34—35页。
[2] 【美】波斯纳:《法理学问题》,苏力 译,中国政法大学出版社,1994年,第35—36页。
[3] 【美】波斯纳:《法理学问题》,苏力 译,中国政法大学出版社,1994年,第36—38页。
[4] 【美】波斯纳:《法理学问题》,苏力 译,中国政法大学出版社,1994年,第39页。
[5] 【美】波斯纳:《法理学问题》,苏力 译,中国政法大学出版社,1994年,"序言",第3页。
[6] 【美】波斯纳:《法理学问题》,苏力 译,中国政法大学出版社,1994年,第588页。

正是在法律实用主义的指导下,波斯纳很不情愿地探讨了"什么是法律"的问题。在波斯纳看来:"我们现在已有了准备,可以来着手处理这个最大的,尽管不必然是最有油水的、法理学中的本体论问题:法律是什么。大胆地说,这个问题实际是没有意义的。'法律'是一个词,和'宗教''时间''政治''民主'和'美'一样,是可以用而不会造成严重的理解问题的,但不能界定——除非理解了定义的目的。"[1]尽管如此,从波斯纳的相关著作——主要有《法理学问题》、《超越法律》、《道德和法律理论的疑问》——中,还是可以比较清晰地看出波斯纳对"法律是什么"的回答。

首先,波斯纳的法律实用主义并不完全排斥规则和形式主义。尽管与霍姆斯等法律现实主义一样,波斯纳大部分篇幅是在批判形式主义者的概念主义、科学主义、僵化、教条、脱离生活等缺陷,[2]但"我并不简单地拒绝形式主义"[3];甚至波斯纳认为:"不仅存在着极其有价值的诸如逻辑、数学和艺术这样的形式体系,而且逻辑在法律决定的制定上(尤其是在常规案件中——引者注)可以扮演重要的角色……在这个职业中许多最强有力的思想者都是形式主义者,而不论他们是否使用了这个标签;而我在写作本书时,形式主义的风格正在联邦最高法院也在下级联邦法院重新兴起。形式主义既是律师的也是普通人的官方法理学,既是实证主义者的也是自然法律师的官方法理学,尽管并非这两大阵营中每个人的官方法理学。"[4]但波斯纳重申:"我所拒绝的是夸大了的法律形式主义,它认为法律概念之间的关系应当是法律和法律思想的本质。"[5]因此,波斯纳认为:"尽管逻辑在法律中的的建设性作用——不同于批判作用——很重要,但作用很有限。因为尽管规则有逻辑结构,法律的规则却经常是含糊的、无底的,理由是临时性的、有很多争论的,此处不仅可以变更而且实际上也经常变更。从法官的观点来看,法律规则更像指南或常规做法而不像命令。法律中科学研究的作用也是有限的。"[6]

在此必须说明的是,波斯纳是将规则/原则置于法官面临的疑难案件中

---

[1] 【美】波斯纳:《法理学问题》,苏力 译,中国政法大学出版社,1994年,第279页。

[2] 【美】波斯纳:《法理学问题》,苏力 译,中国政法大学出版社,1994年,第20页。

[3] 【美】波斯纳:《法理学问题》,苏力 译,中国政法大学出版社,1994年,第571页。

[4] 【美】波斯纳:《法理学问题》,苏力 译,中国政法大学出版社,1994年,第571—572页。

[5] 【美】波斯纳:《法理学问题》,苏力 译,中国政法大学出版社,1994年,第571—572页。

[6] 【美】波斯纳:《法理学问题》,苏力 译,中国政法大学出版社,1994年,第572页。

来审视其作用的;即便如此,规则或原则也是法官必不可少的"常规的法律材料"。波斯纳认为:"(既然——引者注)在疑难案件中由于无法将决定基于逻辑,也不能基于科学,法官被迫撤退而依赖于我称之为'实践理性'(在一种不那么正统的意义上使用这一术语)的非正式的推理方法的百宝箱……(但——引者注)事实上,法院可以使用的这些研究工具只有这样有限的力量,即面对一个疑难案件,法官的最高而且可行的追求就是作出一个'合乎情理的'(可行的、有道理的)决定,这不同于一个正确性可以证明的决定,而后一种决定通常也是不可能的。合乎情理的成分包括,但不局限于常规的法律材料,例如前例以及运用前例的原则。"[1]

总之,在波斯纳的法律实用主义看来,"法律规则应当从工具主义的意义上来理解,这意味着可争论性、可修改性和可变化性"[2]。并引用卡多佐的话说:"在我们的时代,只有很少的规则是非常确定的,不会有某一天要求证明它们作为适应一个目的之手段而存在的合理性。如果它们不起效果,它们就是有了疾病。如果它们有了疾病,它们就不必再繁衍。有时它们将被完全割除。有时它们将带着继续存活的影子而离开,但却是被绝育了,被截断了,不再能为害(第98—99页)。"[3]

其次,与对规则的观点不同,波斯纳的法律实用主义对自然法及其价值(或道德或正义)问题则基本持完全排斥和批判的态度。之所以说"基本",是因为波斯纳并不反对"自然法"或正义论中的"温和理论"。"温和理论"认为:"不拘泥于教条的使用'法律'和'合法的'这些词——这种用法的一端包括了邪恶的实在法,另一端包括了自然法——不仅无害而且有用……这意味着任何与决定案件有关的因素,无论来自实在法或自然法的渊源,在制造'法律'时都是合法的输入信息。"[4]"许多纠纷即使规则不清楚也必须立即解决或者必须当场制定;这时法官们就运用律师给予他们的或者他们自己从阅读和经验中所能获得的各种信息和知识尽可能作出好的决定。我们称这个不齐整不严格的过程为'法律'。它也许会影响,尽管也许只是略微地影响'道德

---

[1] 【美】波斯纳:《法理学问题》,苏力 译,中国政法大学出版社,1994年,第572—573页。
[2] 【美】波斯纳:《法理学问题》,苏力 译,中国政法大学出版社,1994年,第38页。
[3] 【美】波斯纳:《法理学问题》,苏力 译,中国政法大学出版社,1994年,第38—39页。
[4] 【美】波斯纳:《法理学问题》,苏力 译,中国政法大学出版社,1994年,第294—295页。

法'的发展,而对司法决定作道德化批评也许会转而使法官改变法律原则;因此存在着一种复杂的实在法和自然法的交织,或者如有些人更情愿称之为法律和道德的交织。"[1]"温和理论"还认为:"我们之所以要法官就是要解决最疑难的、最不确定的纠纷。当被迫决定这类案件时,许多法官装做——有时对自己同时也是对世界——他们所作的只是将二加上二而得到四,因此任何人不同意他们的决定就是不正常;或者他们所做的只是选择了正确的决定而放弃了错误的决定,因此任何人不同意这个决定就是道德感觉迟钝。事实上,他们更可能进行了不具有结论性的实践推理,这种推理与陪审员、政客和文官人员作出判断时所使用的实践推理一样,都受到个人经验和气质的很大影响。对于法官来说独特的东西是……他们的经验是一个律师的经验,他们的阅读中占统治的材料是大部分普通大众不知道的和无法理解的法律材料,以及制度要求他们(而制度对大多数其他政府官员却不这样要求)对他们的重要决定提出书面的合理性证明。这最后一个要求使他们的所作所为带有一些深思熟虑,就像司法决定制定的其他程序约束以及司法工作的前提条件所起作用一样。"[2]

尽管"温和理论"的"这种对司法功能的理解是低调的"[3],认为自然法在法官判决中只是起到了"修辞的目的",但"强烈自然法"还是会夸大"自然法"在判决中的这种法律修辞的作用。"强烈自然法"认为,人们之所以"尊重法院",是因为人们"会感到有服从司法决定的道德责任"[4]。"强烈'自然法'(现在这是一个不当名词)的前提条件就是社会成员对道德原则即使在细小问题上也具有一致,从而有可能从这些原则中引出一个法典,而无论这种一致是因为他们分享共同的宗教信仰,或者是由于他们在其他方面具有文化上的同质或者是受到一种强有力的意识形态的束缚。"[5]但波斯纳认为:"大多数美国人……对许多事情还不够一致,还不足以规定任何一个全面的法律权利和责任体系这类的东西。在这样的一个社会中,自然法理论家就暴露在各种摧毁性的批评之下……如果这个社会道德上是多质的,道德原则的作用

---

〔1〕【美】波斯纳:《法理学问题》,苏力 译,中国政法大学出版社,1994年,第296页。

〔2〕【美】波斯纳:《法理学问题》,苏力 译,中国政法大学出版社,1994年,第296—297页。

〔3〕【美】波斯纳:《法理学问题》,苏力 译,中国政法大学出版社,1994年,第297页。

〔4〕【美】波斯纳:《法理学问题》,苏力 译,中国政法大学出版社,1994年,第297页。

〔5〕【美】波斯纳:《法理学问题》,苏力 译,中国政法大学出版社,1994年,第300—301页。

就是作为论点而不是作为标准,因此最好是谈论作为考虑因素的自然法而不是作为绝对普遍的自然法。这不是'怎样都行'的相对主义,而仅仅是承认许多道德争执不必然是和平手段解决。"[1]因此,波斯纳认为:"在解决道德'不一致'时,使用充满情绪的术语'自然法'所要达到的主要是这样一些修辞的目的,即称我们自己的看法为法律,并称我们不喜欢的法律为个人看法。由于在一定程度上我们的语言邀请我们以伦理语言来表述我们的许多政策考虑,我们也许会说自然法——作为那些被这样描述的政策因素的总和——影响实在法。'当没有其他法律渊源时,就是要从这样的东西中编织出人法或者实在法'。但作为一个贮藏了经常发生激战的原则宝库,这种意义上的自然法不能解决疑难案件……将我们有很大确信的道德信仰贴上'自然法'的标签不会使这些信仰获得什么分析上的力量;必须从其他地方寻求那些支持以各种法律来反对纳粹的理由。有争议的道德信仰不能通过上升为自然法命题而得到任何分析的力量。"[2]

与"强烈自然法"一样,"道德哲学对法律的基本价值是批判。它有助于我们发现雄心勃勃的社会理论中的弱点,这些社会理论也许会被用来提出、证明或者推翻法律责任,因此道德哲学强化怀疑论——本书的主旋律——的教训。但当遇到具体案件时,道德哲学于我们无助"[3]。与"强烈自然法"一样,法律的经济分析的"财富最大化就是工具性的而不是基础性的"[4]。

总之,"自然法作为与行使司法裁量有关的道德和政策因素的别名——诸如那些压缩在衡平法公理中的考虑因素——倒不错,但要是以自然法作为一个可以为疑难道德法律问题提供确定答案的思想体系,在类似我们这样的一个道德上多质的社会则毫无希望。分配正义不能代替自然法,因为它也已被无法沟通的政治分歧而撕裂了。尽管校正正义,它根植于我们内心深处的报应情感,以及财富最大化——我认为特别是后者——具有重要的适用领域,特别是在普通法中,但两者都不能提供一个完整的构架从而能使判决的制定具有确定性。文学、女权主义以及公有社会理论这些获得日益注意的观点,或者那种充满了怀旧情绪的、通常我称之为新传统主义哲学回归传统的

---

[1]【美】波斯纳:《法理学问题》,苏力 译,中国政法大学出版社,1994年,第301页。

[2]【美】波斯纳:《法理学问题》,苏力 译,中国政法大学出版社,1994年,第301—302页。

[3]【美】波斯纳:《法理学问题》,苏力 译,中国政法大学出版社,1994年,第437页。

[4]【美】波斯纳:《法理学问题》,苏力 译,中国政法大学出版社,1994年,第486页。

法治主义运动也都不可能为审判提供一个全面的架构。秘密一经泄漏就无法收回了。在这个科学的和多元的时代，要重新获得对法律自主性和客观性的确信感，这种努力看来是无结果的。然而，批判法学的激进怀疑论和含糊的公有社会论的呼唤也是死路一条"[1]。

最后，在法律实用主义的指导下，波斯纳还涉及了法律的"事实"方面。在批判了法律的形式（规则）主义后，波斯纳认为："法律最好是以行为主义的术语来处理。它不能被精确地或者有用地描述为一套概念，无论是实在法的概念还是自然法的概念。尽管不完全，但法律最好还是描述为我们称之为法官这样一些有营业执照的职业者的活动，他们经营的范围只为职业得体和道德共识这样一个散漫的外部边界所限制。霍姆斯提出法律预测理论的路子是对的，这种理论就是一种活动理论……以活动理论的术语重新描述法律趋向于抹杀自然法和实在法的区别，而这种区别实际上已老到没有什么用处了。法官总是制定而不是发现法律，他们既使用立法机关和先前法院规定的规则（实在法），也使用他们自己的道德和政策偏好作为制定法律的输入信息。"[2]在批判了法律道德主义的"强烈自然法"后，波斯纳认为："这样的话，我们就有了一个不同于'法律是法官的活动'的法律概念。谁的活动产生自然法？我们指不出任何有执照的职业者。在这样一个背景下，相关的是这样一种法律概念，即法律是一种习惯或传统而不是一种职业活动，或者更准确地说，是一种为习惯、传统、社会情感以及其他因素所限制和影响的职业活动……作为一种义务、权利和权力的渊源，看来最好是将法律视为一种被许可的职业人员（法官和律师）的活动，这些人受制于含混的但强有力的职业道德观念，而这种观念最终是根植于社会便利或者——对应地——经久的社会舆论中。实在法和自然法都是我们称之为法律这样一种活动的输入。"[3]概言之，"法律是一种活动而不是一个概念或一组概念。在法律中，什么应当允许作为一个论点，对此不可能先验地确定一个范围。自然法的现代重要性并非是作为支持实在法的一套客观规范，而是道德和政治论点的一个来源，法官用它来对实在法进行挑战、改变或阐述，换句话说，为了生产新的实在法。世界上没有道德'实在'（至少无法用来决定疑难法律案件），也没有一套某种

---

[1]【美】波斯纳：《法理学问题》，苏力 译，中国政法大学出版社，1994年，第575页。
[2]【美】波斯纳：《法理学问题》，苏力 译，中国政法大学出版社，1994年，第574页。
[3]【美】波斯纳：《法理学问题》，苏力 译，中国政法大学出版社，1994年，第303—304页。

程度上先于司法决定实践存在的实在法,而是在肯定、修改、扩大和否决过程中,'主权的命令'起着统帅作用。实在法和自然法之间的界限已不再有意义,这些概念自身是空洞的"[1]。

总之,波斯纳发现"法律作为自主学科的式微"[2],"没有根基的法理学"[3],"有些人甚至会说我已经宣布了'法律的死亡'"[4]之后,发布了"一个法律实用主义者宣言":"对法理学的传统的——新传统的、自由主义的和激进的——恭顺应当抛弃,法律事业应当按照实用主义的术语重新理解"[5];"实用主义分析的目的是要引导讨论离开语义学的和形而上学的问题而面向事实和经验的问题。法理学非常需要这样一个方法的转换。法理学需要变得更实用主义一些"[6];"实用主义者的真正兴趣完全不在于真理而在于为社会需要证明是合理的信仰"[7];"实用主义意味着具体地、实验性地、不带幻想地看问题,完全意识到人类理性的局限性,感受到人类知识的'地方性'、文化之间翻译的艰难性、'真理'的不可获得性、研究对文化和社会制度的依赖性,以及最重要的是坚持社会思想和活动的价值是实现人类宝贵目的的工具而不是目的自身……我认为这些倾向可以为更清楚地理解法律指出道路"[8];"法律并不是神圣的文本而是一种模糊地为道德和政治信念所约束的并且通常是单调的社会实践。因此,法律解释和其他命题的合理性最好是通过考察它们在事实世界中的后果加以测定。这就是本书的中心论点……但在法律中有一种向后看而不是向前看的倾向,即寻找本质而不是拥抱流动的经验。人们对有关法律问题了解最少的就是法律的后果……这种忽视是法学院专注于灌输对法律实务直接有用的技巧的显著表现。因此毫不奇怪会有如此众多的法律学术著作和司法分析都不具创造性、非经验性、一般化和不通俗,过分的词意和雄辩(实际上是啰嗦和好争论),狭隘地集中于教条

---

[1] 【美】波斯纳:《法理学问题》,苏力 译,中国政法大学出版社,1994年,第577页。
[2] 【美】波斯纳:《法理学问题》,苏力 译,中国政法大学出版社,1994年,第532页。
[3] 【美】波斯纳:《法理学问题》,苏力 译,中国政法大学出版社,1994年,第529页。
[4] 【美】波斯纳:《法理学问题》,苏力 译,中国政法大学出版社,1994年,第579页。
[5] 【美】波斯纳:《法理学问题》,苏力 译,中国政法大学出版社,1994年,第580页。
[6] 【美】波斯纳:《法理学问题》,苏力 译,中国政法大学出版社,1994年,第486页。
[7] 【美】波斯纳:《法理学问题》,苏力 译,中国政法大学出版社,1994年,第582—583页。
[8] 【美】波斯纳:《法理学问题》,苏力 译,中国政法大学出版社,1994年,第583—584页。

问题,沉迷于联邦最高法院最近期的决定,专注于细小的短暂的区别,而不是大胆的、科学的和描述性的著作。学术界没有产生出法官、律师和立法者为操作一个现代法律体系所需要的知识,然而也还没有其他机构能够产生这些知识。除了法律学术界克服了这些重大不足之外,完善法律的雄心勃勃的计划是不可能成功的"[1]。

波斯纳还践行了"一个法律实用主义者宣言";这就是他后来研究的主要内容和任务,大致包括以下两个方面。

一是"超越法律"。波斯纳针对"法律使用一种粗糙的方法论来处理极端困难的问题"[2],"目前的法律太缺乏科学和社会科学,太缺乏经验研究"[3],提出"由于自然科学和社会科学的进步,他们有了更好的方法"[4];"要超越法律,就是要使目前的法律更接近科学一些,甚至最终成为一门政策科学"[5],而这正是《超越法律》一书的主题。波斯纳这种"超越法律"的研究,"除了有关法官、法律职业、法学文献、美国宪法以及规制就业合同的各章外,本书还有许多章处理的是性态、社会建构主义、女权主义、修辞、制度经济学、政治理论以及文学中的法律描写。我甚至跑到了远离常规法律理论的领域,劫掠了诸如贝多芬的祖先、中世纪冰岛的血族复仇、古希腊的儿童养育以及聋哑儿童教育这样的题目"[6]。波斯纳这种"超越法律"的研究,还表现在他的其他著作中,如《性与理性》、《衰老与老龄》、《法律与文学》、《正义/司法的经济学》,等等。可见,在波斯纳看来,"我对法律理论的理解是广义的,其中大量问题都可能被认为属于政治理论或社会理论,而不属于法律理论。这种广义理解反映出兴趣的拓展,而这恰恰是当代法律学术的特点"[7]。而一如既往,波斯纳就是要集中"关注对教条的批判,而让实用主义水到渠成,作为一种替代逐渐呈现出来";[8]表明"喜好事实、尊重社会科学、折中的好奇心、

---

[1]【美】波斯纳:《法理学问题》,苏力 译,中国政法大学出版社,1994年,第587—588页。

[2]【美】波斯纳:《法理学问题》,苏力 译,中国政法大学出版社,1994年,第575—576页。

[3]【美】波斯纳:《超越法律》,苏力 译,中国政法大学出版社,2001年,"译者序",第5页。

[4]【美】波斯纳:《法理学问题》,苏力 译,中国政法大学出版社,1994年,第576页。

[5]【美】波斯纳:《超越法律》,苏力 译,中国政法大学出版社,2001年,"译者序",第3页。

[6]【美】波斯纳:《超越法律》,苏力 译,中国政法大学出版社,2001年,"原文序",第1页。

[7]【美】波斯纳:《超越法律》,苏力 译,中国政法大学出版社,2001年,"原文序",第1页。

[8] 参见【美】波斯纳:《法理学问题》,苏力 译,中国政法大学出版社,1994年,"绪论"。

渴求实用、相信个人主义以及对于新视角的开放,这是某种类型的实用主义、另一类型的经济学以及另一类型的自由主义的全部相互联系的特点,而这一切,我的论点是,可以使法律理论成为一个有效的、理解和改进法律以及一般社会制度的工具,成为例证现存法律思想之不足,并以更好的东西予以取代的工具"。[1] 总之,波斯纳"超越法律"的最终目的是使原先简单粗糙化的法律重新复杂化——社会科学化,使原先"没有根基的法理学"重新在社会中建立起自己的根基——不同于波斯纳所反对的基础主义。

二是"去魅","要消除法律的神秘,特别是要把法律从道德理论这个重大的神秘制造者中解脱出来"[2]。波斯纳针对"目前学术界和司法部门对法律的理解具有过多的神学色彩。对权威、确信、辞藻和传统的强调过多,而对后果以及测定后果的社会科学技术强调太少。太多自信,太少好奇心,对其他学科的贡献尊重不够。法理学自身就过于庄重并自视过重。其信徒写作的论文太严肃、太神圣、太苛刻。法律和宗教曾长期交织在一起,今天仍留有许多类似和重合。法律也有其大牧师、神圣的文本和神牛、神秘的阐释、道袍和神庙、礼节和仪式"[3]。与《法理学问题》中上述观点一致,"波斯纳首先通过详细的经验材料分析,指出那些往往被法学家当作普适的、毫无疑问的道德理论(第一章)——包括政治哲学和道德哲学——以及法律理论和宪法理论(第二章)其实都是地方性的。这些话语实际上并不具有解决具体法律问题的力量。这些理论之所以被当作普遍真理,常常被搬出来,主要是因为其具有修辞的效果——用今天的话来说,就是语词的暴力和征服性"[4]。由于论题的限制,在此只涉及理论部分——尤其是"法律理论,道德主题"部分。正如波斯纳在《法理学问题》中指出的:"这场哈特和富勒之间,在一个美国人和一个英国人之间的论战是智力的也同样是文化上的。"[5] "哈特同德沃金之争"也是文化上的,哈贝马斯的理论也是"描述性的"。波斯纳认为:"追溯从 H. L. A. 哈特到罗纳德·德沃金然后到尤根·哈贝马斯的法理学思想演化,

---

[1]【美】波斯纳:《超越法律》,苏力 译,中国政法大学出版社,2001 年,"原文序",第 2—3 页。

[2]【美】波斯纳:《道德和法律理论的疑问》,苏力 译,中国政法大学出版社,2001 年,"原书序",第 1 页。

[3]【美】波斯纳:《法理学问题》,苏力 译,中国政法大学出版社,1994 年,第 584 页。

[4]【美】波斯纳:《道德和法律理论的疑问》,苏力 译,中国政法大学出版社,2001 年,"译序",第 5 页。

[5]【美】波斯纳:《法理学问题》,苏力 译,中国政法大学出版社,1994 年,第 293 页。

我们可以研究法理学与道德理论的纠葛。所有这些法理学理论,我想强调它们的共同特点就是其所谓的普适性。每个理论家都宣布一些他认为适用于任何法律制度的原则,而事实上,最好是把他们每个人都理解为是对某个民族的法律制度的描述,在哈特那里是英国,在德沃金那里是美国,而在哈贝马斯那里是德国。一旦看到了这一点,就可以用政治的或实用主义的术语重新概括他们的法理学体系中的道德理论色彩,并且抛弃其道德理论。"[1]因此,在波斯纳看来,哈特的《法律的概念》是一篇"一般描述性社会学论文"[2];"拉兹认为,这个开放的或没有法律标记的领域,这个法律必须依赖于道德理论的领域很小,而德沃金认为这个领域很大。他们都不错,因为他们描述的是不同的制度;其中之一,即英国的(拉兹的,也是哈特的)法律对道德理论之依赖就很小,而另一个制度,美国的(德沃金的),就很大"[3]。"对哈贝马斯的普适性世界观具有讽刺意味的是,他的理论(和哈特以及德沃金一样)所谈论的更直接的是他的国家即德国的情况,而不是其他国家的情况。"[4]总之,在波斯纳看来,"哈特、德沃金和哈贝马斯并未穷尽法理学世界。但是他们有足够的代表性,以至表明,在决定疑难案件中,寻求帮助的法官不会从法理学中得到多少帮助。法理学太抽象了,而且与此同时,如同我强调的,太受文化之局限,以致于没有什么用处"[5]。

波斯纳除了"去魅"外,还有"建构",认为:"完善法律的关键在于我将在后面予以界定的职业主义以及实用主义。"[6]其中,"要实现……真正的职业主义的前途,关键是实用主义……是作为一种倾向的实用主义,它喜欢把政

---

[1]【美】波斯纳:《道德和法律理论的疑问》,苏力 译,中国政法大学出版社,2001年,第107页。

[2]【美】波斯纳:《道德和法律理论的疑问》,苏力 译,中国政法大学出版社,2001年,第114页。

[3]【美】波斯纳:《道德和法律理论的疑问》,苏力 译,中国政法大学出版社,2001年,第113—114页。

[4]【美】波斯纳:《道德和法律理论的疑问》,苏力 译,中国政法大学出版社,2001年,第124页。

[5]【美】波斯纳:《道德和法律理论的疑问》,苏力 译,中国政法大学出版社,2001年,第125页。

[6]【美】波斯纳:《道德和法律理论的疑问》,苏力 译,中国政法大学出版社,2001年,第215页。

策判断基于事实和后果,而不是基于概念主义和通则"[1]。因此,波斯纳最终得出结论认为:"当法律实证主义对某个法律争议无法得出令人满意的结论时,法律是应从哲学还是应从科学获得指导。本书的回答是,'应从科学获得指导'。"[2]而这就是《道德和法律理论的疑问》一书论述的主题。

总而言之,在波斯纳看来,"法律需要有比如今它所具有的更多的一些科学精神,即研究、挑战、错误难免、思想开放、尊重事实和接受变化的精神"[3];法学研究需要一种"信奉强健的和无限制的研究,在知识上不要求也不给予情面"[4],即法学研究的社会科学化;归根结底,"我论辩支持法律向一种更为的实用主义的方向发展,并提出一些制度改革的建议"[5]。换言之,就是将法律嵌入到一种更广阔、更复杂、更深入的社会网络中进行多维度的、多层面的、经验性的研究。

综上,在"法律是什么"的问题上,波斯纳持一种混合论的观点,既有规则的成分,也有价值的成分,更有事实的成分。但在波斯纳法律实用主义的法律构成中,三者的地位和作用有显著的不同:规则正在不断地"式微",但仍然具有重要作用,尤其是在常规案件中;价值——包括法律道德、法律理论、宪法理论——的地位和作用最低,只具有"修辞的作用";而事实正在不断地上升、加强,甚至有可能成为法律的新的根基。就此而言,波斯纳是一个混合论者,至少是一个狭义的混合论或弱混合论者,改用哈贝马斯的话说就是"在事实与规则之间"。

七、结语:混合论是一种弱嵌入性和中度社会化的观点

混合论,不论是强混合论——"在事实与规范之间"(包括孟德斯鸠、庞德、伯尔曼、塞尔兹尼克、哈贝马斯)——还是波斯纳的弱混合论,都在承认规范的独立性时,同时强调事实对规范的影响和作用,强调规范与事实的互动

---

[1]【美】波斯纳:《道德和法律理论的疑问》,苏力 译,中国政法大学出版社,2001年,第263—264页。

[2]【美】波斯纳:《道德和法律理论的疑问》,苏力 译,中国政法大学出版社,2001年,"原书序",第2页。

[3]【美】波斯纳:《法理学问题》,苏力 译,中国政法大学出版社,1994年,第584页。

[4]【美】波斯纳:《法理学问题》,苏力 译,中国政法大学出版社,1994年,第585页。

[5]【美】波斯纳:《道德和法律理论的疑问》,苏力 译,中国政法大学出版社,2001年,第216页。

和沟通,最为突出的就是"强混合论",尤其是哈贝马斯的"商谈理论"或"法律沟通理论"。即使是波斯纳的"弱混合论"——在事实与规则之间——也没有否定规则也就没有否定规范的作用,甚至认为规则(或规范)的作用——尤其是在常规法律案件中——还很大。因此,在法律与社会的关系上,混合论不同于规范论:如果说规范论是一种"零嵌入性",混合论则是一种"弱嵌入性";如果说规范论是一种"低度社会化",混合论则是一种"中度社会化"。也因此,在法律与社会的关系上,混合论也有异于事实论:如果说事实论是一种"强嵌入性",混合论则是一种"弱嵌入性";如果说事实论是一种"高度社会化",混合论则是一种"中度社会化"。在这个意义——法律与社会的关系——上,与规范论和事实论相比,混合论是一种"弱嵌入性"和"中度社会化"的观点。

第四章

现代法律的嵌入性与嵌入性分析之最终目标

一、法律的嵌入性：现代法律的实证考察

法律的嵌入性不仅历时性地存在于法律发展的历史过程中，而且也共时性地存在于一国所有法律部门中。根据法律的嵌入性程度（笔者在此称之为"嵌入度"）——零嵌入性、弱嵌入性和强嵌入性——不同，可以将一国的法律分为低嵌入度的法律、中嵌入度的法律和高嵌入度的法律。

1. 低嵌入度的法律

所谓低嵌入度的法律，就是指那些嵌入在社会中的深度较浅，与社会联系不是很紧密，社会性、文化性、民族性、地域性、本土性较弱，而技术性较强，单纯受自然科学技术和社会科学技术影响较大的法律。如自然资源法、保险法、银行法、证券法、票据法、海商法、民事诉讼法、刑事诉讼法，等等，都应该属于低嵌入度的法律。这类法律在制定时，可以采取成本较低的"买"的方式，直接从制度发展较为成熟的被移植国买入、移植到移植国。这类法律在移植国实施时，受到的社会阻力较小，其制度效果与被移植国几乎没有区别，如我国国库券市场制度的建立就是如此。[1] 这类法律的研究更适合于研究

---

〔1〕 苏力：《法治及其本土资源》，中国政法大学出版社，1996年，第95—97页。

成本较低的规范分析（包括形式主义的经济分析）和演绎推理研究，而无需研究成本较高的社会调查及其社会分析。这类法律在法学教育上也有其特征，只需具备法学方面的知识技术，并进行法律职业方面的操作化的训练即可，无需"旁门左道"——包括经济学的、社会学的、人类学的、政治学的等人文社会科学方面的知识储备。

2. 高嵌入度的法律

衡量法律的嵌入度大致包括两个维度。一是从嵌入度的深度来说，就是指那些深度嵌入在社会中，与社会联系非常紧密，社会性、文化性、民族性、地域性、本土性较强，而技术性较弱的法律。二是从嵌入度的广度来说，高嵌入度的法律不只是嵌入在社会的某个领域而是嵌入在整体社会（或社会结构）中。能够同时满足上述两个条件的法律，最为典型的就是宪法及与之相关的立法、司法等制度。纵观世界各国运作良好的宪法，无一不是与该社会磨合较好、联系较为紧密的宪法，如美国宪法不仅熔铸了美国的气候、土壤、地理位置等自然环境方面的因素，也熔铸了历史传统、民情等人文社会方面的因素。〔1〕正因为如此，美国宪法的域外影响非常有限，移植美国宪法的国家大多以失败而告终。〔2〕也正是在这个意义上，世界各国运作良好的宪法都存在这样或那样的差异，都要根据各自的国情进行不同程度的调整，如世界主要国家美、英、法、德等国的宪法就是如此。但各国宪法都有一个共同的特征，其核心就是采取不同的方式主要解决国家权力与公民权利的制衡问题，以及由此而衍生出来的国家权力之间的制衡、公民权利的保障等问题。因此，宪法不仅涉及公域（或国家领域）及其国家权力，而且涉及私域（或社会领域）及其公民权利；质言之，涉及整个社会的构成或社会结构，具有社会结构嵌入性。〔3〕"这实际就是宪法（constitution）一词的本义。"〔4〕这类法律在制定时，不能简单采取成本较低的"买"的方式；即使强行"买入"，也无法实施，如中国近代进行的宪法移植就是这样较为典型的例子。正如托克维尔所言："美国的联邦宪法，好像能工巧匠创造的一件只能使发明人成名发财，而落到

---

〔1〕 参见：【法】托克维尔：《论美国的民主》，董果良 译，商务出版社，1997年；【美】哈密尔顿、杰伊、麦迪逊：《联邦党人文集》，程逢如 等译，商务印书馆，1980年。

〔2〕 参见【美】路易斯·亨金，阿尔伯特·罗森塔尔：《宪政与权利——美国宪法的域外影响》，郑戈、赵晓力、强世功 译，三联书店，1996年。

〔3〕 对此问题笔者将另行撰文专论。

〔4〕 苏力：《道路通向城市——转型中国的法治》，法律出版社，2004年，第46页。

他人之手就变成一无用处的美丽艺术品。"[1]对于这类法律的制定,应该采取成本较高的"做"的方式,如美国的宪法制定过程就是如此。[2]这类法律的实施,由于嵌入度较高,因此受社会环境的影响较大,甚至在一定的条件下——如制定时没有作必要的嵌入分析和研究——很难实施,成为一纸空文。这类法律的研究决不能只满足于研究成本较低的规范分析(包括形式主义的经济分析),更需要进一步的研究成本较高的社会调查及其社会嵌入性分析和经验研究。这类法律在法学教育上也有其特征,不仅需具备法学方面的知识技术和法律职业方面的操作化训练,更需要"旁门左道"——包括经济学的、社会学的、人类学的、政治学的等人文社会科学方面的知识储备。

3. 中嵌入度的法律

从嵌入度的深度来看,中嵌入度的法律处于低嵌入度和高嵌入度之间;从嵌入度的广度来看,如果说高嵌入度的法律是嵌入在整个社会领域或社会结构中,那么,中嵌入度的法律则嵌入在社会的某个领域中。从整个法律领域来看,低嵌入度和高嵌入度的法律属于两种比较典型而极端的情形,大多数法律属于中嵌入度的法律,如民法、经济法、刑法、行政法、知识产权法、环境法等等,主要涉及社会和国家的某个领域,或者社会内部和国家内部的某个更细小的领域,是名副其实的部门法。这类法律在制定时,可以采取"买"和"做"相结合的方式,要进行适度的嵌入性分析和研究。在实施时,有些法律规定受社会环境的影响较大,有些法律规定受社会环境的影响较小。在进行法学研究时,可以采取规范分析和社会分析、演绎推理和经验研究相结合的方式。这类法律在法学教育上也有其特征,既需具备法学方面的知识技术和法律职业方面的操作化训练,也需要有包括经济学的、社会学的、人类学的、政治学的等人文社会科学方面的知识储备。

其次,同一法律部门内也有嵌入度的区别。如在民法部门内部,一般而言,婚姻家庭法的民族性、文化性、本土性、地域性、地方性最强,社会嵌入度较高;合同法的技术性较强,社会性、民族性、本土性、地域性、文化性最弱,社会嵌入度较低;而其他法律如物权法的嵌入度则居于两者之间。

另外,同一法律在不同的国度也具有不同的嵌入度。如破产法,从理论上讲,市场经济讲究的是适者生存、优胜劣汰,需要一种市场推出机制和退出

---

[1]【法】托克维尔:《论美国的民主》,董果良 译,商务出版社,1997年,第186页。
[2] 参见【美】哈密尔顿,杰伊,麦迪逊:《联邦党人文集》,程逢如 等译,商务印书馆,1980年。

规则,破产法有助于市场经济的健康发展。中国的市场经济建设,同样也离不开破产法,并在 1986 年颁布试行了破产法。但作为一个刚刚从"单位社会"、计划经济向市场经济转型的中国社会而言,单位——包括企业——不仅是一个经济体,承担着生产、销售等经济职能,还是一个社会体,承担着许多本应由政府承担的社会保障、社会福利等社会职能,甚至还是一个政治体,承担着许多本应由政府承担的社会稳定等政治职能。因此,如果说在市场经济较为成熟的西方国家,企业破产或破产法单纯只是一个企业的经济问题,嵌入度较低,那么,在中国——尤其是经历过"单位社会"时期的中国社会——的企业破产或破产法,就不仅仅是企业的经济问题,更是一个社会问题,甚至还会在一定条件下演化为一个关系社会稳定的政治问题,嵌入度较高。正是由于破产法的这种社会嵌入度的差异,造成了破产法在中国难以执行;[1]正是由于破产法在不同的国度具有不同的嵌入度,因此,我们在立法时,必须进行具体的嵌入性分析和研究,"不能仅仅按照理论原则而不考虑操作来进行立法;即使是西方一些国家通用的立法或作法,即使在理论上可以减少交易成本的立法,在不同的社会、不同时期也会有不同的交易成本(或减少不同的交易成本),它们不必然减少交易成本或者在中国某一时期不必然减少交易成本"[2]。

二、法律的嵌入性分析之最终目标:技术合理性

自马克斯·韦伯明确提出政治统治的"合法性"(legitimacy)问题以来,[3]

---

[1] 苏力:《法治及其本土资源》,中国政法大学出版社,1996 年,第 92—95 页。
[2] 苏力:《法治及其本土资源》,中国政法大学出版社,1996 年,第 94 页。
[3] 从英语词义演变来看,legitimacy 由 legitimate 演变而来,legitimate 既有"合法的、正当的"的意思,也有"合理的"的意思,因此,legitimacy 既有"合法性"之意,也有"合理性"之意;(《朗文现代英汉双解词典》,现代出版社和朗文出版(远东)有限公司,1988 年,第 801 页)也许正是这个原因,韦伯在合法型统治的合法性问题时,也采用了"形式的合理性"和"实质的合理性";({德}马克斯·韦伯:《经济与社会》(上卷),林荣远 译,商务印书馆,1997 年,第 250 页)从实质意义来看,"使用'合法性'一词以表明 legitimacy 所含'合乎某种正当标准'之义,应是比较妥帖的",实际上就是"合理性"之意;(张星久:《论合法性研究的依据、学术价值及其存在的问题》,《法学评论》,2000 年第 3 期,第 27 页)另外,从字面意义上看,"合法性"(legitimacy)确实容易和一般法律意义上的"合法性"(legality)相混淆,因此目前学术界对于 legitimacy 一词尚无公认的理想译法,"合法性"译法也许只是一种差强人意的选择。(张星久:《论合法性研究的依据、学术价值及其存在的问题》,《法学评论》,2000 年第 3 期,第 27 页)因此,笔者认为"合理性"的表述比"合法性"更精准,更能反映其实质内容,更不易与法律意义上的合法性(legality)混淆,但由于"合法性"在学术界已经形成了"通说",具有学术对话的方便,故在此笔者不作严格的区分,认为两者可以通用。

"合法性"一直是人们考察政治法律秩序及其正当性或合理性的一个重要概念。"哲学,政治学,法学,社会学,政治人类学……将合法性作为其优先研究对象。有关的图书资料之丰富已足以证明这一点。"[1]纵观这些研究成果,大致可以分为以下两大类。

一类是以韦伯为代表的学者。在韦伯看来,"任何一种真正的统治关系都包含着一种特定的最低限度的服从愿望,即从服从中获取(外在的和内在的)利益……习俗或利害关系,如同结合的纯粹情绪的动机或纯粹价值合乎理性的动机一样,不可能构成一个统治的可靠的基础。除了这些因素外,一般还要加上另一个因素:对合法性的信仰……任何统治都企图唤起并维持对它的'合法性'的信仰"[2]。"继韦伯之后,西方许多有代表性的政治学家、社会学家,如人们熟知的李普塞、帕森斯、伊斯顿、阿尔蒙德等都从不同的角度和层面发展了合法性研究,使得这一研究更加丰富精致,对政治问题更有解释力,但他们和韦伯的基本立场和思维模式仍是相同的……这种合法性理论只是将被统治者对于一种政治秩序是否赞同、认可作为合法性的标准,而缺乏对大众的赞同、认可的依据的说明;它封闭于政治统治与精神、意识形态的相互作用方面,把合法性观念、信仰视为与利益、与人的社会经济地位无关的孤立因素,而没有把视线进一步延伸到社会经济生活的更深层次。这样,问题似乎就应该停留在信念的层面止步不前,合法性观念成了一个无须追问的、既定的支点和前提。"[3]

另一类是以马克思为代表的学者。经典的马克思主义者,尽管没有像韦伯那样明确提出并使用"合法性"的概念,但也注意到了政治统治中的非强制因素,特别强调了意识形态在合法性中的作用和功能。如马克思就曾指出,资本主义国家"既包括执行由一切社会性质所产生的公共事务,又包括由政府同人民大众相对立而产生的各种特殊职能"[4]。恩格斯则认为:"政治统治到处都是以执行某种社会职能为基础,而且只有政治统治在它执行了它的

---

[1] 【法】马克·夸克:《合法性与政治》,佟心平、王远飞 译,中央编译出版社,2002年,第12页。

[2] 【德】马克斯·韦伯:《经济与社会》(上卷),林荣远 译,商务印书馆,1997年,第238—239页。

[3] 张星久:《论合法性研究的依据、学术价值及其存在的问题》,《法学评论》,2000年第3期,第33—34页。

[4] 《马克思恩格斯全集》(第25卷),人民出版社,1974年,第432页。

这种社会职能才能持续下去。"[1]在谈到意识形态的合法性作用和功能时，马克思认为："统治阶级为了反对被压迫阶级个人……（往往将其思想观念——引者注）抬出来作为生活原则，一则是作为对自己统治的粉饰和意识，一则作为这种统治的道德手段。"[2]而每一个企图代替旧统治阶级地位的新阶级，为了达到自己的目的也"不得不把自己的利益说成是社会全体成员的共同利益，就是说，这在观念上的表达就是，赋予自己的思想以普遍性的形式，把它们描绘成唯一合乎理性的、有普遍意义的思想"[3]。恩格斯则把国家视作"第一个支配人的意识形态力量"[4]。列宁更加明确地指出，一切剥削阶级为了维护自己的利益都需要两种职能，即暴力职能和牧师的职能。牧师的职能就是"安慰被压迫者"，使之"忍受这种统治"；或者一方面采用暴力的方法，一方面采用"欺骗""自由主义"的或"让步"的方法。[5]可见，在经典的马克思主义看来，"单纯的暴力职能并不能建立一个阶级的有效统治，还必须借助于意识形态的'教化''粉饰'或'欺骗'功能，使统治阶级的利益在人们的观念中'普遍化''合理化'和'道德化'，在被统治阶级中获得起码的自愿服从，才能达到这一目标"[6]。受此影响，后来的西方马克思主义学者（如葛兰西、阿尔图塞、哈贝马斯）在谈到合法性问题时，也特别强调了意识形态在其中的作用和功能，"他们一方面看到了合法性实际上是统治阶级利用意识形态宰制被统治阶级心灵、实行思想统治的结果，合法性观念不过是统治阶级的利益和意志的集中反映；但在另一方面，他们又过于夸大文化和意识形态在政治生活中的作用，甚至把意识形态视为巩固国家政治统治的坚硬无比的'水泥'"[7]。

总之，不论是以韦伯为代表的学者，还是以马克思为代表的学者，都片面强调意识形态在合法性获得中的作用和功能，"他们或多或少地抱持一种'社

---

[1] 《马克思恩格斯选集》（第3卷），人民出版社，1995年，第522页。
[2] 《马克思恩格斯全集》（第3卷），人民出版社，1960年，第492页。
[3] 《马克思恩格斯选集》（第1卷），人民出版社，1995年，第100页。
[4] 《马克思恩格斯选集》（第4卷），人民出版社，1995年，第253页。
[5] 参见《列宁选集》，人民出版社，1995年，第2卷，第478页；第3卷，第43页；第2卷，第276—277页。
[6] 张星久：《论合法性研究的依据、学术价值及其存在的问题》，《法学评论》，2000年第3期，第30页。
[7] 张星久：《论合法性研究的依据、学术价值及其存在的问题》，《法学评论》，2000年第3期，第35页。

会一体'的假设:似乎统治阶级的意识形态必然为全体社会成员一致接受,似乎只要统治者有了合法性'要求',被统治者就会产生合法性观念,给予'积极服从'。于是,被统治阶级成了可以由统治阶级随意塑造的作品,他们的精神世界被浇铸成统治阶级意识形态的'水泥',他们总是根据统治阶级强加给自己的、错误虚假的、于己不利的观念在思考和行动;从而在历史和社会政治发展中,大众没有真正属于自己的要求和意识,没有主体性、能动性,只是被动、'失语'的'意识形态动物'"[1]。这显然失之于简单化、绝对化,与客观社会现实严重不符。为此,有学者呼吁提出:"在方法论原则上,迫切需要突破和跳出那种单就政治制度、思想观念角度讨论合法性问题的封闭的思维模式和认识层次,把目光延伸到社会的经济生活、物质关系层面,用一种对社会政治问题的总体分析眼光去考察我们面对的问题,即:从社会物质生活条件、利益机制方面把握合法性的实质与'原始起因',从经济、政治、思想文化三者相互关联的角度,整体地、全面地考察合法性问题。"[2]

另外,韦伯根据合法性的来源或建立的根据的不同,将合法统治分为"3种纯粹的类型":"合法型的统治""传统型的统治"和"魅力型的统治"。[3]在合法型的统治中,韦伯又根据建立合法性的依据——法律——的不同,将其分为"形式的合理性"和"实质的合理性",并认为在这种合法型的统治中,存在着"形式的合理性和实质的合理性的二律背反"的问题。[4]受韦伯的这种法律的合法性思想的影响,后来许多学者研究了"法律的接受及其合法性"[5],以及与之相关的"法律权威""法律的服从""法律的遵守"等问题。如有学者在韦伯这种法律的合法性思想和哈贝马斯的沟通理性的基础上,将法律的合法性(或合法化)分为形式合法化、实质合法化和沟通合法化。[6]

---

〔1〕 张星久:《论合法性研究的依据、学术价值及其存在的问题》,《法学评论》,2000年第3期,第35页。

〔2〕 张星久:《论合法性研究的依据、学术价值及其存在的问题》,《法学评论》,2000年第3期,第35页。

〔3〕【德】马克斯·韦伯:《经济与社会》(上卷),林荣远 译,商务印书馆,1997年,第241—274页。

〔4〕【德】马克斯·韦伯:《经济与社会》(上卷),林荣远 译,商务印书馆,1997年,第242—251页。

〔5〕【英】罗杰·科特威尔:《法律社会学导论》,潘大松 等译,华夏出版社,1989年,第160—205页。

〔6〕【比】马克·范·胡克:《法律的沟通之维》,孙国东 译,法律出版社,2008年,第254—269页。

实际上,合法性问题尽管最早是在政治领域由韦伯明确提出,但在法律领域得到了更加全面的或明确或不明确的关注和探讨。可以说,自法律伴随着人类产生以来,尽管早期探讨法律的合法性没有像韦伯那样明确提出,但法律的合法性问题就始终伴随着整个法律的历史发展过程。这是因为——改用霍姆斯的一句烂熟于耳的话——法律的生命既不在于逻辑,也不在于经验,而在于其合法性,最终落地为有效解决合法性的制度技术。如从上述以"规范抑或事实"为议题而展开的法律的嵌入性的发展历史来看,法律的嵌入性问题,在一定意义上,实质上就是关于法律的合法性的研究和探讨的问题。

首先,从合法性建立的根据和内容来看,如果说规范论是将法律的合法性建立在规范上,价值规范论是道德伦理,行为规范论是基本规范,用韦伯的话说就是合法性信仰,用马克思主义者的话说就是意识形态,寻求的是"观念合理性";事实论是将法律的合法性建立在事实上,在历史法学派那儿是历史事实,在现实主义法学那儿是现实的法律行为(包括法官的行为和政府官员的行为),在社会法学派那儿是现实的社会事实(如社会分工、社会的理性化等),寻求的是"事实合理性",而这正是政治合法性研究所缺乏的;那么,混合论将法律的合法性建立在"事实与规范之间",试图克服和解决韦伯预言的现代合法型的统治存在的"形式合理性"与"实质合理性"的紧张和冲突,以及由此而导致的西方法治的危机,如伯尔曼通过对西方法律传统的形成过程的考察,试图调和韦伯和马克思的分歧,认为"法律不仅仅是事实,它也是一种观念或概念,此外,它还是一种价值尺度……法律实质上既是物质的又是意识形态的"[1],哈贝马斯试图悬置韦伯提出的实体问题——形式合理性和实质合理性的冲突,寄希望于通过加强程序性沟通商谈,提出了一种程序主义的解决方案,来解决韦伯的这种问题以及由此而导致的西方法治的合法性危机,因此有学者认为他寻求的是"沟通合法性",而波斯纳认为哈贝马斯的方案在现代社会——尤其像美国那样的多元社会——并不可取,而是要直面西方现代法治危机的实体问题,提出了一种"更为的实用主义"解决思路,以及在此指导下的法律"职业主义"解决方案,波斯纳的这种将法律的合法性建立在法律职业技术上寻求的法律的合理性,与哈贝马斯的将法律的合法性建立在法律程序技术上寻求的法律的合理性,应该说殊途同归,笔者统称之为"技

---

[1]【美】伯尔曼:《法律与革命》,贺卫方 等译,中国大百科全书出版社,1993年,第665页。

术合理性",就此而言,混合论寻求的则是法律的"技术合理性"。

其次,从合法性建立的路径来看,如果说规范论建立观念合理性的路径是向上的路径,事实论寻求的事实合理性是向下的路径,那么,混合论寻求的技术合理性则是自下而上的路径,试图在研究处于制度下层的技术制度的基础上建立一种处于制度上层——观念层面——的技术合理性,弥合规范论和事实论在建立合理性的进路上的分歧。

再次,从合法性建立的层面来看,如果说规范论建立的观念合理性处于形而下的层面,事实论建立的事实合理性处于形而下的层面,那么,混合论建立的技术合理性处于形而中的层面,试图将规范论和事实论融为一炉。

复次,从合法性所要解决的问题来看,如果说规范论寻求的观念合理性是要解决法律内部的自洽性,事实论解决的是法律与社会的互洽性,那么,混合论则两者兼而有之,既要解决法律内部的自洽性,同时也要解决法律与社会的互洽性问题,其中,最为典型的就是哈贝马斯。

最后,从合法性建立的精神层面来看,如果说规范论建立的合法性持的是一种道德实用主义的观念,具有节约时间成本和社会成本的功能,能够有效解决立法者——尤其是大国立法者——常常必须面对的立法信息困境;事实论是一种现实主义或实用主义的观念,不具有节约时间成本和社会成本的功能,通常易为司法者所持有;那么,混合论则是一种技术实用主义的观念,对解决问题的方案持一种开放性的态度,凡是能在技术操作层面有效解决问题的方案或因素都可以作为它的选项之一,即使是道德实用主义也不例外(详后)。

尽管规范论、事实论和混合论存在上述主要的区别,但从法律的嵌入性分析的角度来看,法律嵌入性分析的最终目的还是技术合理性。我们之所以将法律嵌入在不同的层面、不同的外部环境、不同的思维进路等中进行多维度、多层面、多角度、多方面的嵌入性分析,最终目的就是要实现、达到法律与它们在技术操作层面上的相互协调、相互契合、相互融洽、相互吻合、相互促进、相互支持;概言之,就是技术合理性。如规范论,包括价值规范论、行为规范论和价值—行为规范混合论,就是将法律嵌入到整个法律规范体系中,试图将法律的合法性建基在道德伦理和基本规范上,达到法律在技术操作层面上的法律的原则与规则、法律的价值规范与法律的行为规范相互协调、相互契合、相互融洽、相互吻合、相互促进、相互支持,最终实现法律自身的内部的自洽和内部的技术合理性。再如事实论,包括历史事实论、现实的法律行为论和现实的社会事实论,就是将法律嵌入到法律规范体系以外的历史和现实的社会事实中,试图将法律的合法性建立在历史事实、现实的法律行为和现实的社会事实上,达到法律在技术操作层面上与外部社会环境的相互协调、相互契合、相互融洽、相互吻合、相互促进、相互支持,最终实现法律与外部社会环境的互洽和外部的技术合理性。而混合论,尤其是哈贝马斯的混合论,则具有兼收并蓄的特征,既要解决内在于法律的规范与事实之间的紧张和冲突,实现法律自身内部的自洽性和内部的技术合理性,也要解决外在于法律规范与事实之间的紧张和冲突,实现法律与外部的社会环境的互洽性和外部的技术合理性。总之,实现法律的技术合理性是法律的嵌入性分析的最终目的。

中 篇
法律的社会网络分析

第五章

当代中国民法典法律洞之
社会网络分析

一、问题、材料与方法

实现法治与中国国情的结合，是当代中国法治建设的重要要求。这不仅明确规定在我国许多现行法律文本中，如刑法、民法通则和民事诉讼法等，也成为许多法律立法的指导思想，如当代中国两部民法典("学者建议稿"，简称"梁稿"和"王稿"，下同)。[1] 中国法治的这种目标是否变为现实？如果没有，又存在哪些问题？是如何形成的？会造成哪些制度性影响？可采取哪些

---

[1] 参见：梁慧星：《中国民法典草案建议稿附理由·亲属编》，法律出版社，2013年，"序言"，第9页；王利明：《中国民法典学者建议稿及立法理由：人格权编·婚姻家庭编·继承编》，法律出版社，2005年，"体系说明"，第6页。"为制定一部民法典形成两个草案是许多大陆法系国家的正常现象。受托起草的学者完成的草案成为先期草案（西班牙文是 anteprojecto；法文是 avant-project；我国习称'学者建议稿'）"(徐国栋：《认真地对待民法典》，中国人民大学出版社，2004年，第175页)，而梁慧星称之为"草案建议稿"。本章取其习称，称之为"学者建议稿"。多年来，我国理论界和实务界一直在为制定民法典而努力。1998年，受全国人大常委会及其相关部门(法制工作委员会)的委托，梁慧星教授和王利明教授参与了民法典草案的起草工作，后来他们分别作为主持人，起草两部民法典的学者建议稿。根据以往的惯例，全国人大常委会法制工作委员会最后将两个建议稿整合为一部民法典草案(参见徐国栋：《认真地对待民法典》，中国人民大学出版社，2004年，第155—178页)。因此，在本章中，法工委被称为"立法者"，梁和王被称为主持人，他们的团队(梁网和王网)成员被称为学者建议稿的起草者。

措施克服？这就是本章要一一探讨的问题。

对上述问题，已有学者从规范层面进行了探讨；[1]但有其不足，如从规范层面看不见法律是否实现了与中国国情的结合，但在立法过程中很可能考量了中国国情，是依中国国情作出的取舍、调适和修改。为此，必须将研究向前延伸到法案起草阶段。当代中国民法学者起草的两部民法典尤其是"附立法理由"，为本章提供了一个可实证研究的难得机会和材料。但本章并不打算考察其全部内容，只考察其中最具典型性和代表性，最能反映立法是否结合了中国国情的最富民族性、本土性的"亲属编"或"婚姻家庭编"。[2]

如何进入研究对象并尽量做到客观甚至定量的研究呢？

为使立法最大限度地达到"纳什均衡"，受信息成本、立法者信息能力等因素的限制，立法面临的最大问题就是立法信息的不对称和不周全。[3]在绝对意义上，人类不可能也没有必要做到立法信息的周全和对称，但在相对意义尤其是信息结构上，还是可以有所作为。一个相对合理完善的信息结构，对立法质量的提高至关重要（详后）。因此，本章只考察和研究民法典立法信息结构问题。立法信息结构实质就是信息分类。根据本章研究需要，立法信息可作以下划分：

第一，法律是事实性知识与规范性知识的统一体，"在事实与规范之间"[4]，因此，可将立法信息理念化地分为事实信息（即自身信息）和规范信息（即法制信息）。这种划分有利于考察立法是否现实了与中国国情的结合。既有法制信息，又有中国自身信息，立法就有可能做到与中国国情的结合；否则，两者缺一，就不可能实现两者的结合。

第二，根据信息来源不同，可将法制信息细分为大陆法系、普通法系和中

---

〔1〕 参见：苏力：《当代中国立法中的习惯》，《法学评论》2001年第3期；杜宇：《重拾一种被放逐的知识传统》，北京大学出版社，2005年；张洪涛：《习惯在我国制定法中制度命运的制度分析》，《法制与社会发展》，2009年第5期；张洪涛：《大国民事习惯的法典化》（未刊稿）。

〔2〕 如法国民法典、日本民法典、瑞士民法典等历史事实都说明了这个问题。另见徐国栋：《认真地对待民法典》，中国人民大学出版社，2004年，第41页。

〔3〕 参见：张维迎：《信息、信任与法律》，三联书店，2003年，第178—251页；吴元元：《信息能力与压力型立法》，《中国社会科学》，2010年第1期；[美]波斯纳：《正义/司法的经济学》，苏力 译，中国政法大学出版社，2002年；[美]埃里克森：《无需法律的秩序：邻人如何解决纠纷》，苏力 译，中国政法大学出版社，2003年。

〔4〕 参见：[英]哈耶克：《法律、立法与自由》（上），邓正来 等译，中国大百科全书出版社，2000年；[德]哈贝马斯：《在事实与规范之间》，童世骏 译，三联书店，2003年。另外法理学分为规范法学流派和社会法学流派，也验证了这点。

国三种。这种划分能反映立法是受大陆法系影响大些,还是受英美法系影响大些,[1]以考查法制信息内部信息结构。

第三,同样可将自身信息细分为中国和国外两种。中国自身信息是指法律移植、取舍和选择的中国社会依据和理由,国外自身信息是指国外规范制定的原因和取舍、选择的社会依据和理由。这种划分可反映出法律与中国国情结合状况及其程度以及法律移植的水平。

第四,还可将中国自身信息再细分为直接和间接两种。直接自身信息是指规范层面的习惯、传统、道德等直接可转换为法律规范的制度信息;间接自身信息是指社会层面法律取舍、选择、制定的依据和理由。根据内容不同,间接自身信息又分为大词化自身信息(如中国国情等)和具体化自身信息;后者又细分为纵向立法依据(如历史依据)、横向立法依据[如空间上的比较,包括立法时社会现实和立法后司(执)法预测]。这些指标可多维度地反映立法时对中国社会自身信息了解、研究的广度和深度,以及与中国国情结合的程度。

还需说明的是,本章只是根据研究需要和便利作的信息分类,其分类本身是否科学不是本章研究目的,重要的是这种划分是否有利于接触到中国立法的真问题并客观描述法律与中国国情结合状况。这是其一。其二,本章考察的是立法条文的信息结构即种类,对属于同类的几个信息只算作一个统计单位。其三,理论上信息分类相对明晰,操作起来可能模棱两可;对此,采取从大类或尽量照顾弱者原则。这对大类的信息结构统计没有影响,只影响小类的统计,对本章关注的问题不会产生大的影响。其四,有些条文没有本章所关注的诸种类信息,不在统计之列。其五,当某信息与本章研究的问题关系密切时,就再回到原文中研读,以保证其研究建立在客观材料基础上。尽管如此,还是不能保证每个条文的信息结构统计都是客观准确的,只能将此控制在合理范围内,不至于对研究的问题产生实质性影响。

二、当代中国民法典法律洞

依据上述"方法",对"梁稿"亲属编和"王稿"婚姻家庭编起草信息逐条进行信息结构统计,结果如表5-1和表5-2所示。从中可看出其信息结构具

---

[1] 考虑到中国法制和中国法学的移植性在我国改革开放初期表现得更为突出(苏力:《也许正在发生——转型中国的法学》,法律出版社,2004年,第97—121页),我国法制信息应大多属于大陆法系法制信息。

有如下特征：

第一，总体信息结构严重失衡，自身信息很少，绝大部分是法制信息尤其是大陆法系（含中国）法制信息。尽管"梁稿"主持人遵循"从中国的实际出发"的"现实主义思路",[1]"王稿"主持人主张既要借鉴德国式的长处，又要借鉴罗马式的优点，要立足中国国情，科学地继受和创新,[2]两者在形式上有所区别，但在内容尤其是信息结构上，没有实质性区别，都是对中国现有法律条文和大陆法系有关条文的继受和借鉴，自身信息较少。在"梁稿"217条中，涉及大陆法系和中国法制信息分别为189、136条，自身信息排除重复11条后，只有71条，约占33%；在"王稿"141条中，涉及大陆法系和中国法制信息均为107条，自身信息排除重复的22条后，只有35条，约占25%。可见，民法典学者建议稿存在着"实践知识的短缺"和"疏于事实"的不足,[3]自身信息与法制信息存在关系间断的情形，即"梁稿"和"王稿"分别约有67%和75%的立法条文只有法制信息没有自身信息尤其是中国自身信息，不可能实现两者的结合。

第二，如果考虑到自身信息尤其是中国自身信息的具体内容，这种情形就更为普遍。"梁稿"和"王稿"中，涉及直接自身信息和历史信息不仅很少，"梁稿"分别为3条和9条，分别约占1%和4%，"王稿"分别为6条和9条，分别约占4%和6%，而且大都以封建、落后、批评、否定等贬义形象出现，力图用法律改变之，如"梁稿"第19、22条、"王稿"第49条，等等。这与其他学者研究得出的结论基本一致。[4]另外，在涉及中国自身信息时，常用大词化信息（如国情、实践情况、现实、特殊性等）来简化、代替甚至遮盖对丰富多彩的中国社会现实和历史的研究，缺少对大词化信息及其对法律规范影响的具体分析研究，"梁稿"大词化信息有22条，约占10%，"王稿"则有6条，约占4%。

---

[1] 参见徐国栋：《中国民法典起草思路论战》，中国政法大学出版社，2001年，第10页。

[2] 参见徐国栋：《中国民法典起草思路论战》，中国政法大学出版社，2001年，第106—109页。

[3] 孙宪忠：《中国民法典制定现状及主要问题》，《吉林大学社会科学学报》，2005年第4期，第171页；苏力：《也许正在发生——转型中国的法学》，法律出版社，2004年，第122—154页。

[4] 徐国栋：《认真地对待民法典》，中国人民大学出版社，2004年，第35—44页；苏力：《当代中国法律中的习惯——制定法的透视》，《法学评论》，2001年第3期，第25—26页；杜宇：《重拾一种被放逐的知识传统》，北京大学出版社，2005年，第40—41页。

表 5-1 "梁稿"亲属编信息结构统计表

			具体条文(第1716条至第1932条共217条)序号	合计	比率
法制信息	大陆法系		1、2、3、6、7、8、10、11、12、13、14、15、16、17、18、19、20、21、22、23、24、25、26、27、28、29、30、31、32、33、35、36、37、38、39、40、41、42、43、44、45、46、47、48、49、50、51、52、53、54、55、56、57、58、60、61、62、63、64、65、66、67、68、69、71、72、73、74、75、76、78、80、81、82、83、84、88、89、90、91、92、93、94、95、96、97、98、99、100、101、102、103、104、105、106、107、108、109、110、111、112、113、114、115、116、119、120、121、122、123、124、125、129、132、133、135、136、137、138、139、140、141、142、145、146、149、150、151、152、153、154、155、156、157、159、160、162、163、164、165、166、167、168、169、170、172、173、174、175、177、178、179、180、181、182、183、184、185、186、187、188、189、190、191、192、193、194、195、196、197、199、200、201、202、203、204、205、206、207、208、209、210、211、212、213、214、215、216、217	189	87
	中国		1、2、3、4、5、6、8、9、11、12、13、14、15、16、17、18、20、21、22、23、24、25、26、27、28、31、32、33、34、35、36、37、38、39、40、41、42、43、45、47、48、49、53、56、57、58、59、60、61、62、63、64、65、66、67、68、69、70、71、72、73、74、75、76、77、78、79、84、85、86、87、88、94、97、99、113、116、117、118、120、121、122、123、124、125、126、127、128、129、130、133、134、135、136、137、138、139、140、141、142、143、144、145、146、147、148、154、155、156、157、158、159、160、161、170、171、172、174、175、176、177、180、181、182、184、187、189、194、195、198、203、204、205、212、213、215	136	63
	英美法系		20、23、38、63、68、78、79、82、96、154、181、196、215	13	6
自身信息	外国			0	0
	中国	直接	19、22、61	3	1
		间接	大词化信息: 3、4、5、6、13、23、39、40、48、51、52、63、81、94、121、136、150、151、152、163、161、215	22	10
			具体化信息 历史信息: 2、3、5、8、11、13、33、38、39	9	4
			具体化信息 现实信息: 12、13、17、41、45、52、57、69、72、76、77、79、82、132、155、157、158、159、160、196	20	9
			具体化信息 司(执)法信息: 13、41、47、57、59、62、63、68、69、70、172、174、176、177、180、181、182、183、190、192、194、195、197、198、199、203、205、206	28	13

注:"梁稿"每个条文由"条文""说明""理由"和"立法例"组成。本表中的序号是将亲属编第1716条作为第1条,重新编排至第1932条,共217条。比率=条文数÷总条文数217条×100%。

这也与某些学者的研究结论基本一致。[1] 因此,"梁稿"和"王稿"真正涉及自身信息的只有现实信息和司(执)法信息,"梁稿"分别为 20 条和 28 条,约占 9% 和 13%,"王稿"分别为 20 条和 15 条,约占 14% 和 11%,存在着"陌生于执(司)法"的情形。[2] 可见,即使是部分条款中既有法制信息也有自身信息,也存在着两者联结微弱的情形。

第三,法制信息内部也存在着严重的结构性失衡。"梁稿"和"王稿"大陆法系法制信息分别为 189 条和 107 条,约占 87% 和 76%。如果从法制信息绝对数看,每个立法条文大陆法系的重复率很高,会远远超出这个比率,这从"梁稿""立法例"和"王稿""参考立法例"中可明显地看出来。如果考虑到中国法制信息与大陆法系法制信息的紧密联系,也可从中国法制信息反映出来。"梁稿"和"王稿"中国法制信息分别为 136 条和 107 条,约占 63% 和 76%,民法典学者建议稿普遍存在"不加修改地纳入现成法律"的情形。[3] 而英美法系法制信息较少,"梁稿"和"王稿"分别为 13 条和 14 条,约占 6% 和 10%。可见,民法典学者建议稿存在着法制信息内部的结构失衡以及与英美法系联结微弱或间断的情形。

综上,中国民法典既存在法制信息与中国自身信息联结间断或微弱的情形(称为初级法律洞),也存在法制信息内部的结构失衡,与英美法系法制信息联结间断或微弱的情形(称为次级法律洞),好像整个法律网络信息结构出现了洞穴,即法律结构洞,简称为法律洞。[4] 既然民族性、本土性和文化性最强,在理论上来自中国社会自身信息应该相对较多而来自西方法制信息相对较少的民法典学者建议稿中的"亲属编"或"婚姻家庭编",在实然层面也存在着信息结构性缺陷——社会自身信息较少而西方法制信息较多——的情形,那么,对于民法典学者建议稿中那些比"亲属编"或"婚姻家庭编"的民族

---

[1] 苏力:《也许正在发生——转型中国的法学》,法律出版社,2004 年,第 18 页。
[2] 苏力:《也许正在发生——转型中国的法学》,法律出版社,2004 年,第 122—154 页。
[3] 徐国栋:《认真地对待民法典》,中国人民大学出版社,2004 年,第 156 页。
[4] 法律洞是笔者受社会学中结构洞启发提出的,用法学的话说就是法律(法制信息)与社会(自身信息)脱节或联系不紧密,用结构洞的话说就是法律(法制信息)与社会(自身信息)联结间断或微弱的情形。法律洞与法律漏洞最主要的区别是其结构性,前者是结构性缺失,后者不是。关于结构洞,详见【美】罗纳德·伯特:《结构洞——竞争的社会结构》,任敏 等译,格致出版社、上海人民出版社,2008 年;关于法律洞,参见张洪涛:《法律洞的司法跨越——关系密切群体法律治理的社会网络分析》,《社会学研究》,2011 年第 6 期。

表 5-2 "王稿"婚姻家庭编信息结构统计表

			具体条文(第389条至第529条共141条)序号	合计	比率
法制信息		大陆法系	4、5、6、7、8、11、13、14、15、16、17、18、19、21、22、23、25、26、27、28、29、30、32、33、34、35、36、37、38、40、41、45、46、48、49、53、54、55、56、57、58、59、60、61、62、63、64、65、66、67、68、74、75、76、77、78、80、81、82、83、84、85、86、90、91、92、93、94、95、96、97、102、103、104、105、106、107、108、109、111、113、114、115、116、117、118、119、120、121、122、123、124、125、126、127、128、129、130、131、132、133、134、135、137、138、140、141	107	76
		中国	1、2、4、7、10、11、12、13、14、15、16、17、18、19、20、21、22、23、24、25、26、27、28、29、31、32、34、35、36、37、38、41、42、43、44、45、46、48、49、50、51、52、53、54、55、56、57、58、59、60、61、62、63、64、65、67、68、69、70、71、72、73、75、77、78、79、82、83、84、85、86、87、88、89、90、91、92、93、94、96、97、98、99、100、101、102、103、104、106、107、108、109、110、111、112、113、114、116、119、120、124、126、129、132、134、136、137	107	76
		英美法系	14、16、18、65、66、67、68、93、102、103、106、119、133、136	14	10
自身信息		外国	119	1	1
	中国	直接	5、49、51、92、99、119	6	4
		间接 大词化信息	3、12、21、34、83、129	6	4
		间接 具体化信息 历史信息	1、3、5、6、12、45、99、119、123	9	6
		间接 具体化信息 现实信息	1、6、8、11、20、34、40、44、45、46、51、52、56、70、92、103、115、119、124、129	20	14
		间接 具体化信息 司(执)法信息	5、7、8、12、18、46、52、55、60、62、110、115、119、124、138	15	11

注:"王稿"每个条文由"条文""立法理由"和"参考立法例"组成。本表中的序号是将婚姻家庭编第389条作为第1条,重新编排至第529条,共有141条。比率=条文数÷总条文数141条×100%。

性、本土性和文化性较弱,而技术性较强的其他部分如"合同编",就更加存在着信息结构性缺陷的情形;因此,在这个意义上,我们就此可"以一斑窥全豹",推断整个民法典学者建议稿也存在信息结构性缺陷。为什么当代中国两部民法典都会存在法律洞呢?以下将分宏观、中观与微观而论之。

三、立法网络的形成

每个关系人的个人知识结构网,构成了民法典微观层面的立法网络。[1] 参加"梁稿"的26人所形成的社会关系网络,构成了"梁稿"的立法网络即"梁网";参加"王稿"的30人所形成的社会关系网络,构成了"王稿"的立法网络即"王网"。"梁网"和"王网"都属于中观层面的立法网络,统称为"群内网络"。按惯例,由"学者建议稿"经过"小组稿""室内稿"等阶段,最后形成"法律草案",因此,参加"梁稿"和"王稿"的关系人又可能形成宏观层面的立法网络即"群间网络"。在此,主要探讨群内网络和群间网络这两种网络。

(一) 群内网络

根据主持人提供的课题组成员相关信息和笔者在互联网上搜索查询得到的信息,对"梁网"与"王网"社会关系网络进行统计,结果如表5-3和表5-4所示,从中可看出群内网络具有以下共同特征:

表5-3 "梁网"社会关系统计表

姓名	年龄	性别	硕士	博士	博后	以前工作单位	现工作单位	职称(务)	与主持人关系
孙宪忠	49	男	社科	社科	不详	不详	社科院	研究员	同事、同门
尹田	52	男	不详	不详	不详	西南政法大学	北大法学院	教授	不详
郭明瑞	59	男	不详	人大	不详	北大法律系	烟大法学院	教授	不详
崔建远	50	男	吉大	不详	不详	吉大法学院	清华法学院	教授	不详
陈甦	49	男	社科	社科	不详	不详	社科院	研究员	同事
张新宝	45	男	人大	社科	不详	美德日访学	人大法学院	教授	不详
张广兴	不详	男	不详	不详	不详	不详	社科院	研究员	同事
邹海林	43	男	社科	社科	不详	不详	社科院	研究员	同事
房绍坤	44	男	北大	人大	不详	不详	烟大法学院	教授	不详
陈华彬	39	男	西政	社科	不详	社科院法学所	上海师大	研究员	同事
刘士国	52	男	社科	山大	人大	山大法学院	复旦法学院	教授	不详
傅静坤	40	女	中政大	社科	武大	西北大学	深大法学院	教授	师生

---

[1] 这里的关系人除了包括主持人和起草者外,还包括实质意义上的立法者如人大法工委民法室及其成员;但文章对关系人的分析侧重于起草者。

续表

姓名	年龄	性别	硕士	博士	博后	以前工作单位	现工作单位	职称(务)	与主持人关系
于敏	53	不详	日本	日本	不详	不详	社科院	研究员	同事
渠涛	50	男	日本	日本	不详	任教于日本	社科院	研究员	同事
韩世远	不详	男	吉大	社科	不详	社科院	清华法学院	教授	师生、同事
陈晓	不详	不详	不详	社科	不详	不详	中银集团	不详	不详
关涛	40	男	北大	不详	不详	不详	烟大法学院	教授	无直接关系
徐海燕	36	女	不详	社科	不详	不详	外经贸大学	副教授	师生
龚赛红	40	女	人大	人大	不详	湖南省委党校	北京化工	教授	师生
王轶	34	男	吉大	人大	北大	北大法学院	人大法学院	教授	不详
薛宁兰	不详	女	西政	不详	不详	中国警官大学	社科院	副研究员	同事
王丽萍	41	女	厦大	山大	不详	不详	山大法学院	教授	师生、同事
侯利宏	不详	女	社科	不详	不详	律师	社科院	助理研究员	同事
谢鸿飞	33	男	北大	社科	不详	不详	社科院	副研究员	同事、师生
李霞	42	女	不详	社科	不详	不详	山大法学院	副教授	同事

资料来源：人员名单、博士学位、职称(务)和现工作单位来源于"梁稿"；其他信息由笔者2009年网上搜寻而来。网上搜寻的信息与民法典起草时的信息肯定有所差别，但不会对本研究产生实质性影响。

表5-4 "王网"社会关系统计表

姓名	年龄	性别	硕士	博士	博后	以前工作单位	现工作单位	职称(务)	与主持人关系
杨立新	54	男	不详	不详	不详	法院、检察院	人大法学院	教授	同事
王轶	33	男	吉大	人大	北大	北大法学院	人大法学院	教授	同事、师生
马强	39	男	人大	人大	不详	不详	密云县法院	院长	师生
尹飞	不详	男	人大	人大	社科	不详	中央财大	副教授	不详
徐晓峰	不详	男	人大	不详	不详	不详	不详	不详	不详
马特	28	男	不详	人大	不详	不详	外经贸大学	副教授	师生
杨大文	72	男	无	无	无	北大法律系	人大法学院	教授	同事
高留志	30	男	不详	人大	不详	不详	郑大法学院	副教授	不详
熊谞龙	不详	不详	不详	人大	不详	不详	北师大	不详	不详
龙翼飞	46	男	人大	人大	不详	不详	人大法学院	教授	同事
张平华	31	男	不详	人大	不详	不详	烟大法学院	副教授	不详
郭明瑞	58	男	不详	不详	不详	北大法律系	烟大法学院	教授	同学
房绍坤	43	男	北大	人大	不详	不详	烟大法学院	教授	不详
梅夏英	35	男	武大	武大	人大	不详	外经贸大学	教授	师生

续表

姓名	年龄	性别	硕士	博士	博后	以前工作单位	现工作单位	职称(务)	与主持人关系
程啸	不详	男	人大	人大	不详	不详	清华法学院	不详	师生
张鹏	29	男	不详	人大	不详	不详	苏大法学院	不详	不详
关涛	39	男	北大	不详	不详	不详	烟大法学院	教授	无直接关系
张谷	37	男	华政	人大	北大	人大法学院	北大法学院	副教授	不详
高圣平	37	男	中政大	中政大	人大	不详	人大法学院	副教授	同事
易军	30	男	中南	人大	人大	不详	中政大	副教授	师生
宁红丽	30	女	中南	人大	人大	不详	外经贸大学	副教授	不详
郭锋	43	男	人大	人大	不详	不详	中央财大	教授、院长	同门
姚辉	41	男	人大	人大	不详	不详	人大法学院	副教授	同事
周珂	51	男	人大	人大	不详	不详	人大法学院	教授	同事
姚欢庆	34	男	人大	人大	不详	不详	人大法学院	副教授	同事
王成	不详	男	不详	人大	不详	不详	北大法学院	教授	不详
冯恺	不详	女	山大	人大	不详	不详	中政大	讲师	师生
周友军	27	男	人大	人大	不详	不详	北航	讲师	不详
袁雪石	不详	不详	不详	人大	不详	不详	国务院法制办	不详	不详

资料来源：人员名单来源于"王稿"；其他信息来源于笔者2009年网上搜寻而来。网上搜寻的信息中，有些信息处于变动中，2009年的信息与民法典起草时的信息肯定有所差别；但由于本章考察研究的是学历知识和职业结构影响民法典信息结构问题，而不是考察研究学历、职称等的影响程度问题，因此，这种误差不会对本研究产生实质性影响。

第一，从职业构成看，绝大部分人员任教于国内高校法学院或法学研究机构，大多是教授（研究员）或副教授（副研究员）。"梁网"26人中，主要来自社科院、北大、烟大、清华、人大、上海师大、复旦、深大、外经贸大、北京化工大学、山大等高校或科研机构，1人来自实务部门；教授或研究员20人，副教授或副研究员4人，助理研究员1人，1人不详。"王网"30人中，主要来自人大、中央财大、外经贸大、郑大、烟大、清华、苏大、中政大、北大、北航等高校法学院，3人职业不明，2人来自法律实务部门，还有人曾在其他部门工作过，如张立新；教授12人，副教授10人，讲师2人，5人不明。

第二，从学历构成看，大多是民商法学博士，获博士单位集中于人大法学院和社科院法学所。"梁网"民商法学博士20人中，6人不明，获社科院博士的至少12人；"王网"民商法学博士26人中，1人无博士学位，3人不明，获人大法学院博士的至少24人。

第三,大部分成员与主持人有强关系。[1]"梁网"25人(主持人除外)中,以主持人所在的社科院法学所为"梁网"联结点,获博士的12人,硕士的5人,工作的9人,只6人与社科院法学所没有直接关系;其中,同事关系13人(含主持人在山东大学法学院的同事2人),师生关系6人,其余的不明。"王网"29人(主持人除外)中,以主持人所在单位人大法学院为"王网"联结点,获博士的24人,获硕士的10人,工作的8人,作博士后的3人,只1人与人大法学院没有直接联系;其中,同事8人,师生19人(包括狭义的师生7人,广义的师生即在人大法学院读过书与主持人形成师生关系的12人),同学或同门2人。

第四,即使部分成员开始不是强关系,也很有可能发展为强关系。首先,"出于社会比较和社会支持的目的,人们有一种很强的、同那些与自身具有共同特征的人集拢在一起的倾向"[2]。"在一个组织中,如果某一社会分类是相对少见的,那么,组织成员就会使用该分类的特征项作为其社会身份识别和友谊关系建构的基础。"[3]"梁网"与"王网"中所有成员相同职业、相同知识学历、相同学术旨趣,为他们之间形成强关系提供了可能。[4] 其次,即使刚开始成员之间(如图5-1中A、B、C、D之间和a、b、c、d之间)并不熟,但由于有主持人及其所在工作单位这个"联结点",受平衡论中相互性的影响,即L把A、B、C、D当做朋友,A、B、C、D就有压力把L当做朋友,受平衡论中传递性的影响,即A与B是强关系,A与C是强关系,B与C之间也很有可能形成强关系,因此,A、B、C、D之间和a、b、c、d之间都有可能发展成强关系。[5] 相反,如果群体内成员不同程度地卷入了不平衡关系中,就会产生不舒服的感觉,就会采取行动(如协调性顺从或中断关系)把不平衡关系转变为平衡关系,尽量采取一致性的行为和态度。这种平衡压力不只是在行为上,

---

[1] 这里的"关系"是社会学意义上的含义,是中性词,不是社会中一般人所理解的那种带有贬义的词。

[2] 【美】马汀·奇达夫,蔡文彬:《社会网络与组织》,王凤彬 等译,中国人民大学出版社,2007年,第61页。

[3] 【美】马汀·奇达夫,蔡文彬:《社会网络与组织》,王凤彬 等译,中国人民大学出版社,2007年,第60页。

[4] 【美】罗纳德·伯特:《结构洞——竞争的社会结构》,任敏 等译,格致出版社、上海人民出版社,2008年,第16页。

[5] 关于平衡论中相互性和传递性的详细论述,参见【美】马汀·奇达夫,蔡文彬:《社会网络与组织》,王凤彬 等译,中国人民大学出版社,2007年,第47—50页。

还在认知上尽量取得"认知平衡"[1]。"对于与自身密切相关的关系,自我有很强的动机使之平衡……人们会通过改变关系或认知来维持与自身密切相关的关系的平衡。"[2]因此,人们出于平衡的压力,都倾向于采取一致或类似的社会行为,容易形成一致或类似的社会认知,也倾向于形成一种"民主集中制"的关系密切群体或者网络体系,[3]如图5-1中L和A、B、C、D之间与W和a、b、c、d之间的联系。

第五,以组织为分析单位,群内网络还存在着群内结构等位(如图5-1中的E-F-G网和e-f-g网),即"两个人如果拥有一样的关系人,他们在

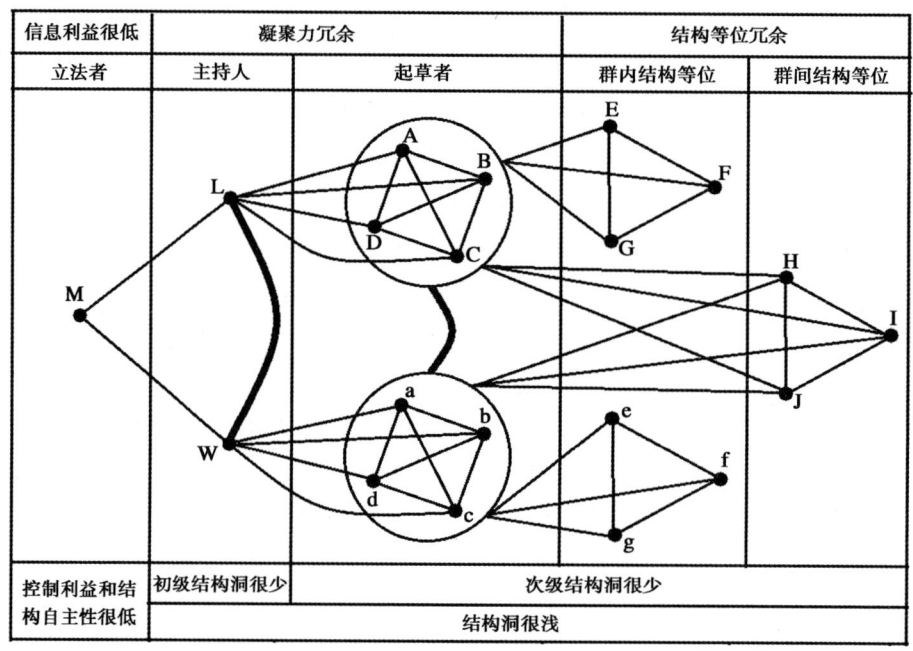

图5-1 立法网络的构成及其结构洞分布示意图

---

[1]【美】马汀·奇达夫,蔡文彬:《社会网络与组织》,王凤彬 等译,中国人民大学出版社,2007年,第80页。

[2]【美】马汀·奇达夫,蔡文彬:《社会网络与组织》,王凤彬 等译,中国人民大学出版社,2007年,第82页。

[3] 谢哲胜,等:《中国民法典立法研究》,北京大学出版社,2005年,第10页。

结构上就处于同等位置"。[1] 从学习单位看,"梁网"26 人中,至少 12 人在社科院获博士,如果将硕士和博士后考虑进去,至少 14 人与社科院有这方面的联系;"王网"30 人中,至少 24 人在人大法学院获博士,如果将硕士和博士后考虑在内,只 1 人与人大法学院没有这个方面的联系。从现工作单位看,"王网"中,9 人来自人大法学院,4 人来自烟大法学院,3 人来自外经贸大法学院,2 人来自中央财大法学院,2 人来自北大法学院,2 人来自中政大;"梁网"中,10 人来自社科院,3 人来自烟大法学院,2 人来自清华法学院,2 人来自人大法学院,2 人来自山大法学院。这种群内结构等位即相同的学习单位和工作单位,同样受平衡论中相互性和传递性影响,易使群内网络形成强关系网络。

(二) 群间网络

上述有关群内网络的分析,同样适用于群间网络的分析:

第一,群间网络存在与"梁网"和"王网"类似的职业结构和知识学历结构,为群间网络 L、A、B、C、D 与 W、a、b、c、d 之间形成强关系提供了可能。

第二,如果以个人为分析单位,群间网络存在"小集团交叠",即"某个小集团中的许多成员同时也会是其他小集团的成员"[2],也存在群间结构等位(如图 5-1 中 H-I-J 网),如王轶、郭明瑞、房绍坤、关涛四人,既是"王网"的关系人,也是"梁网"的关系人。

第三,如果以组织为分析单位,群间网络也存在群间结构等位(如图 5-1 中 H-I-J 网),"梁网"与"王网"共同的单位有:人大、北大、清华、外经贸大和烟大等高校。

第四,群间结构等位还会进一步影响到 L 子群体与 W 子群体成员之间的互动。由于王轶、郭明瑞等四人与 L 子群体的成员和 W 子群体的成员之间形成的是一种强关系,"梁网"的部分成员与"王网"中的部分成员来自相同的单位,同样受平衡论中相互性和传递性的影响,L 子群体的成员和 W 子群体的成员之间形成强联结的可能性增大。如 L 子群体中的成员 A 和 W 子群

---

[1]【美】罗纳德·伯特:《结构洞——竞争的社会结构》,任敏 等译,格致出版社、上海人民出版社,2008 年,第 19—20 页。结构洞理论具有"玩家—结构二元性",结构单位可以是个人,也可以是组织(详细论述,参见本书第 5 章);这里的结构单位是组织。

[2]【美】马汀·奇达夫,蔡文彬:《社会网络与组织》,王凤彬 等译,中国人民大学出版社,2007 年,第 53—54 页。

体的成员 a 都与王轶有强关系,受平衡压力的作用,A 与 a 之间形成强联结的可能性大增;依次类推,通过群间结构等位 H-I-J 网这个"联结点"的相互性和传递性的作用,L 子群体成员 A、B、C、D 与 W 子群体成员 a、b、c、d 之间形成强关系的可能性也大为增加,最终使群间网络可能形成一种强关系网络。

第五,还不能忽视 L 与 W 之间关系的强度对 L 子群体的成员和 W 子群体的成员之间关系的影响。尽管 L 与 W 在中国民法典的体系、结构等形式上有一定分歧,但由于两者在教育、收入、职业、社会地位等方面存在一定程度的相似之处,尤其是在学术思想上应该说都属于诠释法学,[1]在民法典的知识信息内容及其结构等实质内容上应该没有实质性分歧,都属于北京地区同一个领域的学者和民法典起草小组成员,因此,L 与 W 之间更容易形成强联结。同样受平衡论中相互性和传递性的作用,群间网络通过 L-W 这个"联结点",在 L 子群体成员 A、B、C、D 与 W 子群体成员 a、b、c、d 之间形成强关系的可能性也大为增加,最终也使群间网络可能形成一种强关系网络。

四、立法网络结构洞对民法典法律洞的影响

第一,由大量重复关系人构成的民法典立法网络影响了民法典法律洞的形成。"更多的关系人意味着你能获得更多的信息"[2],但不可能无限制地扩大立法网络规模,"增加网络规模,关键是要增加非重复性关系人的数量"[3],即"通过最优化网络中的非重复关系人的数量来最优化每个关系人的结构洞产出"[4]。反之,"当若干关系人都介绍给你同样的人,提供给你同

---

[1] 参见苏力:《也许正在发生——转型中国的法学》,法律出版社,2004 年,"引论"。
[2] 【美】罗纳德·伯特:《结构洞——竞争的社会结构》,任敏 等译,格致出版社、上海人民出版社,2008 年,第 17—18 页。
[3] 【美】罗纳德·伯特:《结构洞——竞争的社会结构》,任敏 等译,格致出版社、上海人民出版社,2008 年,第 18 页。
[4] 【美】罗纳德·伯特:《结构洞——竞争的社会结构》,任敏 等译,格致出版社、上海人民出版社,2008 年,第 21 页。当 X 既与 Y 熟悉又与 Z 有关系,而 Y 与 Z 没有联系,那么,Y 与 Z 之间的弱关系或关系间断,就形成了一个可被 X 利用的结构洞,获取这个结构洞的信息利益和控制利益。由于 X 周没有结构洞,而 Y 与 Z 身边有结构洞,因此,X 有较高的结构自主性,Y 与 Z 的结构自主性较低。结构洞可以通过关系强度即凝聚力和结构等位来测量。详细论述,参见本书的第一章。

样的信息,他们就成为重复的关系人"[1],如在群内网络中,由于群内每个起草者具有相同或相似的学历知识结构和职业结构,提供给主持人的很可能是相同或相似的立法信息;在群间网络中,由于每个主持人和起草者具有相同或相似的学历知识结构和职业结构,每个主持人和每个起草者通过主持人提供给立法者的很可能也是相同或相似的立法信息。在这个意义上,我国民法典群内网络和群间网络规模的扩大,只是增加了重复关系人的数量,没有增加非重复关系人的数量及其结构洞的产出,大大降低了网络的有效规模和效率;影响了立法者通过立法网络结构洞获取信息利益及其带来的信息结构优化,出现一种与大多数关系人所拥有的法制信息相异的自身信息,使民法典大量充斥的是法制信息尤其是大陆法系法制信息,较少自身信息尤其是中国社会的自身信息,形成了民法典法律洞。

第二,民法典强关系立法网络还会导致大量的凝聚力冗余,形成民法典法律洞(如图5-1)。"关于新观点和新机会的信息一定来自于与其他不同的群体中的人们之间的弱关系……弱关系对信息流动很重要,它将除它自身之外并没有联系的社会群体整合进一个更广阔的社会中。"[2]这就是"弱连带的优势"[3]。相反,"人们生活在一个他们与之有强关系的人组成的群体中,信息在这些群体中高速传播。每个人知道的,其他人多半都知道"[4]。因此,我国民法典群内网络和群间网络的强关系意味着缺乏结构洞,存在凝聚力冗余,主持人不能通过群内网络结构洞获取立法信息利益,立法者也无法借助群间网络结构洞获取立法信息利益。

强关系不仅影响立法网络的信息传播,还会降低其信息创新能力。"在既不存在正式的、诸如专利法创造的知识产权又不存在公共补贴的情况下,开发新生产技术并获得收益的唯一办法就是隐藏知识。"[5]因此,在一个强

---

[1] 【美】罗纳德·伯特:《结构洞——竞争的社会结构》,任敏 等译,格致出版社、上海人民出版社,2008年,第18页。

[2] 【美】罗纳德·伯特:《结构洞——竞争的社会结构》,任敏 等译,格致出版社、上海人民出版社,2008年,第27页。

[3] 【美】马克·格兰诺维特:《镶嵌:社会网与经济行动》,社会科学文献出版社,2007年,第67页。

[4] 【美】罗纳德·伯特:《结构洞——竞争的社会结构》,任敏 等译,格致出版社、上海人民出版社,2008年,第27页。

[5] 【美】波斯纳:《正义/司法的经济学》,苏力 译,中国政法大学出版社,2002年,第152页。

关系群内网络和群间网络中,在缺乏前两种激励新信息生产方式的前提下(详后),因其否弃私隐和隐藏知识,导致强关系群内网络中的起草者与群间网络中的主持人和起草者对有关民法典新信息(如自身信息)的生产缺乏动力,使民法典在信息结构上大量充斥法制信息尤其是大陆法系法制信息,较少需要一定创新度的自身信息,形成民法典法律洞。

第三,民法典立法网络结构等位冗余也影响了民法典法律洞的形成(如图5-1)。在群内网络中,如果以获取博士学位的单位作为分析单位,"梁网"和"王网"的结构等位冗余量至少为11人和22人,有效规模为15人和8人;如果以现工作单位为分析单位,"梁网"和"王网"的结构等位冗余量至少为14人和16人,有效规模为12人和14人。在群间网络中,如果以个人为分析单位,结构等位冗余量至少为4人,有效规模为52人;如果以工作单位为分析单位,结构等位冗余量为35人(14+16+5),有效规模为21人。"不管结构等位的人们之间的关系如何,他们因为导向同样的信息资源而产生冗余。"[1]因此,我国民法典立法网络中,不同的起草者由于来源于同一信息源——相同学习、工作单位——给主持人以及通过主持人给立法者都会带来较高结构等位冗余量,大大降低了网络的有效规模和效率,以及立法网络结构洞的产出和立法者通过立法网络结构洞获取信息利益,形成了民法典法律洞。

第四,"如果他们既在结构上等位又有强关系,那么结构洞的深度便会急剧变浅"(如图5-1)。[2]换言之,民法典立法者的立法网络不仅存在结构洞的量——重复关系人的存在即凝聚力冗余和结构等位冗余导致立法网络结构洞较少——的问题,而且存在着结构洞的质——结构洞不深——的问题;立法者既存在着因主持人之间强关系即凝聚力冗余而导致初级群间结构洞的缺乏,也存在着因起草者之间强关系即凝聚力冗余和结构等位冗余而导致次级群内结构洞的缺乏;最终导致立法网络的有效规模和效率较低,立法者通过立法网络尤其是群内网络的结构洞特别是次级结构洞获得的信息利益也较低,形成了民法典法律洞。

第五,民法典立法网络还存在着立法者在立法网络中的控制利益及其结

---

[1]【美】罗纳德·伯特:《结构洞——竞争的社会结构》,任敏 等译,格致出版社、上海人民出版社,2008年,第19—20页。

[2]【美】罗纳德·伯特:《结构洞——竞争的社会结构》,任敏 等译,格致出版社、上海人民出版社,2008年,第44页。

构自主性很低的问题(如图5-1)。"一个提供信息利益的结构洞也衍生出控制利益"[1];一个缺乏信息利益的立法网络,也缺乏控制利益。由于L、W与其他群内网络成员联系紧密,周边没有群内结构洞,结构自主性较高,L、W带给立法者M的约束最强,提出的民法典方案立法者难以拒绝。同样,由于L与W的联系较为紧密,立法者也无群间结构洞可用,谈判余地也较小,对于由L与W联合起草的民法典也无法拒绝。正是由于L和W在立法网络中的这种网络地位——既没有群内结构洞又没有群间结构洞——决定了他们在与M形成的群间网络中处于获取信息利益和控制利益的有利网络位置,有较高程度的结构自主性,立法者M反而处于非常不利的获取信息利益和控制利益的网络位置,结构自主性较低,从而决定了L及其"梁稿"和W及其"王稿"对M及其中国民法典的信息结构具有决定性影响,形成了民法典法律洞。

综上,正是由于我国民法典立法网络结构洞的多少、深浅和分布状况,决定了主持人、立法者的立法网络地位,进而影响主持人、立法者通过结构洞获取信息利益及其带来的控制利益和结构自主性,形成了民法典法律洞。

五、零成本立法政策对关系人及其知识网的约束

是什么原因影响了民法典立法网络的形成及其结构洞的缺失?具言之,在微观层面,是什么因素约束了关系人的立法信息创新能力和搜寻行为,使大量关系人成为重复关系人?在中观层面,为什么两位主持人不约而同地选择了与自己具有同质性的强关系的关系人作为起草者即强关系人方案而没有根据立法指导思想来选择与自己具有一定异质性的弱关系的陌生人作为起草者即陌生人方案?在宏观层面,为什么立法者选择主持人也出现了与主持人选择起草者相类似的情形,也没有根据立法指导思想即立法设计对主持人及其选择起草者的立法行为进行必要的立法管理和选择科学的立法管理机制,而是采取一种传统的整体打包式立法管理机制?下面将分节而论之。

---

[1]【美】罗纳德·伯特:《结构洞——竞争的社会结构》,任敏 等译,格致出版社、上海人民出版社,2008年,第47页。

从微观层面看,零成本立法政策直接影响关系人信息创新和搜寻行为,[1]大量的关系人成为重复关系人,形成了关系人的知识网及其结构洞的缺失,具体表现在以下主要方面:

第一,零成本立法政策使关系人的收益几乎为零。首先,不论是法制信息还是自身信息,都具有公益性、共享性特征,不能像科学技术那样拥有对信息即使创新信息的"知识产权",从而激励发明人去创新、发明;而且在我国进行法律产品的生产即立法,不仅没有物质收益,也没有精神利益,不像某些国家立法那样有署名权。[2] 其次,在一个强关系网络中,信息的共享性、公益性更为突出,信息创新者无法通过隐藏知识的办法获得必要的收回成本的收益。另外,由于零成本立法政策,导致信息的生产者生产的信息包括成本高的自身信息和成本低的法制信息都无法获取必要的公共财政补贴。因此,对起草者的收益就是维持与主持人的长期合作关系,对主持人的收益就是完成工作任务,维持与立法者的长期合作关系,获得一定的社会声誉,对立法者而言,就是完成本职工作,这些收益相对于需付出艰辛劳动的民法典制定而言,极其不相称。也许正是由于此,有起草者萌生了退出的念头,[3]主持人为弥补其研究经费不足,采取申报课题和项目的形式,维持其基本研究,关系人需要"本着对科学、民主、法治之追求,对人民、民族、国家、学术负责之精神……完成此民法典草案"[4]。

第二,零成本立法政策使起草者趋向于"已有知识或信息"的搜寻,而对"未有知识或信息"的创新和搜寻缺乏足够的内在驱动力,形成了起草者个人知识网及其结构洞的缺失。这种情形首先突出体现在"梁稿"和"王稿"法制信息搜寻中,对大陆法系(包括中国)的"偏爱"和对英美法系的"冷淡"。中国法治在总体上主要移植了大陆法系的法律和制度,因此,在法学教育上,以讲授大陆法系法律和制度为主要内容和任务,以培养学生运用法律的能力为主

---

[1] 零成本立法政策不只是指物质上的零成本,还包括精神上立法者和起草者也没有"知识产权"。详细论述,参见徐国栋:《认真地反思第四次民法典起草的组织方法》,《法律科学》,2003年第5期。

[2] 徐国栋:《认真地为民法典起草者请求国士待遇》,《认真地对待民法典》,中国人民大学出版社,2004年。

[3] 徐国栋:《认真地反思第四次民法典起草的组织方法》,《法律科学》,2003年第5期。

[4] 梁慧星:《中国民法典起草建议稿附理由·亲属编》,法律出版社,2006年,"序言"。

要目标,而对英美法系的相关法律和制度较少涉及;[1]也因此,在法学研究上,"构建一个基本完整、自洽且能够有效传达和便于司法运用和法律教学的法律概念系统和规则体系"的诠释法学,自然成了主流。[2]而大陆法系法律发展的最高成就和集中体现则是各国民法典,因此,上述情形在民法领域最为典型:教学上,围绕民法典相关法律和制度组织主要教学内容;[3]研究上,以大陆法系各国民法典的翻译、解释、结构、体系、基本原则、基本原理等有关民法典的法制信息为研究主线。[4]因此,大陆法系有关民法典法制信息就成了一个以民商法教学和研究者为主构成的民法典起草者群体立法时的"已有知识或信息",其信息成本较低;英美法系相关法制信息则成了起草者立法时的"未有知识或信息",其信息成本较高。正是两者的成本差异,导致了起草者倾向于前者而规避后者。

其次,信息成本和收益的高低决定了关系人的信息搜寻范围。"决策者不会无限制地展开信息搜寻,他们会在对信息投资的预期边际收益等于预期边际成本这一点停下来。如果信息费用过于高昂,决策者就会采取简化决策模式,诉诸……一些粗略的'代表标记'(proxy)"。[5]如当搜寻未有法制信息费用过于高昂而收益很低时,立法者也会采取简化模式,诉诸可降低信息费用的有关法制信息的"代表标记":正义、公正、幸福、安全等法律价值,以及集中体现这些法律价值的法律原则、法律原理和法律规范;特别是在零成本立法政策约束下,这种依赖更为突出,如在"梁稿"亲属编中,"民法原理"作为立法依据的达100多处。这种情形也体现在未有自身信息上,典型的如对自身信息的大词化和意识形态化处理。[6]

第三,在"未有知识或信息"搜寻和创新上,零成本立法政策使关系人趋

---

[1] 参见:贺卫方:《中国法律教育之路》,中国政法大学出版社,1997年;苏力:《知识的分类与法治》,《读书》,1998年第3期;苏力:《道路通向城市——转型中国的法治》,法律出版社,2004年,第237—248页;苏力:《送法下乡》,中国政法大学出版社,2000年,第369—376页。

[2] 参见苏力:《也许正在发生——转型中国的法学》,法律出版社,2004年;《知识的分类与法治》,《读书》,1998年第3期。

[3] 这样的教科书很多,限于篇幅,不一一列举。

[4] 参见徐国栋:《中国民法典起草思路论战》,中国政法大学出版社,2001年。

[5] 参见詹姆斯·马奇:《决策是如何产生的》,王元歌,章爱民 译,机械工业出版社,2007年,第18—19页;转引自吴元元:《信息能力与压力型立法》,《中国社会科学》,2010年第1期。

[6] 意识形态有一种节约机制。参见【美】诺斯:《经济史中的结构与变迁》,陈郁 等译,上海三联书店、上海人民出版社,1994年,第53页。

向于"规范性知识或信息"的搜寻和创新,对"事实性知识或信息"的搜寻和创新缺乏足够的内在驱动力,形成了关系人的个人知识网及其结构洞的缺失。这是由法制信息和自身信息的差异性所决定的信息成本不同而带来的必然结果。民法典法制信息尤其是西方发达国家民法典法制信息,经过各国民法典立法的不断完善及其法学研究尤其是规范分析法学对规范长期而系统的研究,以及比较法学对各国民法典法律规范的类型化整理、比较、总结、提炼,人们对这种"规范性的知识或信息"的认识和研究趋于成熟和一致,形成了相对来说较稳定的知识结构、基本范畴、基本原则,并在此基础上也形成了相对稳定的具有内在逻辑联系的规范体系和知识体系,在很大程度上已达到了规范化、体系化、定型化、文本化的状态,具有鲜明的"纯粹理性"特征。相反,民法典自身信息则是民法中最具本土性、民族性的部分,是一种非常典型的"个人性知识"(波兰尼)、"地方性知识"(吉尔兹)、"弥散性的未阐明的知识"(哈耶克),有时还是一种被肉体化了的"身体记忆的知识""习得的知识"和只可意会不可言传的"无言之知"(波斯纳)、"无意识的知识"(波普尔),甚至还是一种"难以清楚地以言词或文字交流的知识即传统"。[1]如果考虑到中国有着5 000余年自成一体的文化历史传统、13亿多人口,民族成分众多,各地政治、经济、文化的地域性、差异性极大,城乡二元结构极其突出等国情,民法典自身信息的这种"实践理性"特征就更为典型。

正是由于民法典法制信息和自身信息的这种特征,决定了两者信息成本的巨大差异。首先,从时间成本看,获取自身信息的时间成本远高于法制信息。随着现代网络技术的发展,在法律交流日益活跃,信息传递非常便捷的今天,对已规范化、体系化、定型化、文本化的法制信息,获取信息的成本较低,甚至在"书斋"中轻触键盘仅凭个人力量就可以获取大量的法制信息。[2]

对那些具有个人性、地方性、弥散性的习得的身体化了的"交流起来不经济的知识"[3],即民法典自身信息,无法通过移植或书面形式获取,只可能通过广泛而深入的实证调查和田野研究,有些甚至要在一定理论指导下,经过许多学者长期不懈的努力,才能认识到并获取,其时间成本非常高昂。如法

---

[1] 苏力:《知识的分类与法治》,《读书》,1998年第3期。

[2] 如徐国栋收藏的外国民法典截至2007年7月一共有109部。参见徐国栋:《比较法视野中的民法典编纂》,北京大学出版社,2007年,第353—359页。

[3] 苏力:《知识的分类与法治》,《读书》,1998年第3期。

国民法典对习惯法的整理和研究,保守估算就持续 3、4 个世纪;[1]德国民法典对以"民族精神"为名的自身信息的获取也持续了近百年(1814—1900年);至于英美法系地方性习惯发展为普通习惯法,从无法交流的实践理性知识变为可交流的实践理性知识,持续的时间更长;[2]日本法制现代化也表明:法制信息是问题的枝节,"活法"(即自身信息)的现代化才是问题的关键,贯穿于日本法制现代化的始终。[3]

在这一点上,对于曾有 5 000 余年自成一体的文化历史传统,现有 13 亿多人口,民族成分众多,各地政治、经济、文化的地域性、差异性极大,城乡二元结构极其突出的中国而言,所需时间成本更高。如果以地域面积来测算我国和法国习惯法整合所需时间,法国整合 55 万平方公里所需时间 554(1250—1804 年)年,中国近代 960 万平方公里所需时间约 9 640(554×960÷55)年;如果以人口测算我国和法国习惯法整合所需时间,选取法国 1800 年最高的 2 750 万人为参考标准,持续进行了 554 年,中国近代 4 亿人口所需时间约为 8 058 年(即 40 000×554÷2 750)。也许正是这种中国社会无法承受的高昂时间成本,导致了中国无论是古代还是近现代都没有将中国社会的自身信息(如习惯等)制度化地吸纳进国家制定法中;也许正是这种巨大的时间成本,中国不同朝代的立法者包括近现代的立法者对来自中国社会的自身信息也采取了一种道德化、意识形态化、大词化的处理。

其次,从信息加工成本看,自身信息的加工成本远高于法制信息,对人的知识结构、认识能力、获取信息的方法和技术手段等要求更高。在知识上,除了法制信息所需的诠释法学知识外,更需要长于了解社会、研究社会的深厚的社会科学底蕴,如社会学、经济学、政治学、历史学、人类学、民俗学、社会生物学、心理学等学科的知识储备;在能力上,除了需要法制信息所需的解决常规问题的能力外,更需解决非常规问题的创新能力和更多的智识投入,甚至还需有一种高瞻远瞩的战略眼光;在获取信息的方法技术上,更需社会科学的实证研究方法及其带来的较大资金投入。[4]在这一点上,如果结合中国国情,如人口众多,民族成分复杂,地域辽阔,自然地理环境、政治、经济、文化的地域性差异巨大,城乡二元结构突出,文化历史传统深厚,社会转型规模、

---

〔1〕 陈颐:《立法主权与近代国家的建构》,法律出版社,2008 年,第 31 页。

〔2〕 苏力:《知识的分类与法治》,《读书》,1998 年第 3 期。

〔3〕 【日】川岛武宜:《现代化与法》,王志安 等译,中国政法大学出版社,1994 年,第52 页。

〔4〕 苏力:《也许正在发生——转型中国的法学》,法律出版社,2004 年,"引论"。

复杂程度世界上绝无仅有,就表现得尤为突出,也尤为必要;如果考虑到目前中国法学教育分科较早,硕士不硕、博士不博等法学教育现状而导致的社会科学底蕴不深,〔1〕考虑到诠释法学目前甚至今后还会占据主流地位而社科法学目前甚至今后还会处于"也许"阶段,〔2〕中国法学尤其是民法学研究现状及其研究手段远远不能满足民法典获取自身信息的这种要求,民法典起草者为获得必要的民法典自身信息就需要更大的知识投入和资金投入。

六、零成本立法政策对主持人及其群内网络的影响

主观上,两位主持人都认识到民法典密切结合中国国情及其重要意义,不排除他们从立法指导思想出发选择陌生人方案;但若如此,必须解决以下主要问题:

第一,陌生人方案带来的信息不对称及其逆向选择和道德风险等问题。主持人如果选择陌生人作为起草者,主持人与起草者之间就可能存在信息不对称,存在事前隐藏信息的逆向选择与事后隐藏信息和行为的道德风险问题。为此,主持人必须设计一套甄别机制和激励机制,让本处于信息劣势的自己能获得更多的信息,让"偷懒"行为事前不敢"偷懒"(如基于效用的连带责任)或事后能被及时发现(如基于信息的连带责任)。但在目前零成本立法政策下,这些措施都会不同程度地提高主持人获取信息的成本,使之不堪重负。

第二,陌生人方案带来的信任问题。信任是一切合作的前提;对于制定民法典这种需较高专业水准的事情,信任问题更加突出而重要。如果选择陌生人作为起草者,主持人对起草者以往的历史信息不可能了解,至少不可能达到强关系起草者的熟悉程度,也就不可能根据对起草者过去和声誉的了解而决定是否给予信任。此外,由于在主持人与陌生人之间存在的差异性和异质性远超过其相似性和同质性,合作的必要信任也难以建立起来。因此,在陌生人情形下,主持人与起草者之间的信任无法建基于个性特征和信誉上,只可能建立在制度基础上,如通过招投标和订立合同的方式。〔3〕但这种方式即刻就需要一定的资金投入,起草者的投入成本和相应收益不可能存在时

---

〔1〕 苏力:《也许正在发生——转型中国的法学》,法律出版社,2004年,第159—186页。

〔2〕 苏力:《也许正在发生——转型中国的法学》,法律出版社,2004年,"引论"。

〔3〕 信任根据其来源分为三种:基于个性特征的信任、基于制度的信任和基于信誉的信任。参见张维迎:《信息、信任与法律》,三联书店,2003年,第9—17页。

间差。民法典零成本立法政策会使之化为灰影;即使是主持人采取申请国家社科基金或教育部重大攻关项目的形式来填补资金的不足,也杯水车薪,无济于事。

第三,陌生人方案带来的激励机制问题。由于主持人与起草者是弱关系的陌生人,博弈很可能是一次性,隐性激励机制难以有效发挥作用,只能依赖于显性激励机制。这样会大大提高主持人民法典制定的信息成本、监督成本、风险成本和纠纷解决成本。在目前零成本立法政策约束下,这种显性激励机制的建立缺乏物质基础。

第四,陌生人方案带来的合作成本(包括交易成本、监督成本、风险成本和纠纷解决成本等)问题。由于陌生人及其信息不对称,委托人主持人处于信息劣势地位,专业代理人起草者处于信息优势地位,为此,主持人与起草者之间的合作一般会采取合同等书面形式,这会大大增加主持人的合作交易成本。由于陌生人及其信息的不对称,起草者有可能出现隐藏信息和行为的情形,尤其是对制定民法典这种衡量标准难以明确的工作,监督难度更高,委托人更需要加强对代理人的监督,必然会提高主持人对起草者的监督成本。制定民法典不仅需要一定的专业知识和研究能力,还要有良好的品行、身体甚至一定的工作环境。但由于陌生人及其信息的不对称,起草者很可能为了获得这次合作机会,采取隐藏信息的策略,比如专业能力、身体状况、家庭工作环境等对合作存在不利影响的信息和行为。"品德常常有明确的下限,比如不贪污、不受贿,但能力则很难判断",[1]尤其是对一个超出了主持人专业知识范围的专业性很强的领域,主持人更是难以判断。这样,就使主持人对风险控制的难度加大,风险系数升高,大大增加了风险成本。另外,由于是陌生人,大大提高了主持人与起草者之间产生纠纷的可能性,尤其是对民法典制定这样专业性、复杂性的工作,产生纠纷的可能性更大;产生纠纷后提交给第三者解决纠纷的可能性也更大。这样,就会大大增加主持人的解决纠纷成本。在目前零成本立法政策下,这些成本的增加会使主持人对选择有利于立法指导思想实现的陌生人方案望而却步。

可见,受民法典零成本立法政策约束,主持人选择陌生人方案显然不现实。为此,主持人不得不选择强关系人方案及其带来的成本与收益的时间差来维持民法典起草工作的正常运转,利用自己长期积累起来的社会资本弥补

---

[1] 张维迎:《信息、信任与法律》,三联书店,2003年,第227页。

零成本立法政策带来的物质资本之不足。

第一,强关系人方案可以克服信息的非对称性及其带来的逆向选择、道德风险等问题。由于主持人与起草者在知识、学历、职业背景等方面存在高度的同质性,其间一般不会存在信息尤其是与民法典起草有关的专业知识和信息不对称。即使出现了专业知识和信息不对称,由于强关系,新产生的知识和信息也会在群内网络高速顺畅流通,一个人知道的新信息,其他成员会立即知道,[1]信息流通在网络内具有高度流通性和共享性,[2]而且强关系网络更有利于高度专业复杂性的信息和知识传播,[3]使暂时的信息不对称也会得到及时的解决,主持人与起草者之间的专业信息和知识大体保持一种对称状况,也就不会产生起草者隐藏信息和隐藏行为而带来的逆向选择和道德风险等问题。

第二,强关系人方案使合作所必需的基本信任能在无需经济投入的情形下较易建立起来。由于强关系,主持人对起草者个人性信息,包括以往的一贯表现品行、工作勤勉程度、情感生活状况、家庭状况、经济状况、思想状况、专业研究能力及其基本看法等有关民法典起草的信息都较为熟悉;由于强关系,主持人与起草者之间在专业知识等方面易形成一致性,社会行为方面更趋于同质性和相似性。因此,在主持人与起草者之间容易形成基于人格和相似性的信任,无需采用即刻需要一定成本的基于制度的信任方式,利用其成本与收益之间存在的时间差,使合作所必需的基本信任能在无需经济投入情形下较易建立起来。

第三,强关系人方案形成的隐性激励机制,可以弥补零成本立法政策带来的显性激励机制难以运转的弊端,使起草者能在近期无收益情形下努力工作。"隐性激励又称为'信誉机制',它是行为主体基于维持长期合作关系的考虑而放弃眼前利益的行为,对'偷懒'的惩罚不是来自合同规定或法律制裁,而是未来合作机会的中断。隐性激励发挥作用的前提是,博弈必须是重复的。"[4]强关系之所以成为强关系,就是行为人之间多重博弈的结果,因

---

[1] 【美】罗纳德·伯特:《结构洞——竞争的社会结构》,任敏 等译,格致出版社、上海人民出版社,2008年,第27页。

[2] 张维迎:《信息、信任与法律》,三联书店,2003年,第210页。

[3] 【美】马汀·奇达夫,蔡文彬:《社会网络与组织》,王凤彬 等译,中国人民大学出版社,2007年,第70页。

[4] 张维迎:《信息、信任与法律》,三联书店,2003年,第87页。

此,强关系的存在为当事人之间建立隐性激励机制提供了前提。起草者为了维持以后长期的合作关系,放弃眼前利益的诱惑成了其最佳选择,为零成本立法政策而造成的无收益的法律起草行为提供了可能。

第四,强关系人方案能大大降低合作成本。强关系使合作所需的基本信任容易建立起来,书面合同成为多余,为签订合作合同而进行的谈判过程也成为多余;即使需要,其条款和谈判过程也可大大简化,可以大大地节省合作成本。其次,由于强关系是多次博弈的结果,可以大大降低其监督成本。再次,强关系带来的多重博弈,使风险控制难度降低,风险系数下降,为降低民法典起草的风险成本提供了保障。另外,强关系还可以降低纠纷成本。当主持人与起草者存在一定意见分歧时,强关系可通过他们之间关系的多维性、多重性,将这些分歧在内部及时化解,无需第三者如法院的介入,可以大大降低纠纷成本。

总之,受零成本立法政策约束,主持人不得不选择强关系人方案,不可能采用陌生人方案,导致了群内网络的形成及其群内结构洞的缺失。

七、零成本立法政策对立法者及其群间网络的作用

上述零成本立法政策对主持人及其群内网络的约束,同样适用于立法者及其群间网络:

第一,民法典零成本立法政策约束了立法者选择主持人的范围。受民法典零成本立法政策的限制,立法者选择主持人的范围,只能局限于空间距离与自己较近的北京地区,以减少因空间距离较远带来的无法承担的立法成本;[1]也只能局限于社会关系距离与自己较小的强关系人——如民法典起草小组的内部成员——以便最大限度地减少因社会关系距离较大而给自己带来的无法承受的合作成本、风险成本、监督成本、纠纷解决成本等立法成本,以及信息不对称及其逆向选择、道德风险、信任信誉和激励机制等问题;相反,对有利于民法典立法指导思想实现但成本较高的空间距离较远的非北京地区的社会关系距离较大的学者,只能可望而不可即。这样,立法者与主持人形成的立法网络(如图 5-1 中 M—L—W)就具有一定程度的地域性、封闭性、缺乏其代表性、民主性和开放性,形成了强关系人的群间网络及其初级

---

[1] 徐国栋:《认真地反思第四次民法典起草的组织方法》,《法律科学》,2003 年第 5 期。

群间结构洞的缺失。

第二，民法典零成本立法政策限制了立法者选择主持人的方式。受零成本立法政策约束，立法者不可能根据立法指导思想来确定选择主持人的方式，如利用经济学中的委托—代理模式，只能采取目前零成本或低成本的行政指令方式选择主持人，即将主持人选为民法典起草小组成员使之具有承担主持起草民法典的责任和义务，无法在立法者面前出于实现民法典立法指导思想而进行必要的"讨价还价"，剥夺了主持人作为专业代理人达成契约的"权利"。

第三，受民法典零成本立法政策约束，立法者不可能采取成本较高的通过形成有效的显性激励机制来推动主持人的民法典起草工作，只能选择零成本或低成本的隐性激励机制即内部自律或追求法治和科学的奉献精神来推动民法典的起草工作。

民法典零成本立法政策除了上述与主持人及其群内网络相似的对立法者及其群间网络的影响外，还可能对立法者具有不同于主持人及其群内网络的特殊影响，扭曲了立法者作为民法典的设计者和管理者的功能。

不论是形式意义上的立法者，还是实质意义上的立法者如人大法工委民法室及其成员，对未来民法典，包括从实质内容到体现形式、从立法指导思想到思想得以贯彻的技术手段、从篇章结构到语言表达等方面，都应有自己明确而清晰的设计，并将其准确地传达给专业代理人，作为立法者最后评判民法典优劣的标准。履行这些功能，就是立法者作为民法典设计者的功能。但由于受零成本立法政策约束，立法者在与专业代理人达成的民法典制定"契约"中，不可能对其专业代理人提出这些明确而具体的立法要求，失去了有关民法典制定的"谈判能力"；即使提出了，因缺乏相应的必要物质条件保障而无法得以实现。为此，立法者不得不像现在那样直接参与民法典的具体制定和实质性审查，在"学者建议稿"基础上提出"室内稿"，从一个民法典设计者和裁判者"沦落"为单纯的执行者和运动员，扭曲了立法者作为民法典设计者的功能，最终影响了民法典的立法质量。

立法者还应具有根据自己对民法典的设计，履行其民法典立法管理者的功能，以保证自己的立法设计最终得以实现。如要想制定一部与中国国情紧密结合的民法典，立法者在选择主持人和起草者时，既要注意对法律规范人的选择，也要注意对法律社会人的选择；要制定一部兼采大陆法系和英美法系各自长处的民法典，就既要注意选择熟悉大陆法系的法律专家，也要选择熟悉英美法系的法律专家。

但由于受零成本立法政策约束,立法者在立法管理范围上,既无法根据民法典立法指导思想来选择主持人并实施有效的立法管理,如主持人之间要具有异质性和弱关系及其丰富的初级结构洞,至少不能像现在那样存在凝聚力冗余和结构等位冗余,以最大限度地提高群间网络的有效规模和效率,保障自己处于获取信息利益和控制利益的有利的网络位置;也无法前推至具体起草者范围内进行立法管理,根据民法典立法指导思想对主持人选择具体起草者实施必要的立法管理和干预,制造更多的次级结构洞,避免出现目前群内网络的凝聚力冗余和结构等位冗余,以最大限度地提高自己的信息利益和控制利益以及结构自主性。由于受零成本立法政策约束,立法者在立法管理机制上,只能采取工程承包中的整体打包式——实质是"甩包"——管理方式,[1] 无法根据立法指导思想选择科学的立法管理方式,如经济学中的委托—代理模式与社会学中的结构洞原理,也无法控制、减少甚至消除主持人与起草者之间发生的很可能影响民法典立法质量的层层转包现象。为此,立法者不得不直接参与民法典的具体起草,在"学者建议稿"基础上提出"室内稿",从一个民法典立法管理者"沦落"为执行者,扭曲了立法者作为民法典立法管理者的功能,最终影响了民法典的立法质量。

总之,受零成本立法政策约束,立法者与主持人一样,不得不选择强关系人方案,不可能根据立法指导思想选择陌生人方案,形成了群间网络及其初级群间结构洞的缺失;作为民法典设计者和管理者的立法者也不得不变为具体执行者,既缺乏对群间网络的立法设计和管理,也缺乏对群内网络的立法设计和管理,也使整个民法典立法网络既缺乏初级群间结构洞,也缺乏次级群内结构洞(如图 5-1)。

八、民法典法律洞的主要制度性影响及其立法跨越

(一)民法典法律洞的主要制度性影响

第一,民法典法律洞会影响到立法论证的过程,使起草者趋向于简化甚至缺乏立法论证过程,不可能进行充分而具体的立法论证。由于民法典法律洞的存在,因此,不论是在"王稿"还是"梁稿"中,许多法律条文都缺乏必要的

---

[1] 徐国栋:《认真地反思第四次民法典起草的组织方法》,《法律科学》,2003 年第 5 期。

立法理由或立法根据方面的论证；也因此，还有许多法律条文在立法理由或立法根据方面，只是立法例等法制信息的简单堆砌，缺乏结合中国社会具体情形的论证；也因此，即使是有些法律条文有所论证，也较为浅显，大多停留在规范层面，从规范到规范，或者利用法学的教义性，将这些必要的论证过程意识形态化、大词化，无法深入中国社会进行细致、具体而充分的论证。也许正是这个原因，中国当代立法大多采取"无立法理由"的立法形式。在这个意义上，"梁稿"和"王稿"采取"附立法理由"的立法形式，是中国当代民法典向科学化和民主化迈出的艰难一步。

第二，即使有所论证，由于法律洞的存在，立法论证和立法目标仍只停留在合法律性层面，无法推进到合法性层面。"从统治客体的角度看，合法性意味着被统治者基于某种价值、信念而认可、支持某种政治统治，将其视为'正当'或'应当'的。"[1]换言之，中国当代民法典要想获得合法性，为承担者中国社会民众所认可、接受，必须考察中国民众对它的态度和动机。相反，"合法律性是不问法律承受者的态度和动机的"[2]。由于法律洞的存在即中国自身信息的缺失，立法者无法知道中国社会民众对民法典的态度和动机，无法知道民法典是否"合中国社会之身、合中国人之体"，无法展开"合身"的论证，也不可能达到"合身"的立法目标，推进到合法性层面；[3]立法者只能抽象地论证法制服装的"漂亮"问题——是德国牌的民法典"漂亮"还是法国牌、瑞士牌、日本牌……的"漂亮"，局限于合法律性层面的论证，只能追求法律规范之间的自洽性和合法律性，这种情形大量存在于"梁稿"和"王稿"中。也许正是这个原因，"160多年来的'变法'，不过是在'制定法'的层面上改来改去，照搬照抄一些书面上的规则，而忽视具体制度下的行为博弈。这样的变法是非常昂贵的试验，甚至可能是'换汤不换药'的'改标签游戏'"[4]；中国近代以来的法治只是停留在"变法"层面。[5]可见，中国立法并没有解决像西方立法那样应解决的合法性问题，必然给我国法律运行带来广泛而深远的

---

[1] 张星久：《论合法性研究的依据、学术价值及其存在的问题》，《法学评论》，2000年第3期。
[2] 【德】哈贝马斯：《在事实与规范之间》，童世骏 译，三联书店，2003年，第40页。
[3] 也不是说立法完全没有合法性，如在理论上，我国要建立的是市场经济，因此，移植西方有关市场经济的法律有其合法性，即具有观念上或大词意义上的合法性。但这种合法性没有与中国社会具体情形结合，不能直接转换为司法或执法能够立即操作的技术上的合法性。本章持后一种意义。
[4] 张维迎：《信息、信任与法律》，三联书店，2003年，第250页。
[5] 苏力：《变法，法治及本土资源》，《中外法学》，1995年第5期。

制度性影响。

第三，为了跨越民法典法律洞，受制度环境的制约，中国社会往往会在有关法律出台后，围绕这些法律条文形成一个法律解释群或地方性法律群，以便使立法更适合中国国情。如由立法机关结合法律实践中出现的具体问题，有针对性地出台相应的立法解释；由司法机关针对立法中立法者缺乏对司法中一些具体情形的考量或者陌生于司法的情形，有针对性地出台相应的司法解释；由行政机关针对立法中立法者由于立法信息的结构性缺陷而陌生于执法，缺乏对行政执法中具体情形的考量，有针对性地出台相应的行政解释；由法律直接授权有一定立法权的地方性立法机关或政府及其部门针对立法者对中国各地方性因素缺乏综合而具体的考量和权衡的情形，有针对性地制定一些地方性实施办法等地方性法规或规章。这些围绕某个法律条文形成的法律解释群或地方性法律群，往往是基本法律条文数的数倍甚至数十倍，使整个立法呈现法律解释"即准法律秩序肥大化"。[1]

第四，法律洞的存在还会使民法典的社会运行在整体上呈现出"硬法软行"的格局。[2] 由于民法典法律洞的存在，民法典（或法官）在司法中的结构自主性较低，特别是民法典司法适用的对象是关系密切群体时，其结构自主性更低，民法典司法适用的阻力更大，不得不软化民法典的司法适用。[3] 由于法律洞的存在和立法提供给司法的合法性资源有限，法院不得不解决立法本应解决而没有解决的合法性问题，不得不改变自己解决纠纷的方式，软化法律实施，使司法和执法柔性化，广泛运用调解来制度化地解决中国法院的制度困境——合法律性与合法性的紧张和冲突——以便填补民法典法律洞。[4] 由于法律洞的存在和结构自主性较低，民法典自身"求生存"的能力较低，[5]出现规避法律的情形，更容易被其他制度——如习惯、道德、经济规

---

[1] 季卫东：《法治秩序的建构》，中国政法大学出版社，1999年，第66页。
[2] 张洪涛：《从"以礼入法"看中国古代习惯法的制度命运》，《法商研究》，2010年第6期。
[3] 张洪涛：《法律洞的司法跨越》，《社会学研究》，2011年第6期。
[4] 张洪涛：《中国法院压力之消解》，《法学家》，2014年第1期。
[5] 一般化的论述，参见【美】罗纳德·伯特：《结构洞——竞争的社会结构》，任敏 等译，格致出版社、上海人民出版社，2008年，第202—232页。

律、政策等——所取代,使民法典空洞化。[1]

(二)民法典法律洞的立法跨越

第一,要改变我国目前民法典零成本立法政策,加大其科学投入。这是民法典法律洞立法跨越的前提,也是世界发展的共同趋势。如美国路易斯安那州在1806年制定民法典时,即使当时经济状况不佳,也要分5年给予二位起草者4 000美元的巨款;瑞士民法典制定时,在1902年给予起草者欧根·胡贝尔很高的精神待遇;波多黎各1997年制定民法典时,用立法方式第一年拨款50万美元,第二年又增加到77.5万美元,专用于民法典制定;[2]即使法治非常成熟的国家,也非常注重立法的投入,如在1995年的美国,整个法院的总开销约150亿美元,其中50多亿美元用在立法和起草法律上。[3]我国作为人口与地域大国,国情独特而复杂,零成本立法政策显然与国际惯例不符;按照中国民法典制定的难度,起草者要想制定一部高质量的民法典需要巨大的投入甚至几代人毕生的投入,零成本立法政策显然无法满足。

第二,要注意立法投入的科学性,建立需求导向型的法学创新和投资体制。这是克服信息结构性缺陷的体制和机制保障。

首先,在法学研究资源配置方式上,要实现由"学科导向型"计划方式到"需求导向型"市场方式的转变。"学科导向型"创新体制是根据供给方学科理论建设需要按照计划来配置、组织法学研究资源,具有行政化与计划经济的特征,易造成法学研究与法治实践、法学内外各学科之间的壁垒和脱节,以及法学创新市场的分散、分割和学科化,法学研究成果在学术圈"内卷"。"需求导向型"创新体制是根据需求方法治建设实践需要由市场来配置、组织法学研究资源,可将有限的法学研究资源引导到中国法治实践最需要的地方,如中国当代立法急需来自中国社会的自身信息,通过市场机制的引导就可以将有限的法学研究资源引导到这个方面。法学学术创新市场的高度专业性、

---

[1] 张洪涛:《社会学视野中的法律与习惯》,《民间法》(第二卷),山东人民出版社,2003年;张洪涛:《国家法难行之源:国家主义抑或人本主义》,《政法论丛》,2009年第5期;苏力:《法律规避和法律多元》、《再论法律规避》,载《法治及其本土资源》,中国政法大学出版社,1996年;邢会强:《政策增长与法律空洞化——以经济法为例的考察》,《法制与社会发展》,2012年第3期。

[2] 徐国栋:《认真地反思第四次民法典起草的组织方法》,《法律科学》,2003年第5期;《认真地为民法典起草者请求国士待遇》,载《认真地对待民法典》,中国人民大学出版社,2004年。

[3] 宋冰:《程序、正义与现代化》(编),中国政法大学出版社,1998年,第297页。

法学信息的复杂多样性等特征，决定了在资源配置方式上需要实现由计划向市场的转变。

其次，在法学研究投资体制上，要实现由"学科导向型"投资体制到"需求导向型"投资体制的转变。"学科导向型"投资体制的投资范围（即课题指南或课题来源）和投资额度（即课题经费）基本上是由供给方和行政管理部门根据各学科理论建设需要来提供和编制，具有学科化特征，易带来重复投资、投资效率不高、不协调、不配套等弊端。"需求导向型"项目投资体制是根据需求方法治建设实践需要来决定投资范围和额度，投资范围或课题来源主要由有关立法、司法、行政等部门和社会团体提供和发现，投资额度主要根据研究课题的难易程度、课题研究技术手段等研究需要来确定。如根据民法典学者建议稿制定的需要，需要加强对有关来自英美法系的法制信息和来自中国社会自身信息的投入，而且后者的投资额度要高于对法制信息的投入。为了建立一种科学而合理的法学研究投资体制，投资体制需要实现由"学科导向型"向"需求导向型"的转变。

再次，在法学研究的组织运作模式上，要实现由"学科导向型"组织运作模式到"需求导向型"组织运作模式的转变。"学科导向型"组织运作模式是按照学科界限标准选择课题负责人和课题组成员开展项目研究，具有学科化特征，不利于学科之间的交叉、融合和研究问题的深入。"需求导向型"组织运作模式是根据研究问题需要来选择课题负责人和课题组成员开展项目研究，有利于学科之间的交叉、融合和研究问题的深入拓展。如在制定民法典学者建议稿时，要适当选取一些从事中国社会自身的描述性、事实性研究的学者参与民法典学者建议稿的制定。为了提高法学研究质量，其组织运作模式需要实现由"学科导向型"向"需求导向型"的转变。

最后，在法学研究的评价机制上，要实现由"学科导向型"评价机制到"需求导向型"评价机制的转变。"学科导向型"评价机制是根据供给方的学科理论研究和建设标准进行立项审批和结题验收，具有学科化特征，存在评价标准不客观、裁判员与运动员合一等弊端。"需求导向型"评价机制是根据能否有效地解决需求方中国法治实践具体问题作为评价的唯一标准，遵循谁设计谁批准立项谁验收谁负责以及裁判员与运动员分离的原则。为了建立科学而客观的评价机制，法学研究评价机制需实现由"学科导向型"向"需求导向型"的转变。

第三，必须加强立法设计和管理，改变目前立法者既当运动员又当裁判员的功能不分的格局,强化立法者作为民法典的设计者和管理者的裁判员功能,弱化其直接参与民法典制定的运动员功能。这是民法典法律洞立法跨越的核心。由于民法典制定的技术性较强,世界各国制定民法典时一般将其委托给法律专家。但这并不意味立法者对民法典制定不管不问,在弱化其运动员功能时,要强化其裁判员功能,加强设计和管理。立法者作为民法典的设计者,应明确未来民法典的蓝图,并将其作为立法管理的灵魂和评判民法典优劣的最终标准。在立法管理上,要变目前事后被动审查为事前主动管理,将立法管理前推至民法典起草的整个过程,包括规划设计、主持人和起草者的搭配与筛选、条文的信息结构及其立法论证、民法典是整体审议还是分条审议,等等;其次要变目前承包式立法管理机制为科学的立法管理机制,如运用信息经济学的委托—代理理论和社会网络理论进行立法管理机制的设计。

第四,要减少甚至消除立法网络中凝聚力冗余和结构等位冗余,优化民法典的立法网络,增加立法网络的结构洞,提高立法者在整个立法网络中的信息利益、控制利益和结构自主性。这是民法典法律洞立法跨越的关键。当立法者身边没有结构洞,而关系的另一端(如主持人、起草者)具有较多和较深结构洞时,立法者就处于获取信息利益和控制利益的有利的立法网络位置,具有较高的结构自主性。因此,提高立法者在整个立法网络中的信息利益、控制利益和结构自主性,就是增加主持人之间、起草者之间以及主持人与起草者之间的异质性,减少甚至消除他们之间存在的凝聚力冗余和结构等位冗余,构建一个由非重复关系人构成的立法网络,以便制造更多、更深的结构洞。申言之,首先要尽量增加关系人(如图5-1中A、a)的知识结构洞,选择那些既懂民法学知识又对中国社会较为了解的成员,做到每个起草者的一专多能;其次要尽量增加群内结构洞(如图5-1中"王网"和"梁网"),选择陌生人方案,以提高群内网络的有效规模和效率;最后要尽量增加群间结构洞(如图5-1中"M-L-W"网),增加主持人之间和群内网络之间的异质性,提高群间网络的有效规模和效率。这也是世界各国制定民法典时所具有的共性,如法国民法典、德国民法典、日本民法典、瑞士民法典等都很注意成员自身以及成员之间在知识结构、职业结构、学术流派、地域结构等方面的差异性和互补性的问题。

第六章

法律洞司法跨越之社会网络分析

一、材料、问题与视角

作为本章研究具体材料的是发生在中国社会的一个司空见惯的并已有许多学者研究过的"依法收贷案"。[1] 笔者从本章研究需要的角度，依据个案审理过程、学者们后续补充调查以及研究成果"整合改编"如下：

本案发生在陕北北部的沙河镇。沙河镇坐落在黄河支流无定河畔，河北岸是一望无际的沙漠，河南岸是由东向西贯穿陕北的一条公路干线，这条公路穿过沙河镇。该案被告老王 W 就住在河北岸离镇上大约 30 多华里地处沙漠腹地的村庄。他大约 10 年前向原告镇信用社 B 贷款 200 元，期限 3 个月，到期后原告多次催要无果。1996 年，在地区和县政府有关部门"依法收贷"的促动下，信用社新上任的法定代表人白主任代表原告向沙河镇人民法庭提出诉讼请求。人民法庭高庭长 G 出于对政府工作的配合、支持和履行法

---

[1] 有关此案及背景材料，以及分析和研究，参看以下文章：郑戈：《规范、秩序与传统》，载王铭铭、王斯福：《乡土社会的秩序、公正与权威》，中国政法大学出版社，1997 年。强世功：《法律是如何实践的：一起乡村民事调解案的分析》；《"法律不入之地"的民事调解：一起"依法收贷"案的再分析》；苏力：《为什么"送法下乡"？》；赵晓力：《关系/事件、行动策略和法律叙事：对一起"依法收贷案"的分析》；均集于强世功：《调解、法制与现代性：中国调解制度研究》，中国法制出版社，2001 年。张洪涛：《国家法难行之源：国家主义抑或人本主义——从"依法收贷案"切入》，《政法论丛》，2009 年第 5 期。后面不另加注释。

律职责以及其他考虑,在 1996 年 11 月 18 日带着原告和原告请来帮忙的营业所主任 A 以及派出所民警前往老王家,并租用一辆小面包车,"以壮声势";调查者三人碰巧得以随行。快到老王家时,高庭长出于"你村上跟上个人"的考虑,想请村支书 S 帮忙。我们的到来,尤其是汽车惊动了村支书,还没等我们走过去,他就主动迎了过来,带着我们去老王家。我们进院子时,一只小狗挡在门前不停地叫,还没等主人出来,村支书将狗拉着拴到一边。不料,老王外出放羊,村支书就去找借贷人。原籍陕北的调查者之一心存疑问:村支书是否会通知被告躲起来。不一会,被告回来了,请诸位上炕就座,直接在"炕上开庭":

首先,营业所和信用社声称被告还有营业所一笔款没还,被告说还了,只是将证据丢了,但有人证。高庭长不再过问此"案",而是追问信用社那笔款为何不还。被告通过转换不同角色(如被告、主人、"私人"等),以认错、无钱、没空、社会舆论等道德的、客观的理由加以推脱、抵赖和求情。原告和营业所主任也通过转换不同角色(原告、客人、"公家人"等),从道德角度阐述"兴师动众"地"依法收贷"的"合法性"——"现在这个样子是你逼的",特别强调这次与以前不同在于其"合法律性"——"依法收贷"。法庭庭长也通过转换不同角色(原告、客人、法官、朋友等),从道德和法律角度,运用人情面子机制和法律机制,对被告的理由进行反驳和批评,一再声称这次是"依法收贷",借贷人应交纳本金 200 元加上 10 年利息共 700 多元,再加上这次下乡的交通费和诉讼费各 200 元。村支书也运用类似方式说合,批评借贷人借钱不还,随后在未同庭长商量情况下,自作主张地要求借贷人及时还上本息,诉讼费和交通费就免了,由他"顶这个人情"。对此,庭长并没反对,反倒说这是调解的办法,否则就依法审判,该罚就罚,现在这样是为借贷人着想。

这一"开庭"最后通过所有参与人采取一种模糊的策略——语言(法律的与非法律的)的模糊、角色和身份的转换、规则(国家法与习惯法)及其运作机制(显性的法律激励机制与隐性的声誉激励机制)的切换、论述进路(道德与法律)的变换、法律审理场景(炕上、法庭)的变化、法律审理方式(审判与调解)的交替——及其体现的主体间性精神或中庸精神或沟通理性(如将心比心、换位思考)而不是工具理性,基本得到了令所有人满意的解决:原告收到了多年未收到的欠款;被告还了款,但"打了折",获得了"口惠";法官尽管没有完全"依法收贷",但完成了政府交给的政治任务,赚到了社会资本;村支书露了脸,也收获了非物质性利益和社会资本。

从审理过程看,本案尽管宏观上存在着国家权力在乡土社会松弱的情形,[1]但国家权力介入的广度和深度相对于一般案件而言,并不"显得"松弱:作为政治任务有政府积极介入,得到了法院、公安、当事人(如原告法定代表人的新官上任三把火)等国家机构的积极配合,甚至还包括"舆论介入"(如社会调查者),可以说"集中了优势兵力"。此案应是充分展示国家力量强大,严格适用法律,采取审判方式的地方,但"硬法软行",[2]即法律规定非常明确、清晰而司法呈现出模糊的不确定的柔性状态。因此,本案对笔者研究的问题很具典型性和代表性。在此,笔者追问的就是:这些在立法阶段没有融进国家制定法的中国因素(包括习惯法、人情、面子等因素)为何在司法阶段进入了法律中?以何种方式进入的?立法者制定的没有中国因素的明确的法律即"硬法"为何要模糊即"软行"?"硬法"为何能"软行"?这些微观的角色的转换、宏观的规则及其运作机制的变换与中观的法律审理方式的切换之间是否有内在的必然联系?申言之,法官为何需要村支书的协助?国家制定法及其运作机制为何借助于习惯法及其运作机制?便捷的审判为何转换成复杂的调解?三者之间是否有内在的必然联系?

本章试图运用社会网络分析方法,从结构洞理论角度,对这些问题提出一些在笔者看来更深入、更具说服力和更有意义的新的解释,以求教于学界同仁。这种解释与以前的解释尤其是关系\事件角度不同,借用伯特关于结构洞理论与弱关系理论的区别的归纳的话就是:"第一,该现象中因果关系的动因不是关系的强度而是有一定跨度的结构洞。关系强弱是相关关系,而不是因果关系。结构洞理论直接抓住了因果关系的动因,因此为理论提供了更坚实的基础,为经验研究提供了更清楚的指导。第二,弱关系理论削弱了结构洞的控制利益。结构洞的控制利益有时比它带来的信息利益更重要。将这两种利益都整合起来的理论能更清楚地说明所研究对象的一般性。"[3]第三,它还是一种能将宏观与微观统合起来的中观视角或"中间层次",[4]有效避免了宏观视角"过度社会化观点"(格兰诺维特语)的不足,将法律运行单纯

---

[1] 苏力:《为什么"送法下乡"?》,《社会学研究》,1998年第5期。

[2] 张洪涛:《从"以礼入法"看中国古代习惯法的制度命运》,《法商研究》,2010年第6期。

[3] 【美】罗纳德·伯特:《结构洞——竞争的社会结构》,任敏 等译,格致出版社、上海人民出版社,2008年,第28页。

[4] 周雪光:《组织社会学十讲》,社会科学文献出版社,2003年,第155页。

看作国家权力和社会环境作用的结果,作一种国家主义或客观主义的解释;[1]同时又能有效克服微观视角"低度社会化观点"(格兰诺维特语)的弊端,将法律运行只看作理性经济人的利益博弈过程,作单纯个人主义的解释。[2] "这种解释意在绕开玩家特质和行为结果之间的虚假相关,来揭示导致这种结果暗含的社会结构因素……使结构洞理论成为沟通微观—宏观分析层次的有力的概念工具。"[3]

当然,本章的研究并不局限于对本案的解释,其现实关怀是为我国目前关系密切群体法律治理提供一些有意义的启发和借鉴,其理论追求在于为我国法学研究提供一种新的理论视野和研究方法,为今后更加坚实的经验研究尤其是定量研究提供明确的努力方向。

二、法律洞在司法领域的延伸:司法洞

本案是一个非常典型的法律洞在司法领域延伸的个案。法律洞是指中国当代立法中由于缺乏中国社会自身因素或信息的考量,大量充斥西方法制因素或信息,使中国法律网络在整体上呈现出一种结构性缺陷,好像法律网络上出现了洞穴,即法律结构洞,简称法律洞。[4]当法律运行到司法阶段时,这种在立法阶段存在的法律洞就会演变成"司法洞",即法律适用对象如本案村民与法官之间出现了联结微弱或关系间断的情形。

上述个案中有哪些可能因素阻止村民去接近法官(法律),使村民与法官(法律)的联结较弱或出现了关系间断的现象呢?

第一个最基本的可能因素是村民的社会生活环境和内容。作为本案发

---

[1] 参见:苏力:《为什么"送法下乡"?》,《社会学研究》,1998年第5期;张洪涛:《法律运行观之比较研究》,《中国法学文档》第5辑,知识产权出版社,2007年。

[2] 张洪涛:《法律运行观之比较研究》,《中国法学文档》第5辑,知识产权出版社,2007年。

[3] [美]罗纳德·伯特:《结构洞——竞争的社会结构》,任敏 等译,格致出版社、上海人民出版社,2008年,第200页。"玩家"(player)是指竞争中的个人和组织。这种称呼更符合作者在竞争环境中的真实感受。"玩家"中性的表述是"行动者"(actor)。

[4] 结构洞广泛存在于政治、经济和社会领域。笔者受社会学中结构洞的启发,将法律领域中的结构洞简称法律洞。关于我国当代立法中法律洞的专门研究,笔者将从三个层面另行撰文。法律洞与法律漏洞最主要的区别是其结构性,前者是结构性缺失,后者不是。如以司法中法律推理为例,法律推理:大前提+小前提=结论,但这里的小前提出现了缺失,而不是法律漏洞中出现的对小前提考虑不周或不当等问题。

生地的沙河镇,贫瘠的土地、恶劣的气候和落后的交通造成了其经济上的贫困和文化上的落后;由于处于政治、经济和文化的边缘,其也就成了一块"法律不入之地"。近代以来随着国家政权的进入,法律触角已伸入这里,80年代中期设立了派出法庭,但审理的主要案件无非集中在婚姻、债务、相邻关系纠纷和打架斗殴导致的人身损害赔偿等方面,可以说由处于政治、经济和文化中心的立法者制定的国家法的大部分内容与它的联系非常微弱,甚至出现了间断。

作为本案被告村民老王,则处于边缘的边缘,成了"法律不入之地"的"法律不入之人"。他居住在地处沙漠腹地的村庄,住在沙坡上四孔孤零零的旧窑洞里,门前是点缀着灌木的沙坡,院子里也堆积着沙土,主要是种地、放羊,偶尔也赶赶集市、贩猪贩羊,是个实实在在靠刨地为生的人,"老根是不常动的"。这种"不流动是从人和空间的关系上说的,从人与人在空间的排列关系上说就是孤立和隔膜。孤立和隔膜并不是以个人为单位的,而是以住在一处的集团为单位的"[1]。这种集团的生活网络大致是一个半径为30公里的区域。[2] 在这个有限的交往范围内,人与人之间面对面的互动非常密切,也是多维度的,形成的是熟人社会。[3] 用结构洞理论的话说就是人们之间的接触频率和情感亲密度较高,结成的是强关系群体。作为生活在这种强关系群体中的老王,由于经济贫困,不会有明确的"物权"概念,正如老王的话中之意所说的公款不能短下,私产能够短下,即使到别人田地摘几个瓜吃吃也不能算偷窃的事情。[4] 在这里几乎不会有区分动产和不动产的概念和必要,也没有遗产需要继承及其法律需要。由于关系紧密,这里产生隐私权的意识和概念的可能性较小,村支书因此可以不经村民同意就"私闯"民宅;由于关系紧密,"跑得了和尚跑不了庙",这里对担保法的需求也较弱,也不会产生调查者所担心的"躲债"问题,也不太需要产品质量法和消费者权益保护法。在这里,"我们大家是熟人,打个招呼就是了,还用得着多说么?"文字成为了多余的东西,对文字的需求也不强烈;在这里,"法律是无从发生的","这不是见外了么?"这里对合同尤其是书面合同和证据法的需求也较弱,"心想款还了,要

---

〔1〕 费孝通:《乡土中国 生育制度》,北京大学出版社,1998年,第8页。
〔2〕 参见【美】杜赞奇:《文化、权力与国家——1900—1942年的华北农村》,王福明 译,江苏人民出版社,1996年,特别是第10—27页。
〔3〕 苏力:《道路通向城市——转型中国的法治》,法律出版社,2004年,第6—14页。
〔4〕 严景耀:《中国的犯罪问题与社会变迁的关系》,吴桢 译,北京大学出版社,1986年,第70—71页。

那个做什么"。由于社会不流动或流动稀少,规则间发生时空冲突的可能性不大,几乎不存在对法律规范间冲突问题解决的需求,产生冲突法的可能性也不大。[1]总之,"只有触及法律的时候,他们(老百姓)才在法律的脉络里面出现,但在他们的日常生活中,他们实际上是居于法律之外的"。[2]

第二个可能的因素是村民固有的秩序,即习惯法及其运作机制。法律除了包括立法外,还包括社会内生出来的法律,因此,没有立法的法律并不意味着没有秩序。习惯法粗糙、不规范、不明确,有些甚至还是"未阐明的规则""原生态的规则""事实性规范或描述性的规则",也没有专门机构和人员来制定和实施,但并不意味着无效。这种规则与村民日常生活高度相关,为村民们共同"习"出来、平日反复"陶练"出来的,为村民所熟悉,"是从时间里、多方面、经常的接触中所发生的亲密的感觉。这感觉是无数次的小摩擦里陶练出来的结果……会得到从心所欲而不逾矩的自由"[3]。这种内部规则可以说身体化了村民身上不可分割的组成部分,社会化程度较高,不是谁想把它从身上剔除出去就能剔除出去的,也不是谁不想遵循就能不遵循的。[4]遵循这种自生自发的内部规则——借用哈耶克的观点——实现的是自己的目的,不像立法的法律那样去实现立法者的目的,是一种"自由的法律";用费孝通的话说就是"从俗即是从心。换句话说,社会和个人在这里通了家"。[5]遵循这种内部规则还会给人一种"学而时习之,不亦说乎"的愉悦和"采菊东篱下,悠然见南山"的悠闲自在,村民即使是个"老粗",也不会有接触法律时那种"理解不了"的生疏感,也不会有一提及"依法收贷"就有那种"呀,好你们了"的紧张感,也不会有一听到"依法收贷"就有那种"好神神了"的神秘感,以及由此而生的那种惶恐无奈状。正是这种规则的存在,非常有效地回应和满足了乡民们对规则生活和解决纠纷的正常需求,形成了"无需法律的秩序"和

---

[1] 关于乡土社会中的这种情形,详见:费孝通:《乡土中国 生育制度》,北京大学出版社,1998年;苏力:《道路通向城市——转型中国的法治》,法律出版社,2004年;梁治平:《乡土社会中的秩序和法律》,王铭铭、王斯福:《乡土社会的秩序、公正与权威》,中国政法大学出版社,1997年。

[2] 王铭铭、王斯福:《乡土社会的秩序、公正与权威》,中国政法大学出版社,1997年,第481页。

[3] 费孝通:《乡土中国 生育制度》,北京大学出版社,1998年,第10页。

[4] 张洪涛:《国家法难行之源:国家主义抑或人本主义——从"依法收贷案"切入》,《政法论丛》,2009年第5期。

[5] 费孝通:《乡土中国 生育制度》,北京大学出版社,1998年,第10页。

"习惯法共同体"。[1]"这种共同体不但以信息的共享为其特征,而且其成员基本上拥有同一种知识,受制于同一种生活逻辑……对他们来说,国家法律所代表的不但是另一种知识,而且,至少在许多场合,是一种异己的和难以理解的知识。"[2]因此,对他们而言,"立法的法律"是一种"外部规则"。

乡土社会的规则也有一套运行有效的激励机制。"人们生活在一个他们与之有强关系的人的组成的群体中。信息在这些群体中高速传播。每个人知道的,其他人多半都知道。"[3]因此,在这种群体内就不存在匿名社会所存在的信息不对称,以及由此而带来的"逆向选择""道德风险"等一系列信誉、信任问题。即使出现了有损信誉、信任的问题,由于人们的交往是多重而长期的博弈,甚至"终老是乡",由于实施社会惩罚便捷而有效,人们不敢"也丢不起这个人",故而有动力去维护关乎自己一生幸福的个人信誉及与之有关的面子,正如村民所言:"我也60多岁的人了,不准备丢这个人。"这样就容易形成一种除了基于个人的信任外的基于信誉的信任。这种"从熟悉得到的信任……其实最可靠没有了。"[4]由于这种信任,人们愿意进行一种基于互惠原则上的合作,乐于放一种跨越时空的"人情债";由于这种信任,书面合同成为多余,即使必要,其条款也可大大简化;由于这种信任,还可以大大节约解决纠纷的成本和监督成本,降低风险成本,有效保证了可执行性。

乡土社会这套隐性正激励机制之所以有效,还得益于一套有效的隐性负激励机制即社会惩罚机制。"法律可以简单地理解为由第三方(法院)执行的交易规则"[5],其惩罚来自以法院为代表的国家暴力机关,成本高且效果有限,而乡土社会的规则可以"被称为第一方执行的合约"[6],其惩罚来自当事人和社会组织,成本低且有效。由于信息传播较快,获取信息的成本较低,那些不守信的行为很快甚至是立即成为公共信息,形成强大的舆论力量,因此,在这里,最严厉的惩罚不一定是身体和物质上的,而是心灵和非物质的,如

---

[1] 张洪涛:《社会学视野中的法律与习惯》,《民间法》第2卷,山东人民出版社,2003年。
[2] 王铭铭、王斯福:《乡土社会的秩序、公正与权威》,中国政法大学出版社,1997年,第431页。
[3] 【美】罗纳德·伯特:《结构洞——竞争的社会结构》,任敏 等译,格致出版社、上海人民出版社,2008年,第27页。
[4] 费孝通:《乡土中国 生育制度》,北京大学出版社,1998年,第10页。
[5] 张维迎:《信息、信任与法律》,三联书店,2003年,第32页。
[6] 张维迎:《信息、信任与法律》,三联书店,2003年,第31页。

"议论人与疏远人"[1],"戳别人的脊梁骨""丢人"、使之失去"面子"等。这些弥散而有效的社会惩罚措施实施起来也非常便捷,甚至许多制裁如对不守合约人的白眼、嘲笑、排斥等之类的"自我制裁"和"个人自助"可由当事人直接实施,[2]无需由第三方如法院来保证。

与上述因素紧密联系的第三个可能的因素是村民源于自己长期生活经验积累而形成的对现代法律的传统化"误解"甚至"曲解"。由于习惯法及其观念强大,当国家制定法与之冲突时,法官并不坚守或论证正确的法律观念,批判甚至否定传统的错误观念,而是采取实用主义做法,"将错就错",以实现自己解决法律问题的目的。如本案村民存在着"公产"与"私产"在法律上区别对待的观念,还存在着中国传统的法律观念——"法即刑",这些显然与现代法律对人们权利与利益的平等保护理念背道而驰。对此,法官不但没有批评和纠正,而是"将计就计",以实现自己的目的。这样,客观上强化了人们脑海中残存的错误观念,阻碍了人们去接近并利用现代法律,使人们与现代法律渐行渐远,加强了村民与现代法律本来就存在的隔膜。

第四个可能的因素是与习惯法运作成本和效果相比,现代法律运作成本较高而效果较差。比较而言,由于受信息传播的限制和信息分布不对称的影响,易产生"逆向选择"和"道德风险"等问题,因此,"法律是由第三方(政府、法院)执行的激励机制的有效性,依赖于行为的可观测性和可验证性"[3]。这两个条件意味着法律的信息成本较高,以及随之而来的法律执行成本、诉讼成本、监督成本和风险成本甚至时间成本和心理成本都较高。法律这种"显性激励机制"作用有限,需隐性激励机制补充。但在中国社会目前存在"信任危机",声誉对人们行为作用有限,隐性激励机制难以正常发生作用,最终使法律运行成本在显性激励机制和隐性激励机制同时失灵的情形下更高,有时甚至会出现"法律白条"。

在我国,目前立法主要移植适用于陌生人社会和工商社会、为中国市场经济服务的西方形式法律的情形下,上述这些可能的本土的直接的或间接的中国因素显然不是立法者要着重考量并吸纳进立法中的因素,相反,更有可

---

[1] 【美】埃里克森:《无需法律的秩序——邻人如何解决纠纷》,苏力 译,中国政法大学出版社,2003年,第174页。

[2] 参见【美】埃里克森:《无需法律的秩序——邻人如何解决纠纷》,苏力 译,中国政法大学出版社,2003年,第149—165页。

[3] 张维迎:《信息、信任与法律》,三联书店,2003年,第196页。

能是立法者试图通过立法加以否定、改变甚至消除的中国因素。[1] 在这个意义上,上述司法阶段村民与法官(法律)存在隔膜、联结较弱和关系间断的情形,形成的国家提供的法律无法满足乡村社会的需要,而村民需要的法律无法得到制度化满足的"无法可依"局面,即司法洞,是立法缺乏中国因素而造成的法律洞在司法领域的延伸。

三、法律洞司法跨越的策略选择:退出、扩展还是嵌入

由上可以看出,由于国家制定法中没有有效融进中国因素如习惯法及其运作机制,国家制定法(图 6-1 中 L_1、L_2)与习惯法(图 6-1 中 C_3、C_4)出现了联结微弱或关系间断的情形,造成了法官 G 周边出现了法律洞[如图 6-1 中的"第五个玩家"(康芒斯语)]。而在关系的另一端法律适用对象老王 W_1 与其他村民如 W_2、W_3、W_4 形成了一个以村支书 S 为中心的关系密切群体 C_1,没有结构洞,因此,法官的结构自主性很低,处于非常不利的获取信息利益和控制利益的网络位置(如图 6-1)。[2] 为了改变这种非常不利的网络位置,提升法官的结构自主性,降低法官由结构洞的这种分布格局带来的约束,在理论上,法官可以选取以下三种策略。

第一,退出策略,即压缩自己的网络边界,放弃对村民及其关系密切群体的信息利益和控制利益,以避免这种来自关系密切群体的不愉快的约束。但这种放弃并不只是对村民老王的信息利益和控制利益的放弃,极有可能意味着对整个关系密切群体信息利益和控制利益的永久放弃,以后再想进入这个关系密切群体就比较困难了,或者需要投入更多的时间和精力。其次,退出策略意味着法院对政府 L_G 的承诺就会落空。由于政府属于政治权力和社会的中心,与各群体(如图 6-1 中的 L_A、L_B、C_1、C_2 等群体)有广泛而紧密的联系,且政府内部组织化程度较高,关系紧密,没有结构洞(如图 6-1 中 L_G 群体)。因此,政府对法院的约束最强,政府对法院提出的要求最难拒绝,法院

---

[1] 苏力:《当代中国法律中的习惯——一个制定法的透视》,《法学评论》,2001 年第 3 期。在此需说明的是,笔者并不是要将这些中国因素直接规定为具体的法律规则,更重要的是说我们在立法时要根据中国因素对移植西方的法律规则进行必要的修正、修改、变通,改变法律进入中国社会的方式,尽量减少法律与中国固有规则的不必要的正面冲突。

[2] 关于结构自主性一般理论的探讨,详见文末;也可参见:【美】罗纳德·伯特:《结构洞——竞争的社会结构》,任敏 等译,格致出版社、上海人民出版社,2008 年,尤其是第 9—51 页。

一般会尽量满足政府提出的要求,与政府建立良好关系,尤其是当法官(法律)周边存在结构洞时更是如此(如图6-1中第五个玩家),正如一位法官所言:"我们浠水法庭和浠水乡政府一贯保持优良传统,现在我们这个党委书记刚换,新来了一个书记,一如既往和我们的关系照样融洽,这是我们多年保持下来的好的作风";否则,"以后工作就彻底没法开展了"。[1] 再次,退出策略还意味着法官对履行自己的法律责任(如对此案的审理责任)的放弃。这既不是法律所能允许的,也不是本案的原告所能答应的,尤其是当原告及其所处群体是关系密切群体(如图6-1中的L_B群体)时,对法官的约束就更强。最后,退出策略还会侵蚀法官在其他关系中的可靠性,使法官的其他关系人无法确定法官还会结束掉哪些可能束缚他的关系,认为法官(法律)是个机会主义者,影响法官(法律)的权威和声誉。如法官一旦采取退出策略,就意味着无法兑现对其他群体如原告所处L_B的法律承诺,影响法官(法律)在群体L_B中的权威和声誉,侵蚀法官(法律)在以后的法律纠纷解决中的可靠性,使法官(法律)无法为人们的利益和行为提供明确的预期。这种负面影响还会通过L_B群体在社会中蔓延扩展开来,侵蚀、动摇其社会根基。总之,退出策略对本案法官不是一个好的策略选择,也不是一个现实的策略选择。

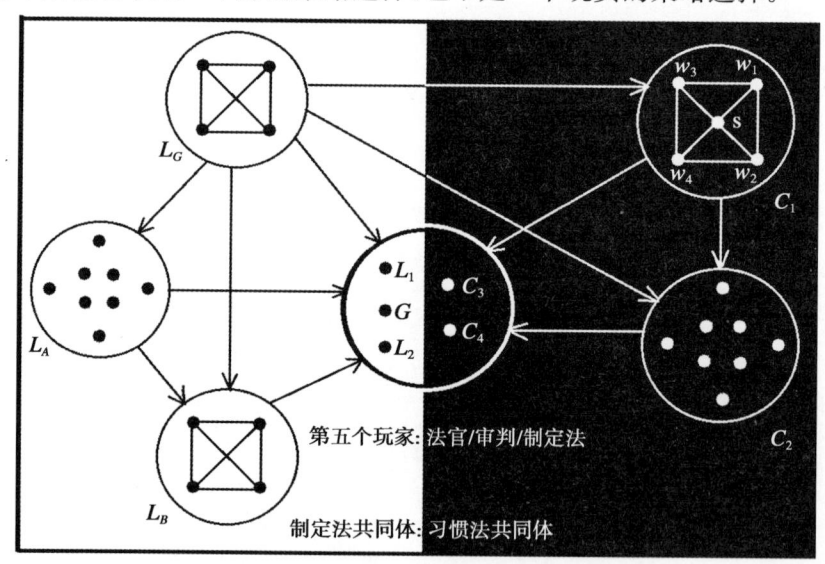

图6-1　嵌入策略前法官(法律)的结构自主性

---

〔1〕 强世功:《调解、法制与现代性:中国调解制度研究》,中国法制出版社,2001年,第467页。

第二,扩展策略,即扩展关系网络边界,在关系人老王 W_1 周围选择另外一个关系人如 W_2,通过加强与 W_2 的联系发展出一种新的关系,使新关系与老关系竞争,从而达到通过新关系控制老关系的目的。其实质就是在关系的另一端,即村民及其群体中,通过发展结构洞的办法来提高法官的结构自主性,最终达到控制村民的目的。这种策略实施的前提是村民老王 W_1 与 W_2 并没有联系,存在着结构洞。在本案中,这个条件实际上并不存在。如从村支书可以不经村民同意就可以"私闯"民宅,将原告、法官等外来者擅自带到村民家中,而村民并不是像陌生人社会中将大门紧锁,而是疏于防范,只是用一只狗看门,从这些细节中,我们可以推断出村民所生活的群体是一个关系高度密切群体;甚至从这只狗对熟人村支书和陌生人原告、法官等的不同反映——不叫(熟悉)与叫(不熟悉)——中,也可以印证上述推断。如果说村民对内部人疏于防范,那么,对外来者则非常谨慎和敏感,也非常封闭。因此,外来者法官、原告等不能随便进入,其进入缺乏合法性,需反复阐述进入的责任在对方——"现在这个样子是你逼的"。这个推断还可以从一些学者的相关研究中得到佐证。[1] 总之,W_1 与 W_2 同处于一个关系密切群体 C_1,他们之间没有结构洞(如图 6-1 所示)。因此,在这样的一个关系密切群体中发展另一种新关系的扩展策略,"你可能令新老关系彼此过于熟悉……他们很容易联合起来令你满足他们的共同需求"[2],使这种扩展策略以失败而告终。

第三,嵌入策略,即仍然保持引发制约的关系网络,但是将令人不快的制约嵌入到一个法官更能控制的新关系中,其实质是将纠纷置于一种更广泛的关系网络中,通过变换"第五个玩家",使第三方在一种新关系的约束下活动(如图 6-2)。这里的"第五个玩家",既可以是微观层面的纠纷(谈判)双方的特殊关系,[3] 如将法官—村民之间的双边的联结较弱或间断的关系,通过嵌入村支书将这种双边关系变为法官—村支书—村民之间的三边关系,使法官与村民之间存在的关系间断得以弥合,结构洞得以填补,提升法官的结构自

---

〔1〕 参见:费孝通:《乡土中国 生育制度》,北京大学出版社,1998 年;苏力:《道路通向城市——转型中国的法治》,法律出版社,2004 年;梁治平:《乡土社会中的秩序和法律》,王铭铭、王斯福:《乡土社会的秩序、公正与权威》,中国政法大学出版社,1997 年。

〔2〕【美】罗纳德·伯特:《结构洞——竞争的社会结构》,任敏 等译,格致出版社、上海人民出版社,2008 年,第 237 页。

〔3〕 Granovetter Mark S: *Economic action and social structure: the problem of embeddedness*. American Journal of Sociology, 1985:481—510.

主性,实现法律洞的司法跨越;也可以是宏观层面的纠纷双方关于纠纷解决规则的共同社会理解,[1]将原先不易为双方所接受的法律规则改变为易被双方所接受的新规则,将单纯的国家制定法(L_1、L_2)改造成与习惯法(C_3、C_4)实现了有机融合的新规则,填补由中国因素缺乏而造成的法律洞,提高法官(法律)的结构自主性,使法官(法律)成为一个结构自治者,实现法律洞的司法跨越;还可以是中观层面的社会组织的组织结构,如将我国实然的等级结构的审判通过置换为调解的方式,将一种同等结构和具有主体间性的组织结构嵌入到纠纷的解决中来,将缺乏结构洞的"目标引导的网络"嵌入到结构洞丰富的"偶得的网络"中,[2]以便为微观层面村支书的嵌入和宏观层面习惯法的嵌入提供制度和组织保障。

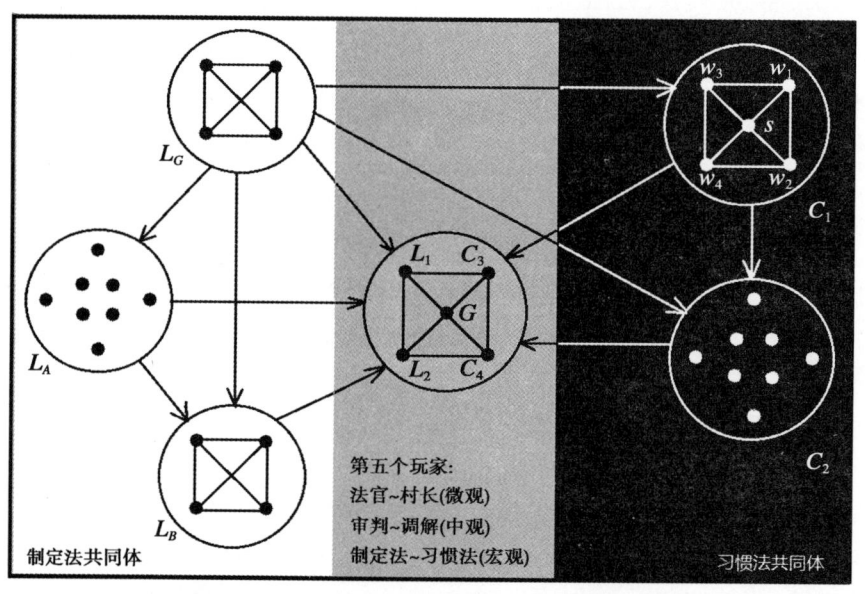

图6-2 嵌入策略后法官(法律)的结构自主性

与退出策略和扩展策略相比,"这种(嵌入——引者注)策略的优点,也就是它被广泛采用的原因在于,它不需要对现行的关系结构进行改变,不需要改变超过玩家自主控制能力的那些约束"[3],来达到降低其约束并提高其结

---

[1] 参见:【美】康芒斯:《资本主义的法律基础》,戴昕 译,华夏出版社,2009年。

[2] 【美】马汀·奇达夫,蔡文彬:《社会网络与组织》,王凤彬 等译,中国人民大学出版社,2007年,第99—127页。

[3] 【美】罗纳德·伯特:《结构洞——竞争的社会结构》,任敏 等译,格致出版社、上海人民出版社,2008年,第237页。

构自主性的目的。受法官周边存在法律洞而关系另一端的村民身边无结构洞的制约,嵌入策略是本案法官主要采取的策略,下面将分而论之。

四、法官微观层面的策略性嵌入：法官为何被村支书代替

法官实施嵌入策略在微观层面就是将村支书引入到纠纷的解决中来,将原先法官无法控制的法官与被告村民之间的双边的诉讼关系,嵌入到一种法官具有一定可控性的由法官—村支书—村民构成的多边关系之中,填补法官与村民之间由于中国当代立法中缺乏对中国因素,尤其是像村民所处的关系密切群体中的地方性因素的考虑而造成的法律洞,提高法官的结构自主性,最终使法官成为一个结构自治者。

为什么法官要将村支书嵌入其中而不是由自己独立完成呢？

第一,效率原则。法官受自身时间和精力以及机会成本的局限,要集中时间和精力维持和发展与非重复关系人的联系。"如果只增加网络规模而没有考虑到增加网络的多样性,网络就会在几个重要方面被弱化。增加网络规模,关键是要增加非重复性关系人的数量。当若干关系人都介绍给你同样的人,提供给你同样的信息,他们就会成为重复的关系人。"[1]在一个关系密切群体中,人们之间容易形成强关系,信息在这些群体中高速传播,他们之间容易形成重复的关系人。因此,法官高庭长无需也不可能与关系密切群体内的所有村民建立联系,但必须选择一些重要的或社会声誉较好的关系人(如村支书S)发展成为他整个社会关系网络的非重复关系人,以便解决国家制定法与习惯法、自己与村民之间因法律洞的存在而带来的进入这个关系密切群体的困难,最终使自己的信息利益和控制利益受损和受约束的问题。

第二,有效原则。法官受自身时间和精力以及机会成本的局限,要集中时间和精力维持和发展与初级关系人的联系。"维持整个网络并非需要与所有的联系人维持关系,而在于确立初级关系人。"[2]如本案中沙河镇法庭的高庭长,面对全镇那些关系紧密群体的自然村,要想在全镇所有村子中有自己的初级关系人以便使自己的信息利益和控制利益得到保证,受时间、精力

---

[1]【美】罗纳德·伯特：《结构洞——竞争的社会结构》,任敏 等译,格致出版社、上海人民出版社,2008年,第18页。

[2]【美】罗纳德·伯特：《结构洞——竞争的社会结构》,任敏 等译,格致出版社、上海人民出版社,2008年,第22页。

和机会成本的限制,不可能越过初级关系人(如村支书)直接与王家村的所有村民包括老王发展关系,更不可能越过初级关系人(如全镇所有的村支书)与全镇所有的村民建立直接的关系,使他们成为他在整个社会关系网络中的初级关系人,只能"集中维持与这些关键的初级关系人的联系,将原本与各个群体中的非关键人之间的直接关系弱化为通过关键的初级关系人的非直接联系"[1],只能将村民作为他整个关系网络中的次级关系人。另外,法官除了要与各农村社区初级关系人建立好关系外,还要与政府及其各部门以及金融单位等单位初级关系人搞好"外交"关系,以便"在其他条件一定的情况下,拥有一个巨大而多样化的网络能够最大限度地保证在有用信息传递的地方总有自己的联系人"[2],正如本案法官所言:"人际关系比较熟一点的,办案子好办。"

与效率原则关注的是通过初级关系人获得的平均人口数量、每个初级关系人产出的初级结构洞不同,有效原则关注的是通过所有初级关系人获得的所有人口数,整个网络总产出的初级结构洞,但两者的最终目的是利用较少的初级关系人来达到控制更多次级关系人,以最小的时间和精力投入获取最大化的信息利益和控制利益。

第三,以法官的身份进入村民所在的关系密切群体尽管在法律上具有正当性,但这种自上而下的"合法律性",并不天然地具有自下而上的"合法性",最终还需得到社会群体,尤其是像本案中那样的关系密切群体的承认。这就是原告、法官等外来者需要反复阐述其责任在对方——"现在这个样子是你逼的"——的原因,这实质上是法官缺乏"合法性"而不是"合法律性"的表现。法官不能"擅闯"这个"禁区",他面对的不是一个个体村民老王而是一个对法官(法律)存在本能拒斥的习惯共同体,面对的不是一个村民老王的反抗力量而是来自整个关系密切群体的集体反抗力量。[3]"缺乏合法性(由于是外来者或非传统身份的原因)的行动者,可能不得不转而从跨越结构洞的'资助人'那里获得社会资本,而不是试图自己作为架桥的中间人来传递信息和资

---

[1] 【美】罗纳德·伯特:《结构洞——竞争的社会结构》,任敏 等译,格致出版社、上海人民出版社,2008年,第21—22页。

[2] 【美】罗纳德·伯特:《结构洞——竞争的社会结构》,任敏 等译,格致出版社、上海人民出版社,2008年,第17页。

[3] 张洪涛:《社会学视野中的法律与习惯》,《民间法》第2卷,山东人民出版社,2003年。

源。"[1]因此,法官必须借助于村支书这个"中间人"及其社会资本。

当然,法官也可以利用其"合法律性"身份,越过村支书而直接进入这个关系密切群体,但那样做存在较高风险,"那些被认为是外来者的行动者或者来自非传统群体的行动者如果试图跨越结构洞,可能会因此而受到惩罚"[2],会遭到来自这个群体的反抗,甚至是来自村支书的有组织的或明或暗的不作为的或作为的反抗,即使这次借助于非常手段侥幸实现了暂时的司法跨越,但法官会面临着下次更加顽强、更加周密、更具组织化的反抗和刁难,甚至会造成法官对这个关系密切群体的信息利益和控制利益的永久放弃。

第四,相比上述法官存在的时间、精力和身份局限,村支书则是一个非常适合的人选。首先,村支书长期生活在这个关系密切群体中,是其中的一员,不存在时间与精力上的限制,也不存在身份的局限。其次,村支书还是这个关系密切群体中具有一定声望和社会地位的一员,有较高的"点入度中心性"[3],是整个关系密切群体中社会关系网络的中心(如图6-2)和"信息的集散地",是法官获取这个关系密切群体的有关信息的最好"库房"[4]。当法官与村民出现沟通障碍时,有村支书及时的疏通,村支书成为了"翻译者";当法官与村民存在信息不对称而陷入"囚徒困境"时,有村支书及时的信息传递,村支书成为了"信息桥"。再次,"一个提供信息利益的结构洞也衍生出控制利益"[5]。村支书既是整个关系密切群体的信息中心,又是其控制中心,同时又是国家权力进入乡村社会的最末端的行政管理者,是整个国家行政管理网络中的一个结点,是法官可以借助于政府这个中介而达到的目标及其目

---

[1] Burt R. S.: *The network structure of social capital*. Research in Organizational Behavior, 2000:345—423。

[2] Burt, R. S.: *The network structure of social capital*. Research in Organizational Behavior, 2000:345—423。

[3] "点入度中心性"指某个行动者在某一网络中被联结的数目。[美]马汀·奇达夫,蔡文彬:《社会网络与组织》,王凤彬 等译,中国人民大学出版社,2007年,第173页。

[4] 参见:苏力:《为什么"送法下乡"?》;强世功:《法律不入之地的民事调解———起"依法收贷案"的再分析》;强世功:《调解、法制与现代性:中国调解制度研究》,中国法制出版社,2001年。

[5] [美]罗纳德·伯特:《结构洞——竞争的社会结构》,任敏 等译,格致出版社、上海人民出版社,2008年,第47页。

标群体,[1]因此,法官借助于村支书不仅可以获取信息利益,更重要的是还可以获取控制利益。正是村支书的嵌入,使原先法官与村民之间显得僵硬、刚性、易断裂的双边的控制与被控制的关系,变成了法官—村支书—村民之间的有一定弹性的不易破裂的多边的控制与被控制的关系:当法官与村民的关系有"脱轨"倾向时,有村支书的修复,村支书成了"控制臂";当法官与村民的关系出现断裂时,有村支书及时的"粘合",村支书成了"双面胶"。

法官能通过村支书的嵌入来填补法官与村民之间的法律洞,获取信息利益和控制利益,村支书也可以利用这个法律洞来实现对法官的控制和约束。"当关系人身边的结构洞为玩家提供了信息利益和控制利益,关系人也可以培育玩家周围的结构洞以便为自己谋取利益。"[2]由于国家制定法与习惯法或者说法官与村民之间存在法律洞,法官附近应该说存在更多的结构洞(如图6-1中的第五个玩家),因此,村支书存在更多的第三方策略空间可利用;相反,村支书由于与村民处于同一关系密切群体,就此而言,村支书身边没有结构洞存在(如图6-1中的C_1群体),法官无第三方策略空间可利用。换言之,对处于关系一端的村支书而言,自己身边没有结构洞,而处于关系另一端的关系人法官却富有结构洞,因此,村支书就具有了更高程度的结构自治,处于获取信息利益和控制利益的最佳位置;相反,法官结构自主性较低甚至没有,处于获取信息利益和控制利益的不利位置。正因为如此,村支书能在不与法官商量的情形下,自作主张地为被告免掉诉讼费和交通费,由他"顶这个人情";而法官对此不但没有拒绝,而是予以认同:"这是调解的办法。"可见,正是法官和村支书周围汇集的结构洞分布的不同,决定了法官在解决纠纷中必将被村支书所取代,至少是形成"官绅共治"的局面。这就是结构洞的力量。

因此,村支书的嵌入不仅可以为法官提供信息利益和控制利益,而且也为村民提供了"庇护伞",使村民可以利用村支书来反制法官,缩短与法官的关系距离,获取信息利益和控制利益,有了抵赖和求情的空间,而不至于使自己一败涂地;也因此,村支书的嵌入还可以扩大法官与原告的关系距离,使之不会像嵌入之前那样完全站在原告的那一方(图6-1中白色区域),而是尽

---

[1] 强世功:《法律不入之地的民事调解——一起"依法收贷案"的再分析》;强世功:《调解、法制与现代性:中国调解制度研究》,中国法制出版社,2001年。

[2] 【美】罗纳德·伯特:《结构洞——竞争的社会结构》,任敏 等译,格致出版社、上海人民出版社,2008年,第44页。

量保持中立的态度,形成一片灰色的中间地带(如图 6-2 所示);最重要的是,村支书的嵌入为习惯法及其运作机制的嵌入和调解的嵌入提供了微观的、活的通道和载体,用村支书转述某人的话说就是:"你村上跟上个人,你们的人,说服啦,教育啦,给他帮个忙。"

五、法官宏观层面的策略性嵌入:制定法与习惯法的融合

从理论上说,提高法律结构自治,除了实现国家制定法与习惯法的有机融合,减少甚至消除法律自身存在的法律洞外,还可以通过在关系的另一端即法律治理目标群体(如村民所处的关系密切群体)内制造结构洞,以提高法律的结构自治。后者实际上就是我国目前学界惯常所说的对像村民所处的那种关系密切群体的改造,或随着现代化发展而使之陌生化,如将图中的 C_1 群体改造成 C_2 群体,将 L_B 群体发展成 L_A 群体。笔者在此暂且不谈从关系密切群体向陌生人群体的转变需多长时间的问题,[1]实际上,这种转变是否可欲本身就是一个值得怀疑的问题。像这种关系密切群体,不只是存在于中国"落后"的农村社会,也较为广泛地存在于中国现代化的都市社会;[2]不只是存在于中国的都市社会,也存在于西方发达国家的都市社会;[3]不只是存在于中国传统社会,也存在于资本主义市场经济最为发达国家的经济较为发达地区;[4]不只是存在于中国乡村一个较小的空间范围,也存在于西方发达国家的一个较大的空间范围。[5]这种关系密切群体中形成的习惯法不只是存在于较小范围的熟人社会,也可以在现代较大范围的陌生人社会中出现。[6]特别是随着现代社会的多元化、去中心化、多中心化和碎片化的不断发

---

[1] 苏力论述过这个问题,有兴趣的读者可参见:苏力:《道路通向城市——转型中国的法治》,法律出版社,2004 年,第 37 页。

[2] 苏力:《道路通向城市——转型中国的法治》,法律出版社,2004 年,第 37 页。

[3] 参见【美】埃里克森:《无需法律的秩序——邻人如何解决纠纷》,苏力 译,中国政法大学出版社,2003 年,第 171—179 页。

[4] 参见【美】埃里克森:《无需法律的秩序——邻人如何解决纠纷》,苏力 译,中国政法大学出版社,2003 年,尤其是第 17—148 页。

[5] 参见【美】埃里克森:《无需法律的秩序——邻人如何解决纠纷》,苏力 译,中国政法大学出版社,2003 年,第 318—328 页。

[6] 参见【美】埃里克·A·波斯纳:《法律与社会规范》,沈明 译,中国政法大学出版社,2004 年,尤其是第 15—51 页。

展,形成关系密切群体的社会条件不但没有减少,相反有不断增多的可能。[1]

我们在强调关系密切群体在世界范围内的普遍性与共同之处时,还应注意中国社会在这个方面的特殊性。由于我国地域辽阔,人口民族众多及其带来的人口住居的相对集中和人口密度的提高,以及中国社会传统中家族社会、关系本位社会、伦理本位社会的长期存在和中国人对人际关系的重视,[2]加之后来的城乡二元结构、"乡土中国""单位中国""三农中国"等因素的影响,使中国社会更容易形成更多的基于血缘、地缘和业缘关系上的关系密切群体。这种关系密切群体不只是存在于中国的乡土社会,也广泛存在于中国都市社会的政治、经济、社会等领域。[3]因此,对关系密切群体法律治理的问题,在中国社会应该更为突出,更为普遍,也更为紧迫。它不只是中国目前社会要面临的问题,也是中国未来社会要面临的问题。换言之,它不是一个目前许多中国学者意图消除掉的问题,而是任何社会以及任何社会的任何阶段都要面临的问题。

因此,将关系密切群体发展成陌生人社会,通过制造出结构洞来提高法律结构自治的做法是不现实的,也是行不通的。现在唯一可行的有效办法就是通过将中国因素,如习惯法及其运作机制嵌入到纠纷的解决中来,实现国家制定法与习惯法的有效融合,以填补立法中没有有效融入中国因素而出现的法律洞,提高法律的结构自主性,改变法律在与关系密切群体之间形成的社会关系网络中所处的不利的网络地位。"当效用是最高考虑因素时,对解决一个群体之内发生的日常纠纷感兴趣的法律制定者不可能改进该群体的习惯规则。在这种情况下,一个法律体系的比较恰当的做法是依从一个群体的非正式做法。"[4]因此,在这里,作为纠纷解决依据的规则是模糊的:"依法收贷"可以限缩解释为严格依据国家制定法,也可以扩大解释为包括习惯法在内,甚至还可以理解为——借用村支书的话——"王法",既有"国法",更有"人情"与"天理"。在这里,规则运作机制也是不确定的:既有法律规定的显性激励机制,更有与信誉有关的面子等隐性的激励机制;既有法律论证的进

---

[1] 参见:【德】哈贝马斯:《在事实与规范之间》,童世骏 译,三联书店,2003年。

[2] 参见:梁漱溟:《中国文化要义》,学林出版社,1987年;金耀基:《金耀基自选集》,上海世纪出版集团、上海教育出版社,2002年,第93—174页。

[3] 如在中国各地城市中存在着许多"温州村""安徽村""河南村"等这样的关系密切群体;其中,最为典型的例子可参见:张翼:《国有企业的家族化》,社会科学文献出版社,2002年。

[4] 【美】埃里克森:《无需法律的秩序——邻人如何解决纠纷》,苏力 译,中国政法大学出版社,2003年,第350页。

路,更有道德论述的进路;既有"依法收贷"的法律权威的"显摆",又有法律的无奈(赖?)——"不行就抵东西,今天过来交不齐就不走"。在这里,即使是作为法律追求明确、清晰等目标的法律信息,也可以作模糊化甚至歪曲的处理:在专业人士看来,与案件毫不相干的银行法和破产法也可以派上用场;作为法律同等保护的财产,为了激活村民的认同,也可以区分为"公款"和"私款"并加以区别对待;赔偿的金额和罚款也可以"我给主任(信用社主任)做工作,费用(甚至包括国家的——引者注)可以少一点";"准确的、模糊的或者歪曲的信息被第三方操纵着在关系人之间流动"。[1]

正是通过习惯法及其运作机制(如图6-1中的黑色区域)的嵌入,使原先显得僵硬刚性的国家制定法(如图6-1中的白色区域)变成了有一定弹性和张力的、由国家制定法与习惯法融合而成的新规则(如图6-2中灰色区域),实现了国家法(图6-2中L_1、L_2)与习惯法(图6-2中的C_3、C_4)的有机融合,消除了法律自身存在的法律洞(如图6-2中的第五个玩家)。由于这种新规则吸纳或考量了关系密切群体的习惯法及其运作机制,使被告村民愿意也易于去接近、理解、认可和接受,而不会像本案那样对国家制定法存在着深深的隔阂、不安、紧张和拒斥。由此可以改善法官与被告村民之间关系,消除法官与村民之间存在的法律洞,也相应地可以减少因法律洞而带来的法官对村支书的依赖和审判对调解的依赖。同时,由于新规则嵌入了习惯法及其运作机制,使法官与原告之间的关系受村民的牵制,不会出现像本案那种法官完全站在原告一边的不正常情形,这样就加大了法官与原告之间的关系距离,弱化法官与原告之间存在的强关系,使法官显得更中立,为新规则被双方所理解、认同与接受打下坚实基础,从而提高了规则自身的结构自主性(如图6-2所示)。"嵌入性能够将一种关系中的可以—必须—能够—不能这些默认规则,转变成令人更容易接受的其他规则。"[2]用高庭长朴素的话说就是:"农村不依法律观念,依人情,人熟了以后,办事(人家就)相信你。"

习惯法及其运作机制的嵌入还会为法官带来意想不到的控制利益。是依国家制定法收贷,还是依习惯法收贷;是依"国法",还是依"人情""天理";是运用法律规定的显性激励机制,还是适用隐性的声誉激励机制如面子机

---

[1]【美】罗纳德·伯特:《结构洞——竞争的社会结构》,任敏 等译,格致出版社、上海人民出版社,2008年,第34页。

[2]【美】罗纳德·伯特:《结构洞——竞争的社会结构》,任敏 等译,格致出版社、上海人民出版社,2008年,第240页。

制;是赔偿多,还是赔偿少;是审判,还是调解;是炕上开庭,还是法庭上见……这一切由于习惯法及其运作机制的嵌入而显得极其不确定,没有哪个能表现出绝对的权威。但正是这种不确定性使之产生了一种内在的张力,"最重要的张力不是竞争者之间的敌意,而只是不确定性"[1]。"没有张力,就没有第三方"[2]。正是这种张力,也提供了能够被法官所利用的第三方策略,最终为法官带来控制利益。这种控制利益表现在村民身上,就是要还清欠款,但也要留有余地,可以给予"折扣"和"优惠",不能让他有"全败"的感觉;体现在原告身上,就是尽管可以收回欠款,但不能得理不饶人,不能让他有"全胜"的感觉;呈现在村支书身上,就是我可以给予你面子,但也要有分寸,优惠不能全由你说了算,费用不能像村支书所说的全免,最后的决定权尽管实质上是"官绅共享",但在形式上还是由"官"最后拍板定夺。可见,法官之所以将习惯法及其运作机制嵌入到纠纷的解决中来,除了填补法律洞以提高结构自主性外,还可以将令人不快的制约嵌入到法官更能控制的新关系中来。这就是法官宏观上采取嵌入策略的实质。

六、法官中观层面的策略性嵌入:审判为何被调解置换

法官之所以能实现微观层面村支书的嵌入和宏观层面习惯法及其运作机制的嵌入,还需中观层面能将微观和宏观联结起来的社会组织及其结构的嵌入,以便从组织上保障上述两种策略性嵌入得以顺利实现。换言之,就是法官为了制度化地实现村支书和中国因素的策略性嵌入,以便达到法律洞的司法跨越,必须将审判置换为调解。这是因为:不论是西方已实现司法化的审判的组织结构,还是中国目前没有完全实现司法化的审判的组织结构,都无法制度化地实现村支书和习惯法的嵌入,而中国调解制度的组织结构可以做到这一点。

就中国目前没有完全实现司法化的审判而言,它不仅是一种规范结构,而且是等级结构,嵌入这种结构中的所有人(包括法律人和有可能进入的非法律人)是服从与被服从的关系,其组织沟通主要是自上而下的纵向沟通,其

---

[1]【美】罗纳德·伯特:《结构洞——竞争的社会结构》,任敏 等译,格致出版社、上海人民出版社,2008年,第47页。

[2]【美】罗纳德·伯特:《结构洞——竞争的社会结构》,任敏 等译,格致出版社、上海人民出版社,2008年,第33页。

组织互动是顺从型互动,其组织决策和目标由处于等级结构顶端的最高领导者如立法者决定,它有一个权威性的命令链来保障其组织目标的贯彻与实施,[1]因此是一种非常典型的"目标引导的网络"[2]。这种网络有较为清晰的时间边界,严格遵循诉讼时效规定的时间界限;有较为清晰的内容边界,辩论的内容和支撑辩论的证据等必须遵循法律的规定,围绕法官确定的法律争点进行;也有较为确定的社会边界,审理案件的地点、参与诉讼的人员等方面必须合法,任何不合法的选项(如炕上开庭、村支书等),都不能作为法官和当事人的选项。在这种网络中,人与人之间的联结较为紧密,不可能形成次网络,结构洞最少,因此无法融入相对法律而言的异质性因素,无法为法官将一种特殊的关系如村支书和一种易于为纠纷双方所接受的由国家制定法与习惯法融合而成的新规则的嵌入提供策略性的制度空间,不具有跨越其法律洞的功能。

　　西方已实现司法化的审判,尽管是同等结构和主体性结构,其嵌入这种结构中的所有人主要是平级关系,其组织沟通主要是横向沟通,其组织互动也主要是协作型互动,可能会出现冗长的辩论、观点的分裂,所有的观点都可以得到代表,所有的论点都可以散发,所有的利益都可以给予其恰当的份量,法官也具有一定的自由裁量权,[3]偶尔也会填补一些法律漏洞,有少量的结构洞存在。但它不过是"在法律运用的角度之下再次打开了各类论据(它们已经进入立法过程中,并且为现行法律的合法性主张创造合理基础)的包裹"[4],仍然是规范结构,不可能做到像本案那样将不合法的规则(如习惯法)和不合法的人员(如村支书)嵌入到审判中,并对司法结果产生决定性影响;与我国审判一样,有清晰的时间边界、社会边界和内容边界,主要是一种目标引导的网络。在这种主体性结构中,倡导的是人的利益的最大化,体现的是工具理性,而不是主体间性精神或沟通理性,因此,即使是像本案那样嵌入了村支书和习惯法及其运作机制,也不可能像本案那样形成"官绅共治",达到国家制定法和习惯法"共治"而形成新规则的局面,也就不能有效填补法

---

〔1〕 张洪涛:《司法之所以为司法的组织结构依据》,《现代法学》,2010年第1期。
〔2〕 关于目标引得的网络及其特征的详细研究,参见【美】马汀·奇达夫、蔡文彬:《社会网络与组织》,王凤彬 等译,中国人民大学出版社,2007年,第99—127页。
〔3〕 张洪涛:《司法之所以为司法的组织结构依据》,《现代法学》2010年第1期;张洪涛:《中国法院压力之消解》,《法学家》,2014年第1期。
〔4〕 【德】哈贝马斯:《在事实与规范之间》,童世骏 译,三联书店,2003年,第348页。

律洞,不具有跨越法律洞的功能。

而中国调解制度不仅是同等结构和主体性结构,更是空缺结构和主体间性结构。[1]这里没有明确的时间边界,法律规定的时效失灵了,"依法"只是一种修辞,[2]一个过去了十年的"依法收贷案"的时效问题无人提起,甚至还包括法官。第二,这里的社会边界也不确定。"任何可言说者均可参加论辩",[3]即使是一些"局外人"如村支书、营业所主任等,也可以参与其中,甚至还有可能成为左右案件的关键性人物,而法律规定需要参加的人员(如书记员)却可以缺席,组织群体的边界可以根据需要可大可小,正如《人民调解法》第二十条规定:"人民调解员根据调解纠纷的需要,在征得当事人的同意后,可以邀请当事人的亲属、邻里、同事等参与调解,也可以邀请具有专门知识、特定经验的人员或者有关社会组织的人员参与调解。"这些不确定的人员所处的社会空间位置也是不确定的:既像是处于审判之中,更像是置于调解之中;既像是处于法官主持的法院调解,更像是置于村支书主持的行政调解;[4]既像是在庄重肃穆的法庭上开庭,更像是在炭火般温暖的"炕上开庭"。第三,这里的内容边界也不确定。"任何人均可质疑任何主张,任何人均可在论辩中提出任何主张,任何人均可表达其态度、愿望和需求"。[5]即使是在法律看来一些不符合法律甚至违背法律但对问题的解决至关重要的一些态度、愿望和需求,也可以带入调解之中受到所有成员甚至包括法官的关注、考虑甚至"认可",如一件通奸案中被告对原告的无法律依据甚至违法的"法律制裁",也得到了法官以拘留形式的"认可";[6]既可以谈论国家大事,还可以"拉家常";既可以将一些与案件毫不相干的法律如银行法、破产法等加以望文生义的随意"粘贴",而对那些与案件密切相关的实体法和程序法不闻不问;即使是有一定法律约束力的调解协议也不确定,甚至可以以"制

---

[1] 张洪涛:《中国法院压力之消解》,《法学家》,2014年第1期。

[2] 苏力:《关于能动司法与大调解》,《中国法学》,2010年第1期。

[3] 【荷】伊芙琳·T·菲特丽丝:《法律论证原理》,张其山 等译,商务印书馆,2005年,第61页。

[4] 法院调解与行政调解甚至和解,都是规范论者的一种理论抽象,现实生活中,这种区别意义不大。因此,本章作为一种事实性或描述性的研究,没有也无需明确区别之,尽管本章主要研究的是法院调解。

[5] 【荷】伊芙琳·T·菲特丽丝:《法律论证原理》,张其山 等译,商务印书馆,2005年,第62页。

[6] 苏力:《当代中国法律中的习惯——从司法个案透视》,《中国社会科学》,2000年3期。

作"的形式由法官加以填充以应付"上面"的检查。总之,法律像是一把村民所说的"活动锁,可上可下",更像是一张"被揉皱的纸"。

可见,这里形成的是一种典型的"偶得的网络"[1],营造的是一种"超越法律"的"理想的言谈情景"(哈贝马斯语),体现的是一种主体间性精神和中庸精神,突出的是沟通理性而不是将个人利益和权利推至极致的工具理性。在规则主义者看来,这种不确定性应受到诟病;在公平的价值追求者看来,这种不确定性"也不是那么十分公平,往往亏一方当事人着了",也应受到猛烈抨击;但在实用主义的法官高庭长看来,他认为"调解的效果比判决好,好兑现,以后的相处关系也融洽了。判的话,矛盾一时解决不了,也不好兑现"。正是这种不确定性,为纠纷解决提供了张力,为法官的策略性嵌入提供了策略空间,为一种特殊关系和一种规则的嵌入提供了制度化通道;正是这种主体间性结构及其体现的主体间性精神、中庸精神和沟通理性,为村支书和习惯法的嵌入,为原告方与被告方达成一种易于为双方所接受的新规则的嵌入提供了可能。正是在这种典型的开放性的偶得的网络中,人员之间的关系较为松散,遵循自愿原则,人员的进出非常自由,随着人员和规则的不断进出而不断地填补掉法律(法官)周边的法律洞,提高其结构自主性,为法律洞的司法跨越提供了可能。

"正如结构洞在个体间导致不平等一样,它也导致了组织间的不平等。"[2]正是我国未完全实现司法化的审判组织、西方已实现司法化的审判组织和中国调解组织的组织结构及其结构洞分布的不同,决定了本案中的审判必然要为调解所置换。

七、结语:从个案研究迈向一般理论

法官为了克服关系密切群体法律治理中因次级结构洞的缺乏而受到的约束,只能通过嵌入策略将村支书、习惯法和调解引入到关系密切群体的法律治理中来,以填补法律(法官)周边的法律洞,提高法律(法官)结构自主性,实现法律洞的司法跨越。然而,法律不只是适用于关系密切群体,而是要适

---

[1] 关于偶得的网络及其特征的详细研究,参见【美】马汀·奇达夫,蔡文彬:《社会网络与组织》,王凤彬 等译,中国人民大学出版社,2007年,第99—127页。
[2] 【美】罗纳德·伯特:《结构洞——竞争的社会结构》,任敏 等译,格致出版社、上海人民出版社,2008年,第199页。

用于所有社会群体,因此,我们除了像上文那样着重讨论法律洞及其填补和司法跨越外,也可以将关系密切群体本身作为自变量加以开放式探讨,以使我们的个案研究迈向一种更具普遍意义的一般性理论。作为与本章研究的典型群体对应的另一类典型群体就是关系松散群体或者叫陌生人群体,也就成了在此探讨的主要对象。因为,当我们研究清楚了这两类典型群体后,我们就可以解释所有社会群体,法律就可以顺畅适用于所有社会群体。

在陌生人群体中,由于人们之间的联结较弱或者关系出现了间断,因此,作为法律治理对象的陌生人群体中就有更多的次级结构洞(如图6-1中的L_A、C_2群体)。在法律(法官)周边法律洞相同的情况下(包括图6-1和图6-2中的第五个玩家),法律(法官)的结构自主性比在关系密切群体中的结构自主性要高,法律(法官)就有可能不需要通过嵌入策略引入村支书、习惯法和调解等来提高结构自主性,减轻甚至消除对因缺乏次级结构洞而带来的约束,减少甚至完全摆脱对村支书、习惯法和调解的依赖,独立地实施法律。即使是在法律洞存在的情况下(如图6-1中的第五个玩家),也可以通过扩展策略,利用法律适用对象周边存在的结构洞(如图6-1中的L_A、C_2群体)来提高结构自主性,独立地实施法律,而不一定非要采取嵌入策略不可。如我国目前的国家制定法,尽管存在法律洞,但在陌生人社会或工商社会中,还是可以得到大体的实施。

当然,如果法律与中国因素如习惯法实现了紧密融合,法律(法官)周边没有法律洞(如图6-2中的第五个玩家),而在陌生人群体存在结构洞(如图6-2中的L_A、C_2群体),这时,法律(法官)就处于关系网络中获取信息利益和控制利益的最佳位置,"他们自己这一端没有结构洞,而在另一端有丰富的结构洞,那么他们就是结构自治者"[1]。这就是法律(法官)的"美梦"。这种情形的典型例子就是西方的自治型法,这也许就是西方之所以走上法治之路的奥秘之所在。

相反,如果在法律(法官)这一端有大量的法律洞(如图6-1中的第五个玩家),而在关系的另一端即法律治理对象没有结构洞(如图6-1中的C_1、L_B、L_G群体),那么法律(法官)就处于关系网络中获取信息利益和控制利益的最坏位置,法律(法官)的结构自主性最差,如本案就是如此。这就是法律

---

[1] 【美】罗纳德·伯特:《结构洞——竞争的社会结构》,任敏 等译,格致出版社、上海人民出版社,2008年,第48页。

(法官)的"噩梦"。古代中国就是这种情形,这也许就是中国未走上法治之路的深层次的社会原因和法律原因。

上述各种情形归结到一点就是:法律的顺畅运行决定于法律(法官)的结构自主性,需解决好法律运行的外部问题与内部问题,或者说受两个因素或变量——法律(法官)治理对象周边的结构洞与法律(法官)周边的法律洞——的影响:法律(法官)关系人周边结构洞越多(如图 6-1 中 C_2),法律(法官)的结构自主性越高;法律(法官)关系人周边结构洞越少(如图 6-1 中 C_1),法律(法官)的结构自主性越低;法律(法官)周边越缺乏结构洞(如图 6-2 中第五个玩家),法律(法官)的结构自主性越高;法律(法官)周边结构洞越多(如图 6-1 中第五个玩家),法律(法官)的结构自主性越低。总之,法律(法官)的结构自主性与关系人周边结构洞(即次级结构洞)正相关,与法律(法官)周边结构洞(即法律洞或初级结构洞)负相关。

对于法律运行的外部问题,不论是关系密切群体还是陌生人群体,实际上在所有社会都存在,只是相对比例不同而已。如在古代社会,关系密切群体多于陌生人群体;而在近现代社会,陌生人群体在相对增多,关系密切群体有可能在相对减少,但绝不可能完全消失。未来的社会中,随着社会去中心化、多元化、多中心化的发展,关系密切群体还有可能增多。因此,我们制定法律绝不能只针对陌生人群体,还需考虑传统或现代的关系密切群体对法律的正当需求。这一点在中国目前的法治建设中尤为值得注意。即使是在陌生人群体中,也有社会规范的产出和形成,[1]也有法律与社会规范的融合以减少法律洞的问题。因此,在笔者看来,实现法律与社会规范的融合以填补甚至消除法律洞的工作更为重要,尤其在中国目前法治国家建设中更是如此。也许正因为这一点,法律与习惯、道德、经济规律等社会规范融合始终属于西方学者,尤其是法学学者研究和关心的核心。

上述法律结构洞的思想在法学界并不是什么新的东西,应该说有更为久远的传统。我们可以从梅因的从身份到契约,杜尔凯姆的"社会分工论",狄骥的社会连带主义法学,布莱克的社会分工、社会分层、社会文化、社会组织性与法律的关系,费孝通的社会结构对法律下乡的影响,梁漱溟的中国社会关系本位、伦理本位对民主法治的影响,瞿同祖的中国家族社会与阶级社会

---

[1] 参见【美】埃里克·A·波斯纳:《法律与社会规范》,沈明 译,中国政法大学出版社,2004 年,第 15—51 页。

对法律的影响等中外有关社会对法律的影响的研究中,找到其次级结构洞研究的痕迹。我们也可以从亚里士多德的法治论,孟德斯鸠的"论法的精神",埃利希的法律与社会规范,福勒的"法律的道德性",韦伯的法律与习惯、惯例属于同一连续体,哈耶克的规则与秩序的二元论,伯尔曼的法律既是从整个社会的结构和习惯自下而上发展而来又是从社会中的统治者们的政策和价值中自上而下移动而来,波斯纳的"法律的经济分析",埃里克森的"无需法律的秩序",小波斯纳的"法律与社会规范",制度经济学的正式约束要与非正式约束兼容,分析法学有关法律规范体系的理论,中国古代儒家提出的"以礼入法"与"徒法不能以自行"等有关法律与社会规范的思想中,追踪到有关法律洞研究的踪迹。我们还可以从昂格尔认为中西法治之不同在于其国家制定法是否与习惯法实现了有机融合,进一步的在于其社会是否存在集团多元主义、超验性宗教和自然法观念等社会条件,哈贝马斯的法律处在"事实与规范之间"等思想中,找到试图将上述侧重于事实性或次级结构洞的思想与侧重于规范性或法律洞的思想加以整合的迹象。

但只是结构洞理论使上述思想得到了更清晰、更全面的表达,使之极有可能走向定量化的测量。它将上述有关次级结构洞的理论或者哈贝马斯所谓"事实性"的社会理论和有关法律洞(初级结构洞)的理论或者哈贝马斯称为"规范性"的法律理论,以及昂格尔、尤其是哈贝马斯试图将两者整合在一起的理论追求,用结构洞这个概念得以有效实现,"结构洞作为一个基本单位第一次在理论上有了清晰的定义,而且具有操作性,可以用于经验研究"[1]。不仅如此,结构洞理论还使个人网—组织网—社会网实现了"三网"融合,也使微观—中观—宏观实现了"三观"贯通,使以前分别侧重于宏观研究(如梅因、杜尔凯姆等)、中观研究(如诺内特与塞尔兹尼克等)和微观研究(如法律经济学、法律心理学等)的思想整合在一个统一的概念和理论体系——结构洞理论——之中,避免了其各自的不足。同时,还让我们看到了微观—中观—宏观之间的内在联系——如中国自古至今存在的微观层面的"官"与"绅"、中观层面的"审"与"调"、宏观层面的"法"与"礼"之间为何要"共治"及其之间的内在联系。同时也明晰了西方法治中的宏观的规则自治与微观的人员自治以及中观的机构自治和程序自治为何能自治及其间的内在联系,以

---

[1] 【美】罗纳德·伯特:《结构洞——竞争的社会结构》,任敏 等译,格致出版社、上海人民出版社,2008年,第48页。

及结构自治在其中的突出地位。

尽管"世界偏僻角落发生的事可以说明有关社会生活组织的中心问题"[1],但本章的研究毕竟还是建立在世界偏僻角落发生的事上,而且是个案研究,很有可能存在"只见树木(尤其是偏僻角落地处'沙漠腹地'的树木)不见森林(尤其是居于中心地带的森林)"的风险。因此,笔者希望本章的研究只是"抛出"的一块来自"沙漠腹地"的"砖",希望引来更多处于中心地带的"玉",有更多的学者来研究探讨这个问题,尤其是来自处于世界中心的并建立在统计数据基础上的经验研究,来验证、修改甚至推翻这个从"沙漠腹地"的个案中推导出来的暂时的一般性"预断"(涂尔干语)。

---

[1] 【美】埃里克森:《无需法律的秩序——邻人如何解决纠纷》,苏力 译,中国政法大学出版社,2003年,第1页。

下 篇
法律的组织结构嵌入性分析

第七章

司法之所以为司法的法律组织学解读

一、引子:问题与视角

早期的令状是一种比较普遍的行政管理工具,在十二世纪初期以前,都是以"你必须将某物返还给某某"的命令式的口吻作出,是一种纯粹的行政救济。自亨利二世起,行政令状出现了司法化的倾向,即这些令状不再直接命令相对人如何做,而是要求他们到王室法官面前通过说理的方式解决争讼,最终由法官群体而不是由国王一个人裁断双方权利义务的分配。"司法程序当然比较缓慢,因为它要深入调查事件真相,听取双方的意见,审阅文书,咨询专家,证人和陪审团都要前来,程序规则也必须得到遵守。而纯粹的行政救济则'不面对庭审,在没有进一步的预备程序的情况下就预先下了结论,授权恢复对土地的占有'。一句话,这是一种警察措施,一种随意性很强的技术。它不进行及时通告,完全是单方的武断行为,其结果只能导致非正义和决策的自相矛盾,最终可能导致比它所要处理的不公更大的不公。"[1]因此,行政令状的司法化,虽然降低了行政效率,但获得了司法公正。行政令状的司法化,也带来了证据制度即陪审制的出现,而陪审制作为一种"非法律职业

---

[1] 【比】范·卡内冈:《英国普通法的诞生》,李红海 译,中国政法大学出版社,2003年,第46页。

者对审判程序的参与"的制度,[1]还带来了普通法系庭审的集中性、直接性、言辞性等特征和庭审方式的变化,当事人之间的横向关系和力量(尤其是证据力)对比得到了强化,法官与当事人之间的纵向关系被弱化,实行的是一种"对抗式"诉讼模式,而不是"纠问式"诉讼模式。最后,"审判方式大大地影响了实体法规则在各国起作用的方式"[2]。它就是通过实行陪审制、审判活动中的集中性、直接性和言辞性以及对抗式的诉讼模式,使所有与案件有关的证据展示和审判过程是一个公正客观化的过程;同时,"由于它将吸引非职业者的参加同对于专职司法机构的权威的尊重结合在一起;使非职业者参加司法程序,推动了民众价值和情感的输入,不仅使司法产品合法化,而且也使法律制度本身合法化"[3]。

　　这是行政令状的司法化过程,是经过历史的挤压和高度浓缩后展示出来的英国早期法院的演变过程,是中央法院在众多法院(庄园法院、城市法院、商人法院等)的竞争中,通过自身自然而然的不断改进、完善和演变而战胜其他法院的过程,也是法院自身不断去行政化的过程。其中,蕴涵着许多制度的信息,值得我们反复地咀嚼。如从法院外部来看,法院与行政的不同,法院与社会的关系,法院通过不断满足社会的需要而获得其社会根基;从法院内部来看,程序的变化会带来实体法的实施、证据制度、庭审方式等相应的变化,并将所有这些变化归结于法院功能的变化,而且法院的公正与效率呈反向变化,等等。在此,笔者并不准备探讨其中的某个问题,而是侧重探讨庭审方式、证据制度、执行制度等相互之间的内在关联;换言之,就是探讨引起法院这些变化的核心问题之所在,以期对我国近30年全方位的司法改革(包括庭审方式、证据制度、执行制度、行政管理等方面)作一种理论上的检讨,[4]

---

[1]【美】埃尔曼:《比较法律文化》,贺卫方,高鸿钧 译,清华大学出版社,2002年,第155页。

[2]【美】埃尔曼:《比较法律文化》,贺卫方,高鸿钧 译,清华大学出版社,2002年,第146页。

[3]【美】埃尔曼:《比较法律文化》,贺卫方,高鸿钧 译,清华大学出版社,2002年,第165—166页。

[4] 参见:《人民法院五年改革纲要(1999—2003)》,《中华人民共和国最高人民法院公报》,1999年第6期;《人民法院第二个五年改革纲要(2004—2008)》,《中华人民共和国最高人民法院公报》,2005年第12期。

试图指出我国今后司法改革的核心问题之所在。[1]

一般而言，人们将上述这些变化归结于功能的设定，即功能的进路；或者进一步追溯到行政令状的司法化，即行政令状由命令式向说理式的转变。不错，司法之所以为司法，关键在于其功能既不同于立法，也有异于行政，有自己特定的功能和价值。这是司法存在的功能依据。这是目前学界惯常的进路和看法，也是人们研究得较为透彻的问题。[2]然而，就此止步是不够的，组织功能并不是我们能够随意设计出来的，而是由一定的组织结构来保障；也就是说，法院之所以具有一定的功能，如公正、效率和社会正义等，是由法院相应的组织结构所决定和保证的。"组织的结构与组织的功能是密切相关的，一定的组织结构，只有具有一定的功能才有意义；而一定的功能，又必然依赖于一定的组织结构才能产生。"[3]不仅如此，行政令状由命令式向说理式转变，也是法官与当事人的沟通方式和互动方式由先前的纵向沟通和服从型互动向现在的横向沟通和协作型互动转变的结果。实际上，这种转变也是由社会组织结构的相应变化而带来的。这就是本章的研究进路，即组织结构的进路。[4]

社会组织是社会与人联系的中介，因此，这种组织结构的进路，既不像人的进路太近或太直接，有时难免出现盲人摸象之嫌；也不像社会的进路、制度的进路看问题很深刻，但太远或太大，陷于其中而短期内看不到希望；如果说它们分别称为微观的进路和宏观的进路的话，组织结构的进路就是中观的进路。这种进路也不像功能的进路那样，给人一种唯心论的感觉——好像法院的改变决定于人们的主观功能设计，而是一种客观的进路。这种进路，在笔者看来，是对当前学界研究这个问题所采取的人的进路、制度的进路和功能的进路的重要补充。

---

[1] 在西方，司法一般是指拥有司法权的政府机构；在中国，司法往往指政府下属的一个行政机构，而司法权由法院与检察院分享。因此，为了使该文论述问题具有国内与国外的一般意义，这里的司法是西方意义上的含义，而不是中国意义上的含义，主要是指法院；在论述中国问题时，尽量使用法院。

[2] 如：贺卫方：《司法的理念与制度》，中国政法大学出版社，1998年，第103—128页；苏力：《送法下乡》，中国政法大学出版社，2000年，第61—87页。

[3] 刘祖云：《组织社会学》，中国审计出版社和中国社会出版社，2002年，第248—251页。

[4] 这里的法院组织结构，不只是目前法学界一般指的整个法院体系的组织结构，更重要的是指单个法院作为一个独立的社会组织的内部组织结构。本章侧重的是研究后者，兼及前者。

二、一般的理论探讨：司法组织的结构与功能

"从组织结构与职位的关系看,任何组织结构都必然产生出各种职位,一个组织在纵向和横向上所设置的各种职位及其职位之间的相互关系,是组织结构的直接表现,职位关系使组织形成一定的格局,这种格局也就是结构。……组织内的职位关系就是其组织结构"。[1] 任何组织内的职位关系可以理念化地分为横向的职位关系和纵向的职位关系,也就是我们常说的平级关系和上下级关系。"任何组织性的结构都由两部分组成,科层结构和同等结构。……当然,在实践中这些极端很少实现;大多数组织都是等级结构和同等因素不同程度的结合,由于可能的变换、结合是如此之多,以致几乎具有无限的实验可能性"。[2] 因此,科层结构和同等结构的特点及其与特定功能的联系,就自然地成为我们讨论一切社会组织结构的基点;也就是说,只要弄清楚了这两种基本类型的社会组织的结构特点及其与特定功能的联系,就可以解释所有的社会组织。

在极端的等级结构中,组织决策往往由处于等级结构的最高领导者一人承担,组织目标也由他最后确定,围绕组织目标而进行的组织活动具有鲜明的特征。首先,在组织沟通上,主要是一种自上而下的纵向沟通,自下而上的纵向沟通的作用受到了积极抑制,更缺乏一种横向沟通。因此,在这种组织结构中,组织沟通存在信息量过小、信息冗余量过大、信息精确度较低、沟通的形式单调等弊端,常常凭借文件、会议、指令、指示等形式进行。[3] 其次,在组织互动上,主要是一种顺从型互动,而不是一种合作型互动;处于这种组织结构中的行动者之间经常发生性质相同、方向一致的行为,而且只能与最高领导者的行为保持一致。[4] 因此,最后,这种组织结构有一个权威性的命令链,具有统一、迅速的特征;在追求效率的组织功能中,应该是一种较好的组织结构选择。

在极端的同等结构中,组织决策由许多人参与进行,组织目标也由许多人经过一定的妥协最后形成,在某种意义上,它直接或间接地反映了所有组

---

[1] 刘祖云:《组织社会学》,中国审计出版社和中国社会出版社,2002年,第249页。
[2] 【英】M. J. C. 维尔:《宪政与分权》,苏力 译,三联书店,1997年,第322页。
[3] 刘祖云:《组织社会学》,中国审计出版社和中国社会出版社,2002年,第76—81页。
[4] 刘祖云:《组织社会学》,中国审计出版社和中国社会出版社,2002年,第102—109页。

织成员的意志,容易受到绝大多数组织成员的认可、接受和执行。因此,围绕组织目标而进行的组织活动具有与等级结构完全不同的特征。首先,在组织沟通上,主要是一种横向沟通,具有沟通的信息量较大,真实、准确、形式灵活,问题相对不集中、分散等特征。[1]其次,在组织互动上,主要是一种合作型互动,组织成员的行为具有协作、相互配合、交换和互助的特征。[2]因此,最后,这种组织结构中,涉及冗长的辩论、观点的分裂,所有的观点都可以得到代表,所有的论点都可以散发,所有的利益都可以给予其恰当的分量,甚至可能会阻碍决策,并几乎不可避免地导致妥协的解决办法;[3]在追求公正、决策民主和科学的组织功能中,这种组织结构应该是一种明智的选择。

在当今既追求公正、民主、科学,又追求效率、迅速、统一的政府目标中,政府组织结构必然既有等级结构因素,也有同等结构要素,只是两者的比例和程度不同而已,并有必要在这两种组织结构之间保持一种必要而恰当的张力。"西方政府体制的运作可以视为在这两种组织类型之间的一种张力,可以视为在这种组织的价值和另一种组织的价值之间的一种不断选择,可以视为把等级结构的速度和效率与从同等结构中获得的信息和同意相结合的一种努力。"[4]因此,在以制定实施于所有社会成员的法律规则为组织目标,以追求公正、民主和科学为主要价值的立法机构中,其组织结构必然是一种同等结构或以同等结构为主的组织结构;在以实施法律为主要任务,以追求效率、迅速、统一为主要价值的行政执法机关中,其组织结构必然是一种等级结构或以等级结构为主的组织结构。

当然,并不是所有社会组织的功能与结构都如此鲜明,一目了然。如司法组织,一方面追求公正、民主,但它显然不像立法机构那样,可以进行较长时间甚至无限期的争论、辩论和讨论,[5]必须在"合理的期限内"或法律规定的限期内作出决断;另一方面追求与上述追求相冲突至少不一致的效率、迅速和统一,但它又不像行政机关那样单纯地追求效率、迅速和统一,甚至绝大多数情况下要以牺牲这些价值追求为代价,以公正、民主和科学作为优先考

---

〔1〕 刘祖云:《从传统到现代——当代中国社会转型研究》,湖北人民出版社,2000年,第292—298页。

〔2〕 刘祖云:《组织社会学》,中国审计出版社和中国社会出版社,2002年,第110—114页。

〔3〕 【英】M. J. C. 维尔:《宪政与分权》,苏力 译,三联书店,1997年,第322—323页。

〔4〕 【英】M. J. C. 维尔:《宪政与分权》,苏力 译,三联书店,1997年,第323页。

〔5〕 这是西方国家立法的一般情形。在我国,对立法的效率比较关注。

虑的东西。"它代表了一种有意识地将不同类型组织的价值结合起来以实现特定目的的努力。"[1]这就是人们一般将这种融合了两种相互冲突的价值追求的价值统合为广义的正义;它不只是包含了公正的应有之义,也包含了效率的含义,因为迟到的正义非正义。一定的功能,又必然依赖于一定的组织结构才能产生;也就是说,即使我们对司法组织的功能设计完美无缺,但如果没有相应的组织结构配合,这种功能也无法实现。可以说,在法院内部的组织结构中,与公正、民主的价值功能追求相适应的是同等结构因素;处于这种组织结构中的法官职位关系是横向的职位关系,其地位是平等的,"除了法律以外,没有别的上司"。这是指法理权威,而不是传统权威,即使是处于不同审级的法院的法官,也是如此。处在这种组织结构中的组织沟通,主要是一种横向沟通,是透明、公开、开放性的沟通,沟通的信息量较大,真实、准确、形式灵活,问题相对不集中、分散等特征。当然,这里的横向沟通,既包括法官与法官、法官与庭长甚至院长之间的沟通,也包括法官与参与到法院审理中来并也进入了这种法院组织结构中的所有的案件参与人之间的横向沟通。处在这种组织结构中的组织互动,主要是一种合作型互动,组织成员的行为具有协作、相互配合、交换和互助的特征。同样,这里的合作型互动,既包括法官与法官、法官与庭长甚至院长之间的互动,也包括法官与参与到法院审理中来并也进入了这种法院组织结构中的所有的案件的参与人之间的合作型互动。因此,在这种法院组织结构中,有更多的人的意见、利益得到了应有的考量和必要的尊重,更容易达成比较一致的共识和看法,也就更容易获得社会公正;尽管它是以较长时间的辩论,最后以一种双方妥协的方式而获得的。

在法院内部的组织结构中,与效率、迅速的价值功能追求相适应的是等级结构因素。处于这种组织结构中的法官职位关系是纵向的职位关系,其地位是不平等的;处于不同审级法院的法官之间,也是如此。处在这种组织结构中的组织沟通和组织互动,主要是一种自上而下的纵向的组织沟通和顺从型互动,最多辅之以一种自下而下的纵向的组织沟通和合作型互动;因此,在这种法院组织结构中,虽然可能获得效率,但社会公正难以得到保障。

在法院既追求公正也追求效率的今天,现实社会生活中的法院组织结构已很少出现这两种极端的情形,往往是两种结构因素的有机结合,只是两者

---

[1]【英】M. J. C. 维尔:《宪政与分权》,苏力 译,三联书店,1997年,第324页。

比例和程度的不同而已。如在以公正为主兼顾效率的功能设计中,法院组织结构就以同等结构为主,辅之以等级结构;在以效率为主兼顾公正的制度设计中,法院组织结构则以等级结构为主,辅之以同等结构。实际上,这是所有现实社会中社会组织结构所具有的特征。如在立法机构中,尽管以同等结构为主,但也有其立法效率的考虑,也有等级结构的因素存在;在行政机构中,尽管以等级结构为主,也有同等结构因素存在。它们与司法机构的组织结构不同的,只是法院组织结构中有比立法机构更多的等级结构因素,有比行政机关更多的同等结构因素。如果以等级结构因素为标准,从大到小的排列顺序依次为行政机构、司法结构和立法机构;如果以同等结构因素为标准,从大到小的排列顺序依次为立法机构、司法结构和行政机构。因此,司法之所以为司法,不仅存在组织功能的不同,可以满足社会对正义的需要,更在于组织结构中的等级结构因素和同等结构因素的结合比例与程度,不同于立法机关也不同于行政机关。这就是司法存在的组织结构依据。

三、当代中国法院组织结构的"名"与"实"

公正与效率是现代法院共同追求的目标,我国法院也不例外。为了保证这种功能的实现,我国法院自觉或不自觉地设计了同等结构因素和等级结构因素。从规范层面的正式制度安排来看,作为等级结构因素最集中的体现,首先就是法院内部的行政管理系统,具体包括法院的日常的行政办公、人事、财务、福利待遇、司法统计、审判后的案件执行,等等;其次,还体现在审判过程中不可避免的附带性行政管理方面,如案件进入法院以后的分配、审判长人选的确定,等等。这些在其他国家的法院中也存在,不同的是,中国法院的行政事务性工作复杂得多,也繁重得多:既包括正式制度所安排的,也包括非正式制度安排的;既包括应有的为审判提供保障的与审判工作有关的安排,也包括与审判工作无关或无直接关系的安排。[1] 如果以是否在审判过程中为标准,为了研究的方便,笔者将前者称为外部等级结构因素,后者称为内部等级结构因素。这两种等级结构因素,在世界各国法院的等级结构因素中也存在。不同的是,我国实行的是一种相同的分散化的管理模式,而西方发达国家对外部等级结构因素则有集中化管理的共同趋势,对这两种等级结

---

[1] 苏力:《送法下乡》,中国政法大学出版社,2000年,第70—72页。

构因素作了不同的制度安排。由于内部等级结构因素与法院审判工作相伴相生,不可能从审判工作中分离出来,而外部等级结构因素却可以从法院审判工作中适当地分离出来,因此,这种外部等级结构因素有一种更加集中化、行政化和等级化的趋势,如既有交由本国最高法院进行全国性的集中化管理,也有在法院系统之外交由现有的适当的行政机关进行集中化、行政化的管理。[1] 这些更加集中化、行政化的制度安排,不但没有妨碍法院审判活动,相反有利于审判活动的更加公正和更具效率。

同样,从规范层面的正式制度安排来看,同等结构因素最集中地体现于法院的审判系统。首先,尽管我国各级法院均由院长、副院长、庭长、副庭长和审判员若干人组成,但在审判上没有区分,遵循世界惯例,都是法官中的一员,享有平等的审判权。尽管其行政管理职位不同,但在审判上职位关系都平等,都是法官;也就是说,职位区别纯粹是为了法院内部行政管理的需要而设立的。其次,在具体审理案件活动中,只有基层法院的一审简单案件适用独任审判,其他均由合议庭审判,由至少3名以上的审判人员组成合议庭审理案件,实行的是一人一票、少数服从多数的原则。法院内部集体领导审判工作的专门机构——审判委员会,如果对案件判决进行表决,也是实行"一人一票、少数服从多数"的原则。再次,从法院内部设立的各种审判组织来看,除了设立合议庭和独任审判员外,法院内部还设立了各种专门的业务庭(如民庭、刑庭、行政庭等)和审判委员会,但这些审判组织的设立,基本上是根据案件的难易程度、专业化程度所作的横向分工,各审判组织之间一般不存在业务上的领导与被领导、服从与被服从的纵向分层关系。如只有基层法院的一审简单案件适用独任审判,中级以上的各级法院以及基层法院审理非简单案件均适用合议庭审判,只有重大、复杂、疑难案件才提交审判委员会讨论并作出决定;至于在内部设立各业务庭,主要是基于社会分工和法官素质等方面的考虑,对法院审判业务所作的横向分工而已。另外,从整个法院系统来看,现代法院都设置了不同审级的法院和级别管辖的制度,我国法院也不例

---

[1] 如美国通过国会建立了只由法官组成的联邦司法管理委员会,集中管理全国法院内部的行政管理;在各州也仿照联邦法院系统的管理模式建立了司法事务管理委员会。日本受美国的影响,通过设立最高法院事务总局,最高法院控制了法院系统的行政管理工作。而德国、法国等国家则采取了一种行政主导的模式。如德国,在联邦一级,由联邦司法部负责其行政管理;在州一级,则由州司法部负责。不论是司法主导型,还是行政主导型,共同之处在于:一是更加集中化,二是强调从法官、检察官中遴选管理者和自身管理。详细论述,参阅孙万胜:《司法制度的理性之径》,人民法院出版社,2004年,第306—311页。

外;但主要是根据案件的性质、案件影响的大小、诉讼单位隶属关系、诉讼标的大小、案情繁简程度等方面所作的受理一审案件的横向分工,其目的主要是使审判资源得到合理而充分有效的运用,这是其一。其二,实行两审终审制,是为了更充分地保护当事人的诉权,为纠纷的解决提供一个纠误渠道,二审法院对初审法院的复审,主要是法律的审查,包括法定程序与法律解释和适用是否存在错误。最后审查的结果可能是维持原判、发回重审或改判,但这是基于法律的明文规定而应该履行的法定职责,也是基于法律的理由而作出的判决,而不是基于两者之间的行政关系而行使的行政权力,因此,这里的上下级法院并不是像一般社会大众所理解甚至曲解的行政意义上的上下级关系,如果是那样,则有违上诉制度设置的初衷和意义。因此,我国相关法律对法院之间的审判工作规定为业务监督关系,而不是像检察院之间的那种领导关系。[1]可见,不论是从各种审判人员及其活动来看,还是从法院内部的各种审判组织来看,以及从整个法院系统来看,在审判上一律平等。从组织结构看,就是一种同等结构安排,有利于保证法院审判过程中的公正的实现,也有利于整个司法效率的提高。

书本上的法律规定是一回事,行动中的法则是另外一回事。从现有的实证研究来看,中国法院的审判系统与转型期的其他社会组织均存在"表层结构与潜层结构并存的二元性"或"异质性"。[2]既存在正式制度安排的同等结构因素,还存在非正式制度形成的等级结构因素,而且以后者为主,前者为辅。如在法院内部的审判工作上,在法院院长、副院长、审判委员会成员、庭长、副庭长和一般审判员之间,存在着根据不同情形而进行自下而上的层层汇报和自上而下的层层审批的不成文却具有重要影响的非正式制度。各级法院的法官在审判上并不是真正的平等,有三六九等之分;[3]更有甚者,还将这种做法制度化,形成了专门的规范性文件。[4]

在不同审级法院之间的审判工作中,也严重存在着这种类似的自下而上的层层"请示"和自上而下的层层"指导"的一种"非程序性的审判工作监督",

---

〔1〕 贺卫方:《司法的理念与制度》,中国政法大学出版社,1998年,第123页。

〔2〕 李金:《中国社会组织的二元性及其问题》,《改革》,1991年第6期。金耀基:《从传统到现代》,时报文化出版企业股份有限公司,1997年,第113—116页。

〔3〕 苏力:《送法下乡》,中国政法大学出版社,2000年,第61—87页;贺卫方:《司法的理念与制度》,中国政法大学出版社,1998年,第103—128页。

〔4〕 李昌林:《从制度上保证审判独立》,法律出版社,2006年,第310—315页。

不同审级法院的法官之间也有等级之分；[1]最为明显的是，在法官的管理上，采用了一种行政化的等级制的管理，"将每个法官都纳入一种等级化的体系之中，普通法官要接受庭长副庭长的领导，庭长副庭长要接受院长副院长的领导。官阶的设计也完全引入了行政体系内部所使用的等级模式。例如，省高级法院的院长属副省级官员，副院长有厅局级和副厅局级的不同定级，各庭庭长属处级，副庭长属副处级。最高人民法院的法官有局级审判员、处级审判员等分别。法官的这种级别不仅意味着所谓政治待遇的差别，而且也显示出一种等级服从的位阶和责任的分布。"[2]而且，目前进行的有些司法改革措施，也自觉或不自觉地强化了在审判中法官之间的这种行政化、等级化的倾向。[3]因此，从法院组织结构来看，中国法院正式制度设计的同等结构因素为主的组织结构，实际上被一种非正式制度所表现出来的等级结构因素为主的组织结构所扭曲甚至同化或替代。也就是说，中国法院内部的审判系统和整个法院系统中的审判系统，在正式制度上虽然设计的是一种同等结构为主的组织结构，但在实际社会生活中却演变为一种等级结构为主的组织结构。

在此，必须强调的是，这并不意味着同等结构因素的消失或不起作用。从目前审判委员会、庭务会、合议庭在有关审判工作中，都不同程度地表现出来的审判行政化和决策分散化相结合的特征来看，[4]很可能是审判过程中等级结构因素与同等结构因素相结合而形成的"棱镜型组织"结构。[5]目前中国法院审判系统中的这种混合结构与审判系统以外的外部等级结构，必然对其功能的发挥、审判方式甚至实体法的实施等方面产生重大而深远的影响。

---

[1] 贺卫方：《司法的理念与制度》，中国政法大学出版社，1998年，第122—125页。

[2] 贺卫方：《司法的理念与制度》，中国政法大学出版社，1998年，第120页。

[3] 如法官法中的法官等级的划分、法院院长引咎辞职、法官遴选制度改革、法官异地交流任职等方面的改革。参阅苏力：《道路通向城市——转型中国的法治》，法律出版社，2004年，第167—195、249—285页。

[4] 苏力：《送法下乡》，中国政法大学出版社，2000年，第78—81页。

[5] 刘祖云：《从传统到现代——当代中国社会转型研究》，湖北人民出版社，2000年，第271页。

四、当代中国法院审判系统的组织结构与功能

由于中国法院中的审判系统表现出来的是一种由等级结构因素与同等结构因素混合而形成的"棱镜型组织"结构,因此,这两种组织结构因素必然会对进入这个组织结构的人的行为进而对审判甚至整个法律产生了深刻而重大的影响。当然,这里的人,不仅包括长期工作、生活在这种组织结构中的法律人,如法官及带有各种"长"的法官、经常与法院打交道的律师,等等,还包括偶尔或临时进入这个组织结构中的各种法律人或社会人,如当事人及与当事人有关的证人、亲戚、邻居和朋友,等等。

让我们先看看正式制度安排的审判系统的同等结构的影响。如上所述,在审判系统的同等结构中,组织沟通必然是一种横向的沟通,组织的互动必然也是一种协作型的互动。

这种横向沟通和协作型互动,首先表现在"审"上,就是为审理案件而组成的合议庭及其成员法官与当事人及其各自的代理人、律师、证人等之间的互动。由于这是一种同等结构,嵌入这种组织结构中的人及其行为必然是一种水平指向的,因此,决定案件胜负的关键在于争议双方与合议庭及其成员法官在审判过程中的横向的法律沟通及互动的密度、频度、强度、深度。在主要用证据说话的审判规则作用下,在某种意义上就是决定于争议双方的证据量的多少和证据力的大小。因此,在这种利益驱动机制的作用下,争议双方会调动一切力量去搜集有利于自己的证据,提供有利于自己的最大的、质量最高的信息。我们所追求的审判活动中的集中性、直接性和言辞性以及对抗式的诉讼模式,以及使所有与案件有关的证据展示和审判的过程是一个公正客观化的过程,审判的公开性等目标,在这种审判组织结构中,几乎都可以看到。这不只是争议双方愿意做的事情,也是合议庭及其成员乐于做的事情,更是法律所希望看到的情形;因此,在这种组织结构中所有人的行为,基本上与法律所设定的行为模式一致。

其次,这种横向沟通和协作型互动,还表现在事实与法律的"判"上。由于提供的信息量、信息密度、频度、强度、深度的增大、增强,相对集中,因此,在既要追求公正,又要追求效率的要求下,法官在"判"上独享审判权的难度相应地增大。为此,必然会导致法院内部在"判"上出现分工与协作。这种分工与协作最典型的就是陪审团的引入,专门承担事实方面的"判",而法律方

面的"判"由法官专门承担。另外,它还会导致初审法院与上诉法院之间,在事实审和法律审上的一种相对分工。在组成合议庭的法官之间,由于是一种横向沟通和协作型互动,法官各自的意见会得到自由而充分的表达,对案件的事实和法律看法也会得到应有的尊重,即使是少数派的意见,也是如此。同时,为了争夺对案件判决的主导权和法律成就感的需要,法官之间也会进行细致、深入的争论,以便影响、说服或者反驳自己的同行。因此,在这种组织结构中,能够充分发挥合议庭的集体智慧,让事实问题和法律问题越争越明,尽可能避免对案件的误判,有利于共识的形成和判决的客观、公正和公开。

再次,信息量的增大和相对集中,"审"与"判"合二为一的可能性更大。由于信息量大和相对集中,只有参与了"审"的法官才有发言权,才能作出适当的"判";而没有参与"审"的法官,即使是那些带"长"的法官,也无法干预,也不便于干预,至少为审与判的分离提供了一些技术上的客观的困难。

另外,这种横向沟通和协作型互动,还集中而突出地表现在这种判决活动的书面呈现即法官对判决书的写作上。在一定意义上,判决书是对整个案件审判过程的书面呈现,客观上与整个案件的实际审判过程具有紧密的联系,也受法官的主观愿望的影响。在审理阶段,由于当事人对抗的激烈,进行了深入的争论,各自的代理人特别是律师,也从法律上进行了细致、全面、周到和极可能深入的论证,在事实和法律方面提供了大量的信息量;在判决阶段,法官之间、法官与陪审团之间,由于进行了全面、细致而深入的争论。因此,法官不仅愿意写好判决书,也为写好判决书夯实了基础,也能够写好判决书,以便增强其不论是对当事人及其代理人,特别是律师,还是持有少数派意见的法官甚至其他社会大众的说服力。因此,法官在有关法律的分析与适用上,会进行细致而深入的阐释。

最后,还必须谈谈同等结构对嵌入这种组织结构的法律人及其相关的社会人,甚至整个社会人对整体法律的看法和影响。对嵌入这种组织结构的法律人来说,案件从审到判都是一种客观化地展示证据与根据证据和相应法律作出判决的过程,在横向沟通和协作型互动的审判过程中,法官体认到了法律的作用,感受到了自己工作的神圣和意义,从而也会激发他们强烈的提高自己法律素质的要求;律师也有类似的感受和愿望;而当事人从中也会感受到法官和法律的公正,为自愿履行判决夯实了基础,也相应地提高了司法的效率。同时,他们对法律的敬意油然而生,自然而然产生一种对法律的信仰。

当这些嵌入这种组织结构的法律人,将这种对法律的感受和看法向他们周围的人不断地传播时,也会引导这些社会人逐渐形成一种对法律的情感,感受到法律、司法确实是一种社会正义之源。因此,在这种审判结构中的审判具有更大的社会包容性和整合性,同时也就具有了一种社会扩张性,相应地提高了司法和法律的公正性、公开性。尽管由于保证审判的公正性而相对延长了审判的时间,有可能降低了审判的效率,但由于其公正性,使整个司法系统和法律体系甚至整个社会的效率得到了大大的提高。

再让我们看看非正式制度形成的审判系统的等级结构的影响。如上所述,在等级结构组织中,组织沟通是一种纵向沟通,包括自上而下的纵向沟通和自下而上的纵向沟通两种,组织互动也是一种服从型互动。

这种纵向沟通和服从型互动,首先表现在"审"上。如在为审理案件而组成的合议庭及其成员法官与当事人及其各自的代理人、证人等之间,尽管有正式制度安排的同等结构而带来的横向沟通和协作型互动的因素,但由于等级结构因素而带来的纵向沟通和服从型互动的因素的进入,甚至成为一种主导的沟通和互动形式,他们的行为指向更可能是垂直性和非对等性的,而不是水平性和对等性的。往往是审理的法官处于主导的地位,而当事人及其代理人和其他参与人往往处于一种被主导甚至被支配的地位。最后,必将大大减弱当事人及其代理人对证据等信息的关注,也会大大减弱法官对来自横向渠道(如当事人那儿)所获得的证据等信息的关注,反而会更加关注来自纵向渠道所发出的信息,特别是那种自上而下的信息(如上级的指示、暗示),从而降低他们之间横向的信息交流的量、频度、强度和深度,减弱了证据和法律对案件处理结果的影响。在这种组织结构中,法官的审理必然是纠问式的、职权主义的,而不可能出现像判例法系那样的对抗式的和当事人主义的,也不可能完全而充分的公开。

其次,这种纵向沟通和服从型互动,更重要的还表现在"判"上。如果说同等结构的"判"主要在审理案件的法官身上,那么,在以等级结构为主、同等结构为辅的组织结构中,案件的判决,除了由审理案件的法官决定外,更主要的是在由等级结构所决定的纵向沟通和服从型互动过程中形成和完成的,即通过一种自下而上的层层回报和自上而下的层层审批的多重博弈来形成和完成。案件的判决权最终由等级结构中不同等级的法官来分享,而且往往是处于等级结构中较高等级的法官,有更大的影响力和决定权。如我国法院中的那些带"长"的法官的影响力往往大于那些一般的法官,案件判决权的大小往往与行政职务的高低呈正相关。因此,就出现了一种被学者研究发现的法院内部的行政管理,即外部等级结构,混进了法院的审判系统中,并将这种正式制度所安排的同等结构被植入了一种非正式制度安排的等级结构中,从而使法院的审判系统表现出了一种以等级结构为主同等结构为辅的组织结构。当事人及其代理人,特别是经常与法院打交道的律师,看到了这种情形后,在利益驱动下,对法官的关注胜于对案件事实及其作为支撑的证据的关注,对处于等级结构中较高等级法官的关注胜于对较低等级法官的关注。从更大的社会视野来看,对比诉讼法院的法官等级更高的诉讼法院以外的行政官员或上一级法院的法官的关注胜于对诉讼法院的法官的关注,从而为法院以外的因素影响法官的判决提供了可能,如案件在不同审级的法院之间的自下而上的层层请示和自上而下的指导,在法院与行政、立法机关之间,通过不成文的不断的汇报、协调,甚至借助成文的个案监督、错案追究等方式,进入到司法审判中。可见,在这种组织结构中,案件的"判权"不只是在法院内部的不同等级的法官之间分享,而且在一个更大的社会人文空间中被更多的更高等级的官员所分享,最后牺牲的不仅是法院审判的公正和效率,而且是整个司法的公正和效率,更是整个社会的公正和效率。

再次,这种纵向沟通和服从型互动,还表现在"审"与"判"的分离上。在同等结构中,由于信息交流的量、频度、强度、深度较大,使审与判的分离有一种技术的困难,但由于等级结构的加入,在审上,信息量、交流的频度、强度和深度远远低于同等结构,为审与判的分离提供了技术上的方便和更大的可能性,再加上等级结构的巨大影响,审与判更可能会出现一种相对分离的状态。

另外,这种纵向沟通和服从型互动,还集中而突出地表现在这种判决活动的书面表现即法官对判决书的写作上。客观上,在审理阶段,纵向沟通和服从型互动的过程中的当事人及其代理人,特别是律师发表的意见的积极性受到了抑制;在审判阶段,较低等级的法官的意见更容易受到抑制,主审法官的意见更容易得到其他非主审法官的"协调性认可"和附和。[1] 因此,事实问题和法律问题不可能得到像同等结构中那样充分的争论和深入的探讨,为法官最后写作判决书增加了客观的困难。[2] 更重要的是,在主观上,法官更有可能会尽量写得简短和模糊些,而不愿意将判决书写得长些、细致些、充分

---

[1] 苏力:《送法下乡》,中国政法大学出版社,2000年,第80—81页。
[2] 苏力:《道路通向城市——转型中国的法治》,法律出版社,2004年,第208页。

些。在理论上,判决书应该是整个案件实际审判过程的一种书面呈现,客观上与案件的整个实际审判过程具有紧密的联系;但在等级结构中,一方面审与判发生了一定程度的分离,另一方面判决权不仅有可能在法院内部的不同等级的法官之间分享,而且也有可能在法院外部的更大的社会人文空间中受到更高等级的行政官员和上级法院的法官的影响,而这些正是正式法律制度所不允许的,甚至是严重的违法,因此,法官为了自保,写好判决书的可能性不大,相反更可能会将判决书写得简短些,也会有意写得模糊些。[1]尤其是在案件的判决过程上,在案件的法律分析和适用上,理不直而气不壮,判决书上经常会出现"本院认为"等官僚化、形式化、模糊化的表述。

最后,还必须谈谈等级结构对嵌入这种组织结构的法律人及其相关的社会人甚至整个社会人对整体法律的看法和影响。对嵌入这种组织结构的法律人来说,法官体认到了权力大于法律,行政权威高于法律权威,传统型权威大于法理型权威;身处于其中的律师与法官感同身受,有类似的看法和体会;当事人对此也会有切身的感受,他们也会自觉或不自觉将这种感受传递给社会上的社会人。在这种结构中,法官和律师不会像同等结构中那样,更加注意自己法律素养的提高,相反会去进行各种各样的社会关系的建立,积累自己的"社会资本",以备后用。而当事人和其他社会人看见这种情形后,以后会更加远离法律,藐视法律,失去对法律的最基本的信任。[2]恰如培根所言:"一次不公的(司法)判断比多次不平的举动为祸尤烈。因为这些不平的举动不过弄脏了水流,而不公的判断则把水源败坏了。"[3]

五、结语:当代中国法院改革的核心问题及其建议

不论是审判系统的审判方式、证据制度等改革,还是法院行政管理方面,如法官素质及其专业化、法官遴选培训和执行体制等等方面的改革,最终必须落实到人的行为的变化,特别是作为法院主体的法官的行为的变化,改革的目标使他们的行为安排朝着我们所设计的制度进行。在影响人特别是法官的行为的各种因素中,既有法官本身素质的因素,即人的进路;也有制度激

---

[1] 苏力:《道路通向城市——转型中国的法治》,法律出版社,2004年,第200页注释10,第215页。

[2] 笔者的法律实践和当前诉讼率的下降,都说明了这点。

[3] 贺卫方:《司法的理念与制度》,中国政法大学出版社,1998年,第1页。

励的因素,即制度的进路;还有宏观的社会因素(如社会转型、民族国家建设、法律现代化、中国传统文化等),即社会的进路。除了这些因素外,在笔者看来,还有一个更为重要的因素,即法院的组织结构。它不仅基本上决定了法官及其他进入这个法院组织结构中的人的行为的基本方向,而且决定了进入这个组织结构的所有人之间的沟通和互动的方式及其效果。在等级结构中,人们的行为是垂直指向的,而且主要是自下而上指向的,处于较高等级结构的人的行为对处于较低等级结构的人的行为具有决定性影响,处于等级结构中的人们之间的沟通和互动主要是一种纵向沟通和服从型互动,沟通与互动比较被动。在同等结构中,人们的行为是水平指向的,人们之间的沟通和互动主要是一种横向沟通和协作型互动,沟通和互动比较积极,信息得到了充分的交流。因此,我们不仅要进行法官素质的培养和提高,相应的设计制度,改善社会环境;更重要的是,还要进行法院自身组织结构的研究和改造。法院之所以不同于立法机关,也有异于行政机关,不只是体现在功能的设计上,更体现在组织结构上。法院之所以能够实现制度所设计的功能,是因为有相应的组织结构作保障。这就是司法之所以为司法的组织结构依据。

在同等结构中,法官行为是独立的,法官的审判必然也是独立的,除了法律外,没有别的上司。在等级结构中,法官的审理不仅受到来自上级的影响,没有同等结构中的法官那样积极,更重要的是,在判决上,法官的行为不仅受到来自当事人及其代理人的影响,而且受到来自纵向的上级意志的影响。法官的审与判不仅部分分离,即审者并不是完全的不判,判者并不是完全的不审,至少要征求审者的意见,询问审理的情形,而且法官的判决权不独立,甚至还不完整。这种判决权不仅在法院内部被"瓜分",而且很有可能在更大的人文社会空间内被"瓜分"。因此,如果说司法独立是我国司法改革的基本趋向,那么从操作层面来看,则是等级结构因素逐步减少,同等结构因素应不断强化的问题。这不只是中国司法审判改革的基本趋势,也是司法改革的世界性趋势。普通法系司法组织结构尤其是其中的审判组织结构的发展历史如此,大陆法系司法组织结构发展的历史也是如此,如大陆法系减少甚至消除职权主义对审判的不利影响的努力,实际上就是审判组织结构由等级结构向同等结构转变。这也是司法尤其是审判要实现其公正与效率的必然要求。

法院组织结构由等级结构为主转变为同等结构为主,是当代中国法院改革的核心问题之所在。如何增加我国法院组织中的同等结构因素,减少其等级结构因素呢?这实际上是一个问题的两个方面:同等结构因素的增加必然导致等级结构因素的减少,反之亦然。因此,我们的司法改革措施无外乎3种方案:同等结构因素的增加、等级结构因素的减少或者两种措施同时进行。针对中国目前的现实情况,减少甚至消除等级结构因素对审判的影响,显得更为急迫而重要。当然,等级结构因素对审判影响的减少甚至消除与等级结构因素的减少甚至消除是两个不同的概念。等级结构因素是不可能不要的,是必然存在的,我们只是要将这种因素的影响降到最低程度。为此,有学者主张将两者在法院内部分离开来。[1] 实际上,只做到这点往往是不够的。我们要将等级结构因素不只是在法院内部进行分离,更要从法院内部甚至从整个法院系统内分离出来,使管理更加的等级化和行政化,也更加的集中化。在这个意义上,目前中国法院的问题,很可能是由于等级结构因素的行政化和集中化程度不够而造成的。也可以这样说,中国法院的问题,很可能是由于该同等化安排的同等化程度不够,而该等级化安排的等级化、集中化和行政化程度也不够。因此,如果以法院的审判系统为标准的话,从反面的角度来看,一方面就是法院内部审判系统的去行政化问题;这种去行政化不只是包括功能的去行政化,更重要的是,还包括组织结构的去行政化。另一方面,就是法院审判系统外部的更加行政化问题;这种行政化主要是指能够与审判系统分离的法院行政管理,即外部等级结构的那部分。这样做安排主要有以下理由:

一是有利于最大限度地保障司法的公正,特别是审判的公正。中国法院目前由于每个法院的审判系统同时也是一个可以与审判系统相分离的行政管理系统,必然造成行政系统与审判系统的交错、混同,甚至必然使行政系统干预审判系统,[2]最后颠覆了正式制度安排的审判系统所应有的同等组织结构,将其扭曲、变形为等级结构为主同等结构为辅的组织结构。因此,如果将这种可以与审判系统相分离的行政管理系统从每个法院内部分离出来,进行一种更加行政化、集中化的管理,不仅可以减弱两者在地理空间上的联系,而且也可以减少甚至消除它们在人文空间上的各种联系,有利于最大限度地保障司法的公正,特别是审判的公正。

二是有利于提高司法的整体效率。中国目前法院中可以与审判分离的行政管理,分散在各级法院内,国家必须为每个法院的行政管理投入相应的

---

[1] 苏力:《送法下乡》,中国政法大学出版社,2000年,第61—87页;李昌林:《从制度上保证审判独立》,法律出版社,2006年,第319—320页。

[2] 苏力:《送法下乡》,中国政法大学出版社,2000年,第73—78页。

人力、物力和财力。这种分散化的行政管理模式必然带来人力、物力和财力的重复投入和重复建设，浪费巨大的社会资源。如果将目前中国法院的可以与审判系统相分离的行政管理相对集中化、更加行政化、等级化，就必然会大大减少目前各级法院的行政管理的中间环节和不必要的重复投入和建设，降低目前司法机关的行政管理成本，有利于提高司法机关的行政管理的效率，从而相应地提高司法的整体效率。

不仅如此，中国法院目前的这种分散化的行政管理模式，必然造成国家对法院行政管理的投入与国家对审判系统的投入的一种混合状态，使得对审判的必要投入常常难以保障；特别是当总投入紧张的时候，常常出现行政管理的投入利用行政职权挤占、挪用审判投入。因此，法院行政管理的集中化、更加的行政化和等级化，可以改变目前这种相混淆的局面，便于国家根据各自的特征对审判系统和行政管理进行分类管理，从而使法院中审判系统的经费得到保障。

另外，还可以减少中国地方法院的地方色彩，即人们所说的地方保护主义，使法院成为真正意义上的国家法院。由于将法院中可以与审判系统相分离的行政管理集中化、更加行政化和等级化，必然减少其中的行政管理环节。这样与目前的国家行政机关的等级结构不相对应，减弱地方行政机关通过目前法院中行政管理的途径对法院的审判工作的影响，使这种集中化、更加行政化和等级化的法院行政管理成为阻隔地方政府干预地方法院审判的一道"屏障"。

在此，笔者还想从法院组织结构的角度，谈一谈在我国目前司法改革研究中经常讨论但却被忽视的，司法的公正与效率的关系在中、西方的差异问题，以便从另一个方面说明，我国法院改革中有将这种法院的审判与行政管理分开，并将后者更加集中化、行政化和等级化的必要性。在西方发达国家，法院的行政管理与审判系统相对分离，法院的效率主要是指法院审判的效率。在这种前提下，审判组织采取一种同等结构为主的组织结构，司法的公正得到了应有的优先保障，但必然会以牺牲效率为必要的代价，正如文章开头所示，司法的公正与效率是不一致的。但从长期来看，由于保障了审判的公正，提高了法院的权威和社会公信力，为判决的顺利执行提供了"案件判决的合法性"保障，因此，在整体上也就有利于司法效率的提高。这就是西方普遍不特别强调审理期限，直到最近才对审理期限作出了要求——"合理期限内"——的原因。

而在我国目前这种法院的行政管理与审判系统高度混同的情形下,法院的效率由法院行政管理的效率和法院审判的效率构成。这就意味着西方采取的一些改善司法公正与效率的措施并不必然适合中国的司法现实。对此,我们必须保持一种应有的谨慎,这是我国目前司法改革实践与理论研究中所忽视的,人们习惯笼而统之地谈论司法的效率问题。[1]更重要的是,它还意味着我国提高司法效率的措施,不会既可以提高其行政管理的效率,又可以提高审判的效率。也就是说,在我国提高司法效率的措施并不一定会提高司法的整体效率,相反,有可能是一种降低司法效率的措施。因为,提高法院的行政管理的效率的措施与提高法院审判的效率的措施是不同的,其各自的结果不同,甚至是相反的。如我们在强调提高司法的效率的时候,常常会借用行政管理的那些措施,增加其等级结构的因素,使之更加的行政化;[2]当然,这种做法节约了时间成本,肯定会提高法院的行政管理的效率,但它不一定会提高审判的效率。这是因为,审判的效率必须以公正为前提,是在公正基础上的效率。否则,在短期内似乎提高了审判的效率,从长期来看,却损害了法院的权威和社会公信力,从而也就降低了审判整体的效率。这种行政化的措施,尽管减少了时间成本,但肯定会降低审判的公正,案件的执行会受到来自当事人的各种各样的积极的或消极的抵抗,案件执行会面临重重困难,从而在整体上降低了司法的效率。因此,等级结构并不必然等于效率,只是在行政执法中等级结构会提高效率,而在审判中则会降低效率。这是因为,行政执法并不存在规则和事实认识上的不同,不需要解决对规则的重新理解和确认的问题,只是涉及规则的实施的问题。等级结构就能很好使规则自上而下地得到贯彻,提高效率;而在司法中存在规则的重新的理解和确认的问题,需要解决"案件判决的合法性"问题;而等级结构不利于很好地解决这个问题。如果强行用这种方式解决这个问题,必然会降低其效率;因此,行政机关中提高其效率的做法,移用到审判中的时候,并不必然会出现在行政中的效果,甚至出现一种相反的结果。行政有行政的制度逻辑和结构逻辑,立法有立法的制度逻辑和结构逻辑,司法也有司法的制度逻辑和结构逻辑。我们不

---

〔1〕 如:王利明:《司法改革研究》,法律出版社,2001年1月第2版,第74—82页;汪习根主编:《司法权论》,武汉大学出版社,2006年,第28—31页。

〔2〕 最典型的就是院长引咎辞职的做法。参见苏力:《道路通向城市——转型中国的法治》,法律出版社,2004年,第167—195页。

仅要深入理解司法的制度逻辑,[1]更要深刻地研究司法的组织结构逻辑。目前,我国司法中出现的公正与效率双低的现象,[2]很可能就与这种等级结构有紧密的联系,也是对司法的制度逻辑和组织结构逻辑缺乏理解的结果。

　　用一种更长远的历史眼光来看,法院内审判系统与行政管理的分离,并将后者更加集中化、行政化和等级化。这是社会分工发展的必然结果。在中国古代,整个社会就是一个"家庭的层系",[3]社会上的各种社会组织结构都仿照、模拟家庭的组织结构;即使是最大的社会组织——国家——的组织结构也是如此。因此,整个社会组织的结构具有高度的同质性。这种状况在近、现代甚至今天也不同程度地存在着,社会组织的结构的分化程度不是很高,如中国现代社会曾经出现过的"单位现象"等,就是明证。改革开放以后,随着中国社会经济和社会分工的快速发展,各种社会组织的功能在不断地专门化,以便提高其效率;各种社会组织根据不同的功能定位,选择适合于自己的不同组织结构。社会组织之间的结构也出现了明显的差异,其异质性在不断地增加。[4]有的单纯是一种等级结构,有的单纯是一种同等结构,而绝大多数社会组织则是一种混合的结构,只是其混合的比例不同而已。因此,法院内审判系统与行政管理的分离,并将后者更加集中化、行政化和等级化。这不仅是其审判职能专门化的需要,也是社会分工发展的必然结果。

---

　　[1] 苏力:《道路通向城市——转型中国的法治》,法律出版社,2004年,第167—195页。

　　[2] 在法院审判效率方面,根据现有的实证的统计资料和研究,截至2004年底,全国共有法官190 627人,法官与人口比为1∶6 819,大大高于日本(1∶57 900)、英国(1∶55 000)和美国(1∶19 900);但总体效率不高,2004年中国法官年均审案约26.5件,而美国法官年均审案在300至400件。(徐昕:《迈向社会和谐的纠纷解决》,北京:中国检察出版社,2008年,第50—51页)在法院审判公正方面,从民事上诉率、民事再审率、涉讼信访案件、执行率的统计资料来看,都处于高位。1990—2005年的民事上诉率平均维持在20%左右,1990—2005年的民事再审率在10.9%—25.6%之间徘徊;1992—2004年的涉讼信访案件年均在416.8—1 069万件之间徘徊,1994—2006年的执行率保守的估计大致在40%—50%之间。(徐昕:《迈向社会和谐的纠纷解决》,中国检察出版社,2008年,第32—36页)

　　[3] 梁漱溟:《中国文化要义》,学林出版社,1987年,第90页。

　　[4] 刘祖云:《从传统到现代——当代中国社会转型研究》,湖北人民出版社,2000年,第272—282页。

第八章

调解的技术合理性之法律组织学解读

一、研究的缘起

随着社会的发展特别是网络技术的发展而带来的信息费用大幅降低,民意对我国司法的影响也是不争的事实,大有不断增长之势。因此,我国司法实践中急切需要解决的是民意如何沟通的问题而不是是否需要民意的问题;换言之,就是民意沟通的技术化而不是道德化。民意沟通的技术化,首先是指网络技术化,即网络民意问题;但这只是虚拟世界的民意沟通,不是现实世界的民意沟通。现实世界民意沟通的技术化须由一定的社会组织来承担,这就是本章要探讨的民意沟通的组织技术化。承担民意沟通的法律组织,除了立法组织外,还包括一定的司法组织,如英美法系的陪审团。从组织功能、组织沟通及其组织技术保障即组织结构看,中国法院调解更适合、实际上也承担着我国司法民意沟通的任务(详后)。[1]

但由于调解与现代西方法治观念不符,在中国法院,调解没有自己独立的组织及人员,而是附着在中国法院审判及其人员身上,因此,在中国法院司法化改革进程中,调解在制度和理论层面未被重视,审判受到了全面而深入

---

[1] 从规范层面看,调解可分为法院调解、行政调解、社会调解等种类;但从组织形态看,这些调解没有实质性的不同。本章侧重从组织社会学角度来研究调解的组织结构与功能等基本理论问题,并不限于法院调解。

的关注和研究。这种"审判权本位"[1],导致了审判与调解的研究尤其是基本理论研究的不平衡,即调解的外部研究的不平衡。

其次,调解的研究还存在着内部研究的不平衡,即宏观的外部视角的文化论和社会结构—功能论较多,中观的内部视角的组织结构—功能论较少。不论是文化论,[2]还是社会结构—功能论,[3]都是从宏观的外部视角即从文化结构和社会结构的角度来解释调解的功能,没有深入到调解内部自身的组织结构之中来解释其组织功能。这种文化论和社会结构—功能论,只具有解构意义,不具有建构意义,即使科学也无法操作化,大有向中观的技术层面推进。

另外,调解的研究还存在着实践发展与理论研究的不平衡。随着目前"大调解"的兴起,调解在中国社会制度实践层面得到了全面的"复兴"。但这种在实践层面的复兴,并不意味着理论层面的复兴。不论是持进化论的学者,[4]还是持质疑否定论的学者,[5]对调解的"复兴"都流露出不同程度的担忧,习惯将"大调解"作意识形态化的解释,没有认识到调解自身的技术合理性。因此,这轮调解的"复兴",与以往一样,背后隐藏着理论和认识上的危

---

[1] 吴英姿:《法院调解的"复兴"与未来》,《法制与社会发展》,2007年第3期。

[2] 参见:强世功:《调解、法制与现代性——中国调解制度研究》,中国法制出版社,2001年;曾宪义:《关于中国传统调解制度的若干问题研究》,《中国法学》,2009年第4期;周安平:《诉讼调解与法治理念的悖论》,《河北法学》,2006年第6期;周永坤:《论强制性调解对法治与公平的冲击》,《法律科学》,2007年第3期;谢冬慧:《南京国民政府民事调解制度考论》,《南京社会科学》,2009年第5期。

[3] 参见:强世功:《调解、法制与现代性——中国调解制度研究》,中国法制出版社,2001年;范愉:《调解的重构——以法院调解改革为重点》,《法制与社会发展》,2004年第2、3期;【日】高见泽磨:《现代中国的纠纷与法》,何勤华 等译,法律出版社,2003年;王亚新:《论民事、经济审判方式的改革》,《中国社会科学》,1994年第1期;李浩:《民事审判中的调审分离》,《法学研究》,1996年第4期;李浩:《调解的比较优势与法院调解制度的改革》,《南京师大学报》(社科版),2002年第4期;吴英姿:《"大调解"的功能及限度》,《中外法学》,2008年第2期;吴英姿:《法院调解的"复兴"与未来》,《法制与社会发展》,2007年第3期;艾佳慧:《调解"复兴"、司法功能与制度后果——从海瑞定理Ⅰ的视角》,《法制与社会发展》,2010年第5期;艾佳慧:《"大调解"的运作模式与适用边界》,《法商研究》,2011年第1期。

[4] 吴英姿:《法院调解的"复兴"与未来》,《法制与社会发展》,2007年第3期;徐昀:《"调判结合"的困境》,《开放时代》,2009年第6期;傅郁林:《"诉前调解"与法院角色》,《法律适用》,2009年第4期。

[5] 参见:张卫平:《诉讼调解:时下态势的分析与思考》,《法学》,2007年第5期;周安平:《诉讼调解与法治理念的悖论》,《河北法学》,2006年第6期;周永坤:《论强制性调解对法治与公平的冲击》,《法律科学》,2007年第3期;张晋红:《法院调解的立法价值探究》,《法学研究》,1998年第5期。

机,会随着意识形态因素的消退,重蹈覆辙。

因此,从理论上消除人们对调解研究上的盲点和行动上的盲目,展示调解建基于自身组织技术上的技术合理性,就显得尤为必要和紧迫。基于此,本章力图将调解作为中国法院与审判同等重要的组成部分,[1]从中观的内部的组织技术角度——社会组织结构——来展示调解在民意沟通和合法性获得等方面的技术合理性,为打破目前有关调解外部研究、内部研究以及理论研究和实践发展的不平衡,展示调解在我国司法民意沟通的组织技术化上的制度意义,作一种学术上的尝试和努力,以求教于学界同仁。

二、调解的同等组织结构

组织内的职位关系就是其组织结构。根据组织内的职位关系不同,将横向的职位关系称为同等结构,纵向的职位关系称为等级结构。[2]因此,研究调解的组织结构问题,就转化成对调解组织内部相对稳定的职位关系,以及可能要进入调解组织中的被调解人之间以及与调解人之间等外部关系的研究。[3]

首先,从调解的内部职位关系看,由于调解是一种群众性组织,因此,所有的调解人员包括主任、副主任、委员、调解员等都是以民主的方式由群众或群众性组织选举产生的。如《人民调解委员会组织条例》(以下简称"组织条例")第三条规定:"人民调解委员会委员除由村民委员会成员或者居民委员会成员兼任的以外由群众选举产生,每三年改选一次,可以连选连任。"《人民调解法》(以下简称"调解法")第九条规定:"村民委员会、居民委员会的人民调解委员会委员由村民会议或者村民代表会议、居民会议推选产生;企业事业单位设立的人民调解委员会委员由职工大会、职工代表大会或者工会组织推选产生。"《人民调解工作若干规定》(以下简称"若干规定")第二条规定:

---

[1] 目前学界较为普遍地存在着没有注意到司法、法院、审判与调解在中西方存在的差异:西方一直是调审分离,只是到了20世纪80年代,才开始出现调审合一趋势,西方司法=法院=审判;在我国,至少是从近代甚至古代,法院实行调审合一体制,中国法院=调解+审判。为了与西方司法含义区别开来,在涉及中国问题时,改称中国法院。

[2] 张洪涛:《司法之所以为司法的组织结构依据》,《现代法学》,2010年第1期。

[3] 关于组织的边界,学界一般认为是指组织内部工作的正式成员。西方管理学中还有一种"利益涉及者"理论,认为凡是和组织发生关联,其利益受到组织影响的人都是组织的成员。参见周雪光:《组织社会学十讲》,社会科学文献出版社,2003年,第9页。本章持后一种观点。

"人民调解员是经群众选举或者接受聘任。"因此,所有的调解人员应直接对选举人负责,而不是对主任或副主任负责;当人民调解委员会的委员或调解人员出现不能任职或失职或违法乱纪等情形时,主任无权处理,只能交由选举人或组织行使职权。如《组织条例》第三条规定:"人民调解委员会委员不能任职时,由原选举单位补选。人民调解委员会委员严重失职或者违法乱纪的,由原选举单位撤换。"再如《调解法》第十五条:"人民调解员在调解工作中有下列行为之一的……由推选或者聘任单位予以罢免或者解聘。"

尽管法律有时规定人民调解员在人民调解委员会领导下工作,调解委员会也设立主任、副主任等职务,但从整体立法精神看,这里的领导职务的设定显然不同于行政机关,应该是起着业务指导或召集人的作用,业务上不是服从与被服从的关系。如《调解法》在调解委员会与法院和政府之间的关系上,突出强调了政府及其有关部门对调解组织的业务指导,而不是对调解组织的领导权力,《调解法》第五条规定:"国务院司法行政部门负责指导全国的人民调解工作,县级以上地方人民政府司法行政部门负责指导本行政区域的人民调解工作。基层人民法院对人民调解委员会调解民间纠纷进行业务指导。"这一点还体现在调解委员会之间关系的法律规定上,《若干规定》第二十七条规定:"调解跨地区、跨单位的纠纷,相关人民调解委员会应当相互配合,共同做好调解工作。"

与此同时,法律还着重强调了政府及其部门对调解组织的经费等支持和服务义务。如《调解法》第六条规定:"县级以上地方人民政府对人民调解工作所需经费应当给予必要的支持和保障,对有突出贡献的人民调解委员会和人民调解员按照国家规定给予表彰奖励。"第十条规定:"县级人民政府司法行政部门应当对本行政区域内人民调解委员会的设立情况进行统计,并且将人民调解委员会以及人员组成和调整情况及时通报所在地基层人民法院。"第十四条第二款规定:"县级人民政府司法行政部门应当定期对人民调解员进行业务培训。"第十六条规定:"因从事调解工作致伤致残,生活发生困难的,当地人民政府应当提供必要的医疗、生活救助。"第十八条规定:"基层人民法院、公安机关对适宜通过人民调解方式解决的纠纷,可以在受理前告知当事人向人民调解委员会申请调解。"

其次,如果说调解的内部职位关系的相关法律规定还不是那么清晰的话,外部关系即被调解人之间以及与调解人之间的关系的相关法律规定则较为明确,上升到了法律原则的高度。如《组织条例》第六条规定:"人民调解委员会的调解工作应当遵守以下原则：……（二）在双方当事人自愿平等的基础上进行调解。"《若干规定》第五条规定："根据《最高人民法院关于审理涉及人民调解协议的民事案件的若干规定》，经人民调解委员会调解达成的、有民事权利义务内容，并由双方当事人签字或者盖章的调解协议，具有民事合同性质。"《民事诉讼法》第八十五条规定："人民法院审理民事案件，根据当事人自愿的原则……进行调解。"特别是《调解法》，不仅明确了上述法规所确定的自愿原则，也明确规定了平等原则，为自愿原则提供了前提保障。如《调解法》第二条规定："本法所称人民调解，是指人民调解委员会通过说服、疏导等方法，促使当事人在平等协商基础上自愿达成调解协议，解决民间纠纷的活动。"第三条规定："人民调解委员会调解民间纠纷，应当遵循下列原则：在当事人自愿、平等的基础上进行调解。"

为了使上述原则得以保障和贯彻，各相关法律还从反面进行了禁止性规定。如《组织条例》第六条规定："人民调解委员会的调解工作应当遵守以下原则：……（三）尊重当事人的诉讼权利，不得因未经调解或者调解不成而阻止当事人向人民法院起诉。"第十二条规定："人民调解委员会委员必须遵守以下纪律：……（二）不得对当事人压制、打击报复；（三）不得侮辱、处罚当事人；（四）不得泄露当事人的隐私。"《民事诉讼法》第八十八条规定："调解达成协议，必须双方自愿，不得强迫。"《调解法》第三条规定："人民调解委员会调解民间纠纷，应当遵循下列原则：……尊重当事人的权利，不得因调解而阻止当事人依法通过仲裁、行政、司法等途径维护自己的权利。"

调解的平等自愿原则不仅体现在被调解人之间，更重要的是体现在调解人与被调解人之间。如《组织条例》第八条规定："人民调解委员会调解纠纷，应当在查明事实、分清是非的基础上，充分说理，耐心疏导，消除隔阂，帮助当事人达成协议。"《若干规定》第三十一条规定："人民调解委员会调解纠纷，应当在查明事实、分清责任的基础上，根据当事人的特点和纠纷性质、难易程度、发展变化的情况，采取灵活多样的方式方法，开展耐心、细致的说服疏导工作，促使双方当事人互谅互让，消除隔阂，引导、帮助当事人达成解决纠纷的调解协议。"《最高人民法院关于人民法院民事调解工作若干问题的决定》第八条规定："当事人可以自行提出调解方案，主持调解的人员也可以提出调解方案供当事人协商时参考。"《调解法》第二十二条规定："人民调解员根据纠纷的不同情况，可以采取多种方式调解民间纠纷，充分听取当事人的陈述，讲解有关法律、法规和国家政策，耐心疏导，在当事人平等协商、互谅互让的基础上提出纠纷解决方案,帮助当事人自愿达成调解协议。"

为了使平等自愿原则得以贯彻落实,各相关法律对当事人的程序性和实体性权利也进行了规定。如《若干规定》第六条规定:"在人民调解活动中,纠纷当事人享有下列权利:(一)自主决定接受、不接受或者终止调解;……(三)不受压制强迫,表达真实意愿,提出合理要求;(四)自愿达成调解协议。"《调解法》第十七条规定:"当事人一方明确拒绝调解的,不得调解。"第二十三条规定:"当事人在人民调解活动中享有下列权利:(一)选择或者接受人民调解员;(二)接受调解、拒绝调解或者要求终止调解;(三)要求调解公开进行或者不公开进行;(四)自主表达意愿、自愿达成调解协议。"

再次,从调解的外部关系对内部职位关系的影响看,调解的这种建立在平等自愿原则上的调解人与被调解人之间的外部关系,还会影响到调解人之间的内部关系。尽管现有的法律对调解的内部职位关系规定得不是那么明确和具体,调解人之间很可能由于调解组织中多少存在着因行政管理的需要而形成一种服从与被服从的关系;尤其是法院调解中法官作为调解人时,这种调解人之间实然存在的服从与被服从的关系更为突出,甚至在一定程度上会颠覆法律规定的法官之间的法律地位平等关系,[1]从而对调解的实体内容和程序很可能产生一定的实质性影响。但由于受调解人与被调解人之间平等自愿原则的影响和牵制,调解人之间最终不大可能形成除必要的行政管理以外的服从与被服从的关系,尤其是处于较高等级的调解人不大可能通过对处于较低等级的调解人的干预和影响来干预和影响被调解人;即使是法官作为调解人,也是如此。以下就是发生在我国某个基层法院一起有关通奸的案件,其审理过程节选如下[2]:

> 法官:从法律角度……你们跟他要钱没有任何法律依据,原告要求你们停止侵害,你们要立即停止对原告的无理侵害。
>
> 被告:他起了诉,对我的影响更大,我要求他给我1万元,……没有什么行不行的,提了头来见。

面对被告M的压力,法院改变了"依法"审判的思路,转向了调解方式,

---

[1] 张洪涛:《司法之所以为司法的组织结构依据》,《现代法学》,2010年第1期。

[2] 杨柳:《模糊的法律产品》,《北大法律评论》第2卷第1辑,法律出版社,1999年。

增派了主管院里思想政治工作的 D 副院长来加强对被告和原告的说服工作：

（对被告）"你的心情和一些过激行为我可以理解……你的精神受到了打击，名誉受到损失，原告应给予一定的经济赔偿，你应该相信组织依法解决……事已至此，应该想通一点，想远一点，要求不能太高，言行不能偏激，根据实际情况，要人家赔偿 1 万元偏高。请仔细思考一下，你的爱人亦有过错……原告向本院提起诉讼后，你不该再找他扯皮，再有过激的言行，法律会依法惩处。"

（对原告）"你不要指责对方……总根子、矛盾的起源还是在你身上，你的行为违法，严重地影响了他的家庭、夫妻感情，对社会造成了严重影响……你应该从违法角度看情节、看后来，主要责任在你身上，你的违法情节严重一些。……造成他人的精神、名誉上的损害，是要承担经济责任的。……而你既执行了调解协议（'私了'协议）而又反悔，还来法庭告状，说人家敲诈勒索，你说 M 会怎么想？一切矛盾都是由你引起的，由此导致的法律责任不承担，于法无据，为什么不给人家一定的赔偿呢？"

从上述调解人（包括主审法官和法院副院长）与当事人原、被告的交谈中可以看出：法官与当事人由原先的纵向的强制服从关系向后来的横向的平等协商关系转变，最终使案件由一种等级结构规定的运行逻辑向同等结构规定的运行逻辑转变；由于受这种外部关系的转变，处于较高等级的副院长不可能像我国司法审判实践中那样，通过对处于较低等级的法官的干预和影响来达到对调解过程和调解协议或者说对被调解人的干预和影响，而是自己直接面对当事人进行说服工作。正是这种建立在平等自愿原则之上的调解人与被调解人之间的外部关系，为调解人如上述法官与副院长之间建立一种平等协商的关系提供了实实在在的制度保障。相反，现行法律对审判的内部平等关系尽管进行了详尽的规定，但由于缺乏这种外部平等关系的保障，使法律规定的那种内部的平等协商关系及其同等结构最终被实然的行政服从关系及其等级结构所取代。[1]

最后，还必须重申的是，也许有学者以中国法院较为普遍地存在着的"以判压调""以判促调""以判逼调"的现实来否定法官作为调解人与被调解人之

---

〔1〕 张洪涛：《司法之所以为司法的组织结构依据》，《现代法学》，2010 年第 1 期。

间存在平等协商关系,进而也否定调解人之间存在的平等协商关系。不可否认,由于中国法院实行调审合而同一的司法体制,中国法院存在着调解人与法官合而同一,进而导致较为普遍地存在着"以判压调""以判促调""以判逼调"的现实。但那是"调审"的情形,而不是本章要研究的调解。本章所要研究的调解是将审判从调审中剥离以后纯化了的调解,或者说纯规范意义上的调解。因此,中国法院的"调审"与"调解"是两种不同的情形,我们不能以中国法院调审的情形如"以判压调""以判促调""以判逼调"等来否定本章所研究的调解的情形如调解人与被调解人以及调解人之间存在的平等协商关系。当然,笔者将调解作这种理念化的处理,是一种研究策略的需要,其最终目的还是更好地研究中国法院的现实即调审。这是因为:只有将理念化的调解研究透彻了,才能更深刻更有效地研究调解与审判混合以后中国法院的调审;我们目前之所以对中国法院调审缺乏更深刻的认识和理解,在某种程度上就是因为我们对调解的研究不够重视和深刻。

综上,无论是从调解的内部职位关系和外部关系看,还是从外部关系对内部职位关系的影响看,调解(包括法院调解)都是一种平等的协商关系,其组织结构属于同等结构。

三、嵌入调解同等组织结构的民意沟通

调解的同等组织结构为嵌入此结构中的民意沟通提供了制度框架,对调解的组织沟通产生了广泛而深入的影响。

首先,从民意沟通的主体看,调解的同等组织结构框定了民意沟通主体的选择方式及其范围。调解的同等组织结构,决定了民意沟通主体的选择方式必须采取民主协商的方式,而不是审判那种由法律确定的方式。只要经民主协商同意的,都有可能成为民意沟通的主体;即使是与纠纷没有利害关系的"局外人"(如"送法下乡案"中的村支书、营业所主任等),也可以参与其中,甚至还有可能成为左右案件的关键性人物。调解的同等组织结构还会影响到参与调解的调解人的选择。调解可根据需要,来选择或者中途调整调解人,如上述案例中的主管思想政治工作的副院长中途参与到调解中来,就是如此。而审判中的法官一经法律确定,除非有法律规定的情形外,一般不能随意调整或变换。因此,《调解法》第二十条规定:"人民调解员根据调解纠纷的需要,在征得当事人的同意后,可以邀请当事人的亲属、邻里、同事等参与

调解,也可以邀请具有专门知识、特定经验的人员或者有关社会组织的人员参与调解。"

其次,调解的同等组织结构,为民意沟通构建了一种"平等的言谈情景"。虽然由于权力和能力等方面的客观差异会导致人与人之间事实上的不平等,但由于调解的同等结构的制度设计,既可以从组织和法律上保证可能进入调解中的被调解人之间的法律平等,也可以从组织和法律上保障进入调解中的调解人与被调解人之间的法律平等,为调解的民意沟通制度化地创造一种"平等的言谈情景"。这种民意沟通主体地位的平等,不只是与审判一样体现在当事人(包括审判中的当事人和调解中的被调解人)之间,而且还有区别于审判的地方,即:体现在调解人与被调解人之间,如从上述案例中法官与原、被告之间谈话的语气、内容就可以明显地看出来;甚至还体现在本处于不同等级结构中的不同调解人之间,如上述案例中的法官与副院长之间,副院长不能像审判那样通过等级结构来影响法官的调解活动,这是由调解人与被调解人之间的同等组织结构所保障的。嵌入调解同等组织结构的调解主体地位平等,为调解营造一种"自由的言谈情景"提供了前提条件。

第三,调解的同等组织结构,为民意沟通营造了一种"自由的言谈情景"。由于调解的同等组织结构,决定了调解的民意沟通的内容只要经过了所有嵌入调解同等组织结构的主体的协商和同意,都可以进入调解中。审判对纠纷有时间上的限定,必须在法定诉讼时效范围内,而调解对民意沟通的内容,则没有时效方面的规定,一个过去了十年的"依法收贷案"的时效问题无人提起,甚至还包括法官。其次,如果说审判的内容——法律争点——是法定的实际上是由法官具体确定的,进入调解的民意沟通的具体内容则是由所有嵌入调解同等组织结构的调解主体协商同意确定,这里既可以谈论与纠纷解决有关的事情,还可以谈论与之没有直接关系的事情(如国家大事、"拉家常");即使是在法律看来一些不符合法律甚至违背法律但对问题的解决至关重要的一些态度、愿望和需求,也可以带入调解尤其是异向调解之中受到所有成员甚至包括法官的关注、考虑甚至"认可",如上述通奸案中被告对原告的无法律依据甚至违法的"法律制裁",也得到了法官以拘留的形式的"认可",甚至最后达成的调解协议也可以用"制作"的方式来完成。[1] 总之,"这些公众集体的时间边界、社会边界和内容边界都是流动的;与决策相分离的意见的

---

[1] 苏力:《当代中国法律中的习惯——从司法个案透视》,《中国社会科学》,2000年3期。

形成过程就是在一个由诸多重叠的亚文化公众集体所构成的开放的、包容的网络中进行的"[1]。在这个意义上，调解的同等组织结构构建的是一种"超越法律"的"自由的言谈情景"，是一种无法无天的自由，民意得到了全面而深入的释放，"依法"只是一种修辞。[2]

第四，调解的同等组织结构还影响了民意沟通的方式。中国法院的等级组织结构决定了其组织沟通方式是纵向沟通和服从型互动，[3]调解的同等组织结构决定了其组织沟通方式是横向沟通和协作性互动。这种横向沟通和协作型互动，不仅体现在"调"上，要"充分说理，耐心疏导"，也表现在"解"上，"要帮助当事人自愿达成调解协议"；不仅与审判一样体现在被调解人之间，而且还有与审判不同的地方，即体现在调解人与被调解人之间，甚至还体现在审判的等级结构所决定的处于不同等级结构中的不同调解人之间。只要嵌入调解的同等组织结构，所有参与调解的人之间的民意沟通必须采取横向沟通和协作性互动的方式。

这种横向沟通和协作性互动的方式，既是对调解民意沟通自由的保障，也是对调解民意沟通自由的限制。由于调解的同等组织结构所决定的嵌入此结构的每个人都是自由的，因此，一个人的自由并不是无限制的，必须受到另一个人的自由的限制，必须以另一个人的同意为条件；或者说，必须采取横向沟通和协作型互动方式来实现，而不能单纯建立在某个人的完全自由的基础上，由某个人单方面作出决定。由此可见，尽管调解的时间边界、社会边界和内容边界不确定，但它确定时间边界、社会边界和内容边界的方式是确定的，即必须采取横向沟通和协作型互动的方式。正是调解的横向沟通和协作型互动的方式，为沟通主体、沟通议题和信息的选定、进入起到了"合法化过滤器"的筛选作用。在这个意义上，调解的同等结构所保障的横向沟通和协作型互动，既是对其"自由的言谈情景"的保障，也是对"自由的言谈情景"的限制；这种自由与其说是一种建立在相互自由基础之上的自由，不如说是一种建立在相互自由基础上的限制。这种限制既是自由的体现，也是对自由的必要保护，调解就是"通过人们对论辩过程的普遍、平等的了解和平等、对称的参与而确保在议题之选择和最好信息最好理由之接纳这两方面的自

---

[1]【德】哈贝马斯：《在事实与规范之间》，童世骏 译，三联书店，2003年，第381页。
[2] 苏力：《关于能动司法与大调解》，《中国法学》，2010年第1期。
[3] 张洪涛：《司法之所以为司法的组织结构依据》，《现代法学》，2010年第1期。

由"。[1] 在调解中,作为调解人的法官的首要职责是保障一种"理想的言谈情景","确保民主的法律共同体用来进行自我组织的包容性的意见形成和意志形成'渠道'完好无损:'司法审查的首要任务,应该是拆除民主过程中的障碍'",[2]而不是实体权利的分配。

第五,嵌入调解同等组织结构的对自由的限制不同于审判对自由的法律限制。如果说审判对民意沟通自由的限制是建立在法律基础上,实际上是建立在由国家垄断并最终由国家暴力保障实施的行政权力的基础上,从沟通过程的外部植入或强加的,与沟通或交往不具有构成性联系,是建立在单方面强制基础上的非构成性的外部强制,这种行政权力为法律的代言人法官尤其是处于等级结构中较高等级者所单方面所有,不为当事人与法官所共享,不为当事人的能力所控制和支配,对当事人的自由有可能起不到保障作用。那么,调解对民意沟通自由的限制是建立在"交往权力"上,"这样一种交往权力,只可能形成于未发生畸变的公共领域之中。它只能产生于未受扭曲之交往中那种未遭破坏的主体间性结构"。[3]调解的同等组织结构建构的就是这样的"公共领域"和"主体间性结构"(详后)。在这个意义上,调解同等组织结构既是对民意沟通自由的保障,也是对民意沟通自由的限制,是自由与限制的结合体。"这种权力,正如阿伦特所说的,是没有人能够真正'占有'的:'权力(Macht)是随着人们开始一起行动而产生的;一旦他们分散开去,它也就马上消失'。"[4]因此,建立在这种交往权力基础上的强制,是一种构成性的内部强制,与自由相伴而生、相伴而亡。这种构成性的内部强制,不仅存在于被调解人之间,也存在于调解人与被调解人之间,甚至还存在于调解人之间。正是这种交往权力,构成了对法官权力的制约,也形成了对当事人自由的保障。"从这个角度来看,对于民主的意见形成和意志形成过程来说具有构成意义的交往权利和参与权利,具有一种特殊的地位。"[5]

第六,嵌入调解同等组织结构的自由与其构成性限制的结合而形成的"主体间性"和"主体间性结构",是民意沟通成功的基础和保障。调解的同等组织结构,既为民意沟通的自由提供了保障,也为自由提供了一种与自由相

---

[1] 【德】哈贝马斯:《在事实与规范之间》,童世骏 译,三联书店,2003年,第282页。
[2] 【德】哈贝马斯:《在事实与规范之间》,童世骏 译,三联书店,2003年,第326页。
[3] 【德】哈贝马斯:《在事实与规范之间》,童世骏 译,三联书店,2003年,第181—182页。
[4] 【德】哈贝马斯:《在事实与规范之间》,童世骏 译,三联书店,2003年,第180页。
[5] 【德】哈贝马斯:《在事实与规范之间》,童世骏 译,三联书店,2003年,第326页。

伴相随的构成性限制，因此，嵌入这种组织结构的自由不可能是追求利益最大化的工具理性的体现，只能是一种自由与其构成性限制相结合而形成的"主体间性"。在这个意义上，调解的同等组织结构也是一种"主体间性结构"。调解的主体间性结构，在规范层面，体现为《若干规定》第三十一条"促使双方当事人互谅互让"的规定，《调解法》第二十二条"人民调解员……在当事人平等协商、互谅互让基础上提出纠纷解决方案，帮助当事人自愿达成调解协议"的规定；在法律实践层面，既体现于被调解人之间的互谅互让——原告要想想"M（被告）会怎么想"的问题，被告也要想想"根据（原告的）实际情况，要人家赔偿1万元偏高"的问题，而不只是考虑使各自利益最大化的问题，也表现在调解人与被调解人之间的换位思考和相互理解——中国基层法官要为老太婆想想断绝母子关系是否管用的问题，理解"你（被告）的心情和一些过激行为"，当事人也要站在法官的角度理解法官的苦衷，认识到"法院拘留我也是为我好"，[1]而不只是法律权利保护的问题；在精神层面，表现为调解所承载的儒家"中庸理性"，即建立在人与人之间关系结构上的双向的将别人视为平等利益主体的"结构理性"，而不是单向的将别人视为实现自己利益的客体即工具的工具理性。

正是嵌入调解同等组织结构而形成的"主体间性"和"主体间性结构"，为调解的民意沟通取得成功提供了可能和技术保障。正如哈耶克所认为的认识到理性的有限性才是最大的理性一样，这种"主体间性"或"结构理性"以承认别人的合理利益的存在为前提而追求自身利益的最大化，或者说认识到自己利益的有限性，才是最大的理性，才是利益的最大化。因此，在这种主体间性指引下，"鼓励每个人采纳其他成员的视角，甚至采纳所有其他人的视角；在这样的条件下，以理性为动力而改变人们最初的立场，是可能的"[2]。也因此，嵌入调解"主体间性结构"的民意沟通，才是"一个理性的过程而不是一个意志的过程，一个说服的过程而不是一个权力的过程，其目标是用一种好的、正义的、不管怎么样是可以接受的方式来管理生活中那些包含着人们的社会关系和社会本性的方面"[3]；才是观点之间的真诚交流，证据和信息的质与量之间的交换和较量过程，"排除理解过程内外所产生的任何强制，而只

---

[1] "互让"是整个交涉过程中的两个重要因素之一。参见季卫东：《调解制度的法律发展机制》，强世功：《调解、法制与现代性》，中国法制出版社，2001年，第1—87页。

[2] 【德】哈贝马斯：《在事实与规范之间》，童世骏 译，三联书店，2003年，第337页。

[3] 【德】哈贝马斯：《在事实与规范之间》，童世骏 译，三联书店，2003年，第336页。

承认更好的论据的强制力量"[1]。

四、嵌入调解同等组织结构的沟通合法性

嵌入调解同等组织结构的民意沟通,并不是调解的最终目的;调解的最终目的是让调解中形成的规则——调解协议——被有关承担者所接受和认可,获得其合法性。嵌入调解组织结构的民意沟通及其获得的合法性,既不同于立法,也有异于司法审判,有自己独特之处:

第一,调解获得的合法性是建立在自身组织技术上的。由于嵌入调解同等组织结构的民意得到了最广泛、最深入的释放、沟通和尊重,因此,即使处于"沙漠地带"——国家权力边缘——的"村民"的意见、愿望和要求也会受到不同程度的尊重并对纠纷的最终解决产生实质性的影响;即使在立法中非常微弱甚至被掩盖的声音如民间习惯,也会被带入调解之中,使所有参与者不得不"穿行于习惯与法律之间",并对调解协议产生不同程度的甚至决定性的影响。[2]调解协议必须考虑到所有涉及人的利益,"相关的倡议、议题和贡献、问题和建议更多地来自意见光谱的边缘而不是它的已成为主流的中央。'所以,这表明,通过法律而追求政治自由,取决于我们(最高法院)不断地寻求将他者、以前被排斥的人们包括进来——这实际上意味着把那些新兴的自觉的社会团体的以前缺席的声音带入法理讨论领域,使之成为这个领域的在场者'。"[3]因此,这样形成的法律——调解协议——及其合法性是由调解的组织技术所保障的,是"基于所有公民自由平等地(直接——引者注)参与政治和法律秩序的民主决策过程中生成"[4],形成的是一种基于自身组织技术而获得的技术合理性。

第二,调解的合法性是建立在自身组织技术上的沟通合法性。随着近代社会以来的不断理性化,人们认为形式理性优于实质理性;现在又随着现代社会的多元化、碎片化、去中心化和复杂化,人们又认识到形式合法性的弊端,呼唤着"迈向回应型法"。不论是实质合法性还是形式合法性,都是有关

---

[1]【德】哈贝马斯:《在事实与规范之间》,童世骏 译,三联书店,2003年,第282页。
[2] 苏力:《当代中国法律中的习惯——从司法个案透视》,《中国社会科学》,2000年3期。
[3]【德】哈贝马斯:《在事实与规范之间》,童世骏 译,三联书店,2003年,第338页。
[4]【荷】伊芙琳·T.菲特丽丝:《法律论证原理》,张其山 等译,商务印书馆,2005年,第67页。

法律实体内容——权利义务分配——的合法性,都无法解决现代社会韦伯所说的实质理性与形式理性的紧张与冲突,通过实体的法律分配来获得其最低限度的合法性已不能满足现代社会的需要。因此,"在欧陆法律理论和法律实践中大行其道达两个世纪之久的笛卡儿式的逻辑—演绎思维方式已经愈来愈招致多方面的抨击;作为一种替代,论证和商谈理论在法律理论中发展起来"[1]。这种沟通合法性的理论衡量标准由以前侧重关注实体或判决的结果转移到对程序或判决过程的关注,对这种沟通过程是否是在一种平等、自由、开放状态下进行的关注,甚至于深入到沟通主体的社会心理层面是取向于成功即主体性还是取向于理解即主体间性的关注,用哈贝马斯的话说就是这种法律商谈或沟通是否是处于一种"理想的言谈情景":"(1)任何可言说者均可参加论辩。(2)(a)任何人均可质疑任何主张;(b)任何人均可在论辩中提出任何主张;(c)任何人均可表达其态度、愿望和需求。(3)任何言说者均不因受到论辩内或论辩外的某种强制的障碍而无法行使其在(1)和(2)中所确定的权利。"[2]

这种沟通合法性"一定程度上——有意地或无意地——在形式合法性与实质合法性之间搭起了一座桥梁"[3],试图有效地解决两者之间的冲突与紧张;而在波斯纳看来,沟通合法性的实质就是悬置法律的实体问题,将实体问题转化为程序问题。[4]但调解悬置法律的实体问题,并不是要回避法律的实体问题,而是将实体问题交由嵌入调解同等组织结构的所有人通过充分的民意沟通而得以解决,并获得其合法性,以避免形式合法性与实质合法性之间出现的紧张与冲突。在这个意义上,胡克与波斯纳对哈贝马斯的评价没有实质性的区别。调解的这种不是建立在法律实体内容上,而是建立在法律程序基础上,通过嵌入同等组织结构的民意沟通而获得的合法性,从规范的角度看,称作沟通合法性或程序合法性;从社会组织的角度看,又可以称作建立在自身组织技术上的沟通合法性。

正是由于调解的这种建立在组织技术上的沟通合法性将法律实体内容

---

〔1〕【比】马克·范·胡克:《法律的沟通之维》,孙国东 译,法律出版社,2008年,第14页。

〔2〕【荷】伊芙琳·T·菲特丽丝:《法律论证原理》,张其山 等译,商务印书馆,2005年,第61—62页。

〔3〕【比】马克·范·胡克:《法律的沟通之维》,孙国东 译,法律出版社,2008年,第260页。

〔4〕参见【美】波斯纳:《道德和法律理论的疑问》,苏力 译,中国政法大学出版社,2001年,第114—124页。

的合法性交由嵌入调解同等组织结构的所有人通过充分的民意沟通而获得，因此，它能有效地适用于存在于社会多元尤其是法律多元的社会，如中国古代社会由于地域辽阔、人口众多而带来的法律多元社会，以及现代社会由于社会的日益复杂化而带来的法律多元社会。这也许就是中国社会和现代西方社会调解得到广泛运用的原因。在这个意义上，"法律的沟通进路也许在某些点上更接近于中国法律文化"[1]。

第三，调解这种建立在组织技术上的沟通合法性不同于立法建立在组织技术上的合法性。尽管从组织技术角度看，调解与立法具有相同的社会组织结构即同等结构，[2]但由于立法面对的是不特定人及其不特定的利益，通过利用代议制形式而代表所有社会成员的利益，因此，这种立法不一定能与具体人的具体利益有效地建立起紧密而直接的利益联系；尤其是在人口众多、地域辽阔的中国，由于"集体行动的逻辑"导致的"搭便车"难以克服，[3]建立起这种紧密而直接的利益联系的难度更大。因此，这种通过立法而获得的合法性，不是"从它所指向的（具体——引者注）对象那里取得的合法性"[4]，不是一种具体的合法性，而是一种普遍的合法性。相反，调解面对的是具体人及其具体利益，能够与特定人及其特定利益形成紧密而直接的利益联系，容易形成一种利益驱动机制；在这种利益驱动机制的作用下，民意能够得到充分而有效的沟通。因此，这种通过嵌入调解同等组织结构的民意沟通而形成的解决纠纷的实体规则及其获得的沟通合法性，是从它所指向的具体对象那里获得的规则及其沟通合法性，也是一种能被参与调解的所有人所认可、接受的具体的实体规则，获得的沟通合法性是一种具体的合法性，而不是像立法那样普遍的合法性。

第四，调解这种建立在组织技术上的沟通合法性有异于大陆法系审判的合法性。大陆法系属于制定法传统，理论上，司法只是立法的延伸和运用，因

---

[1]【比】马克·范·胡克：《法律的沟通之维》，孙国东 译，法律出版社，2008年，"中译本序"。

[2] 关于立法机构的组织结构，参见：张洪涛：《司法之所以为司法的组织结构依据》，《现代法学》，2010年第1期；【英】M. J. C. 维尔：《宪政与分权》，苏力 译，北京：三联书店，1997年，第322—328页。

[3]【美】奥尔森：《集体行动的逻辑》，陈郁 等译，格致出版社、上海三联书店、上海人民出版社，2011年，尤其是第1—79页。

[4]【美】马修·德夫林：《哈贝马斯、现代性与法》，高鸿钧 译，清华大学出版社，2008年，第53页。

此，在韦伯的眼中，大陆法系的司法审判被形象地称为"自动售货机"。"因为司法的判决是同法律和法规连接在一起的，所以司法的合理性基础是现行法律的合法性。"[1]换言之，司法审判的合法性不是通过自身获得的，而是通过司法审判以外的立法事先给定的，理论上，司法的功能主要在于实现其合法律性，而不是合法性。比较而言，在同向调解中，在不违背实体法律的禁止性规定的前提下，参与调解的所有人通过民意沟通，可以形成解决纠纷的实体规则及其合法性，这时，与大陆法系的审判对合法律性的要求相比，调解的合法律性要求很低，只是不违背实体法律的禁止性规定，主要追求其合法性。这种对合法性的追求，在异向调解中体现得更为突出，甚至可以突破实体法律的禁止性规定，单纯追求其合法性，而不顾其合法律性。可见，大陆法系审判的合法性是建立在审判外部的立法基础上，要严格受其合法律性的限制，而调解的沟通合法性是建立在自身组织技术上并通过民意沟通而获得，受合法律性的限制较为松弱。

第五，调解这种建立在组织技术上的沟通合法性有别于英美法系审判的合法性。如果说大陆法系在解决合法性与合法律性的紧张与冲突上，主要采取了立法与司法的社会分工的思路，即立法主要解决合法性问题，司法主要解决合法律性问题，那么，英美法系（主要是普通法）则主要采取的是合二为一的思路，将合法性与合法律性的紧张与冲突都放在司法环节加以解决，其合法性主要通过审判自身的民意沟通而获得。在这个意义上，英美法系的审判与调解在解决合法性与合法律性的紧张与冲突问题，或者说获得其合法性的方式上，都采取了在一定程度上相同的思路——通过自身而获得其合法性。但调解与英美法系的审判在获得合法性的程度，或者说合法性受合法律性的限制程度上，还是有所区别的。英美法系审判通过自身而获得的合法性，不仅要受实体法律规则即先例的禁止性规定的限制，而且还要受实体法律规则的非禁止性规则的约束，其合法律性——遵循先例——的要求较高，实现的是一种法律——先例——下的自由。比较而言，调解通过自身组织技术而获得的沟通合法性，只受实体法律规则禁止性规定的限制，甚至在一定情形——如异向调解——下，可以突破实体法律禁止性规定，不像英美法系审判那样要遵循先例，实现的是一种"无法无天"的自由。也许正是由于这个差异，导致了我国调解难以像英美法系审判那样，通过遵循先例而演化出自

---

[1]【德】哈贝马斯：《在事实与规范之间》，童世骏 译，三联书店，2003年，第296页。

己的法律规则系统,并走上形式化和自治化的道路,而英美法系审判正是通过对合法性的合法律性约束,演化出了自己的"在事实与规范之间"的法律规则体系,并走上了形式化和自治化的道路。

第六,调解这种建立在组织技术上的沟通合法性也区别于中国法院审判的合法性。尽管中国法院审判在规范层面模仿了大陆法系审判同等结构为主等级结构为辅的组织结构,但由于中国法院审判的行政化程度高于大陆法系,[1]因此,法院审判的合法性对立法的依赖度更高,更难以通过审判自身而获得其合法性,如我国在正式制度层面不承认法官立法,而大陆法系对法官立法还是进行了一定的制度化安排。在这个意义上,中国法院的审判可以说只是单纯追求合法律性,受合法律性的限制更为严苛,通过自身而获得合法性的制度空间和制度能力更差。同时,由于我国特殊的国情决定了我国立法中"搭便车"现象更为普遍也更为严重,因此,立法提供给法院审判的合法性资源也十分有限。在立法提供的合法性资源有限和法院审判受合法律性的局限更为严苛的双重夹击下,中国法院审判对调解的依赖程度就更高,更离不开对调解及其提供的合法性资源的依赖,通过调解的民意沟通而提供给审判的合法性的任务就更为繁重,进而也导致了调解获得合法性的功能更为强大,甚至还可以突破法律的禁止性规定。如果以合法律性功能为标准,中国法院审判最强,大陆法系审判次之,英美法系再次之,中国法院调解最差;如果以合法性为标准,中国法院调解最强,英美法系次之,大陆法系再次之,中国法院审判最弱。在这个意义上,中国法院审判和调解是从一个极端(合法律性极端)而走向另一个极端(合法性极端)的结合,存在着事实与规范之间的分离,而不是像大陆法系和英美法系那样是某种程度上的合法律性与合法性的结合,也是某种程度上的事实与规范的结合,"处于规范与事实之间"。

总之,嵌入调解同等组织结构的民意沟通及其沟通合法性,既不同于法院审判——包括大陆法系、英美法系和中国法院审判——和立法提供的合法性,也有异于形式合法性和实质合法性,而是一种独特的建基于自身组织技术上的技术合理性。制度的命运最终决定于自身技术。正是这种技术合理性,决定了调解具有自己独特的制度价值和制度地位,也决定了调解具有自古至今强劲的制度生命力。正是这种技术合理性,决定了我国调解

---

[1] 苏力:《经验地理解法官的思维和行为》,载【美】波斯纳:《法官如何思考》,苏力 译,北京大学出版社,2009年。

制度的又一次制度复兴，而不能将此归结于外部的各种各样的甚至相互矛盾冲突的意识形态因素；只有将调解的制度复兴归结于自身技术，对调解的认识建立在社会科学研究的基础上，才能避免将调解制度进行简单的意识形态化处理，包括从现代西方法治观念（一种意识形态）角度和古代儒家思想（另一种意识形态）角度甚至包括所有从文化观念（还是一种意识形态）角度对调解制度的理解。调解制度之所以能在中国社会存活如此之久，能为历代不同甚至相反的政治职能、意识形态所利用，[1]就在于其自身的技术合理性。在这个意义上，调解的真正的全面的根本的复兴，只能建立在技术角度研究上，不能建立在文化角度研究上。调解的"道德意识随因果联系意识的增加而减少"[2]。

五、调解技术合理性的制度化建议

既然调解具有技术合理性，就应重新评估并调整调解在中国法院的制度地位，改变目前"大调解"不"大"的现状，并将其技术合理性转化为具体的制度化措施：

第一，要变目前调审合而同一的司法体制为合而不一的司法体制。由于中国法院审判行政化导致的功能缺陷，中国法院审判对调解存在一定程度的功能依赖，因此，中国法院在实践上采取调审合而同一的司法体制。但由于人们对调解的意识形态化——尤其是目前从西方法治观念——的理解，导致中国法院调解在整个法院制度中处于依附于法院审判的状态，其也会随着有关调解的意识形态的变化而处于不稳定的状态，包括目前的"大调解"也是如此。因此，应该从调解的技术合理性角度，来定位调解制度在中国法院独立的制度地位和制度价值，及其独立的组织载体即调解组织和微观载体即调解人员，实行调审合而不一的司法体制，以避免司法实践中出现的既不利于调解民意功能发挥和调解制度自身发展，也会对中国法院审判产生一些负面影响"以判压调""明判暗调"等情形。

第二，在实行调审合而不一司法体制的前提下，为了充分发挥调解在司法民意沟通功能上的组织技术优势，中国法院应该在一审法院设立独立的调

---

[1] 参见强世功：《调解、法制与现代性》，中国法制出版社，2001年。
[2] 【德】尼采：《曙光》，田立年 译，漓江出版社，2000年，第8页；转引自苏力：《法律与文学》，三联书店，2006年，第262页。

解庭及其调解人员。观念上，中国法院调解存在许多不符合现代司法形式及法治理念的情形，但从技术角度看，调解的同等结构提供的组织沟通与审判相比，更接近于"理想的言谈情景"，是自由、平等和权利实现的较好形式，民意沟通功能强于审判。因此，应充分发挥调解在司法民意沟通功能上的组织技术优势，在一审法院设立独立的调解庭及其调解人员，用来解决我国初审法院的"事实性问题"（包括非理性的问题），以实现中国法院在解决规范性问题与事实性问题的制度分工，从组织技术角度来解决中国法院司法民意沟通问题。

第三，制定专门的调解组织法和程序法。调解技术合理性的核心在于其组织结构及其保障的民意沟通的顺畅和有效，在于其营造的"理想的言谈情景"。在这个意义上，调解法首先是组织法和程序法，而不是实体法。但由于其缺乏制度规范，这种组织结构及其"理想的言谈情景"会存在不同程度的不确定性，会随"情"而变，因人、因地、因时而异，因此，为规范调解自身的组织结构及其"理想的言谈情景"，我国应该制定专门的调解组织法和程序法，为之提供专门而系统的法律保障，将调解的技术合理性转化为具体的制度规范。

第四，改变目前对调解的实体法采取事前立法审查为事后司法审查的方式。尽管调解有其技术合理性，但这种技术合理性并不能直接解决调解实体法的合法性问题，只能将调解的实体法的合法性问题交由所有的参与者来解决，不同程度地存在着侧重于合法性而忽视合法律性的弊端，为此，各国法院都不同程度地存在着对调解实体法——调解协议——的法律审查制度。结合我国的特殊国情和事前立法审查在法律实践中有名无实的状态，应变目前对调解的实体法采取事前立法审查为事后司法审查。这一方面可以将调解的实体法由目前的"个人物品"转化为"公共物品"，提高调解实体法的正外部性收益；另一方面也可以实现对调解实体法的有效的司法审查，形成调解实体法"遵循先例原则"，提高调解实体法的合法律性程度，而不是像现在那样只顾事实而不顾规范，实际上处于一种不受合法律性约束的放任自流的状态。

第五，调解的技术合理性，决定了我国应重新反思并设计中国法院司法化改革道路。由于以前的研究没有将调解作为中国法院的重要组成部分从技术的角度来认识和研究，因此存在不同程度的对中国法院现状——如法院的行政化——的一些错误或不全面的认识。如果将中国法院调解的同等结构及其技术合理性考虑进去并作为其重要组成部分,中国法院行政化色彩至少不会像以前认为的那样浓,[1]中国法院组织结构"名"与"实"的分离也不会像以前认为的那样严重。[2]因此,我们应反思和重新设计我国法院司法化改革道路,譬如,中国法院司法化除了像西方那样走审判司法化道路外,还可以走调解制度化道路;这是一条以传统来改造传统的道路,因此也是一条更适合中国国情的司法改革之路。

---

[1] 贺卫方:《司法的理念与制度》,中国政法大学出版社,1998年,第103—138页。
[2] 张洪涛:《司法之所以为司法的组织结构依据》,《现代法学》,2010年第1期。

第九章

中国法院压力消解之法律组织学解读

一、引论：问题与视角

法律涉及权利和利益的分配。不论是立法还是司法，都会面临来自社会的各种压力。但司法与立法不同，涉及具体人的具体利益甚至生命，"法官是应招来解决纠纷的，而这种解决几乎肯定会伤害一方而有利于另一方，他的职位生来就不稳定。"[1]因此，司法是一种高对抗性行业，法官也是一种高风险职业，始终处于社会冲突的风口浪尖，可能殃及法律所追求的确定性。为此，西方进行了持续的关注和研究，形成了较为成熟的解决此问题的宏观—中观—微观的制度体系，建立了一种既能制度化地"吸纳挑战机制"，也能制度化地"拒斥挑战机制"。[2]但由于客观条件的限制，如人的理性的有限性、作为法律载体语言的模糊性，法律的确定性或客观性尤其在疑难案件中并未实现，将来也可能无法实现。[3]这种因客观原因而带来的疑难案件司法确定性问题，并不是本章要探讨的问题；本章着重研讨前者，即因制度安排而带来的常规案件司法确定性，笔者称之为制度性司法确定性。

---

[1]【美】波斯纳：《法理学问题》，苏力 译，中国政法大学出版社，1994年，第8页。

[2] 参见【日】千叶正士：《法律多元》，强世功 等译，中国政法大学出版社，1997年，第50—53页。

[3] 参见【美】波斯纳：《法理学问题》，苏力 译，中国政法大学出版社，1994年，第31—44页。

常规案件制度性司法确定性本不应成为中国法院的问题。但是在中国,因职业保障制度的缺失,[1]常规案件也可能演变为"难办案件",其制度性司法确定性就成为问题。苏力在其《送法下乡》中涉及的送法下乡案、警察执法案、农民伤害赔偿案、通奸案、断绝母子关系案、赡养案等,都属于此类情形;再如,我国刑事误判案件及其被发现的"纠错案件",典型的如聂树斌案,从法律角度看是明显的错案,但至今未"翻案",可谓典型的简单难办的案件;[2]还如,不应进入法院的常规案件大量进入了法院而应进入法院的疑难案件却较少进入的"逆向选择"现象,[3]在相当大程度上导致了我国法院"案多人少"的状况。[4]除了常规案件制度性司法确定性难以保障是中国法院特有的问题外,审判委员会、调审合一、议(判决)行(执行)合一、行政化的请示汇报制度与民主化的合议制度共存、独立的制度安排与不独立的司法运作并存,等等,也都是中国法院特有的现象。但本章并不研究其中的某一现象,而是以制度性司法确定性为主线,力图对上述现象之间的关联作整体把握和解释,勉力将中国法院作为一个"理想型"整体而暂时忽视其内部各层级法院的差异性,以期展示、揭示、呈现出中国法院在性质和组织形态及其嵌入其间的法官行为上与西方法院的不同,以及这种不同对中国法院可能的理论意义和实践意义。这种研究可以使我们高屋建瓴地看到"整片森林"而不是"纠缠"于"单个树木",加深对中国法院的认识和把握。当然也应该意识到,其必然带来的不足是对"单个树木"缺乏足够的注意;但这并不意味着本章的研究完全不注意"单个树木",而是在"单个树木"基础上的对"整片森林"的理论抽象;因此也意味着不能简单地将"单个树木"之和完全等同于"整片森林",更不能简单、机械地以"单个树木"来印证、证伪"整片森林"。

本章有别于其他研究的地方还在于:第一,将有关中国法院的研究置于立法—司法之间的关系背景下。这是因为:大陆法系与英美法系不同,司法

---

[1] 为了研究的便利,笔者将西方立法与司法的分工、司法内部的制度分工以及法官任期、薪资、晋升等有关针对司法职业风险而实施的降低风险的制度统称为"职业保障制度"。

[2] 参见陈永生:《我国刑事误判问题透视》,《中国法学》,2007年第3期,第48页。

[3] 参见:张维迎,柯荣住:《诉讼过程中的逆向选择及其解释》,《中国社会科学》,2002年第2期,第32页;张维迎,艾佳慧:《上诉程序的信息机制》,《中国法学》,2011年第3期,第103—105页。

[4] 苏力:《审判管理与社会管理——法院如何有效回应"案多人少"?》,《中国法学》,2010年第6期,第178页。

是立法的延伸,受立法的影响较大;我国以移植大陆法系法律制度为主,故而也具有这种特征。但目前学界将司法与立法割裂开来的研究思路,与之不相符。第二,对中国法院作整全观的动态研究。目前学术界对中国法院的研究大多停留在静态的分解式的理念化研究,如对中国法院调解与审判、行政化与民主化的研究。〔1〕本章力图在此基础上,侧重于动态的混合研究,使理论解释更切合中国法院的实际。第三,一如既往,本章还是选取中观层面的研究进路。〔2〕苏力在《送法下乡》中采用宏观的社会结构进路,侧重于宏观—中观—微观各自横向的展开,"三观"之间纵向逻辑联系并不紧密;〔3〕本章则采用中观的组织结构进路,侧重于通过中观联结宏观与微观的桥梁作用,力图客观地展示宏观的立法—中观的法院组织—微观的法院法官三者之间纵向的内在逻辑联系。〔4〕第四,本章不仅要追问"为何要"的问题,更要追寻"为何能"的制度原因和可能性。苏力在《送法下乡》中主要探讨简单而难办案件"为何要"的政治、经济等社会原因,本章则侧重追寻"为何能"的制度原因及制度性影响:首先,从宏观的功能比较视角探讨了中国法院压力形成的制度原因;其次,从中观层面讨论了法院为消解这种压力在组织形态上的制度性应对;再次,从微观层面研讨了嵌入其中的法官采取的三种消解压力的制度化方式;最后,探讨了消解压力方式的主要制度性影响及实现制度性司法确定性的制度性建议。

---

〔1〕 这方面研究文献较多,如参见:李浩:《民事审判中的调审分离》,《法学研究》,1996年第4期,第57—68页;侯猛:《案件请示制度合理的一面》,《法学》,2010年第8期,第126—136页;苏力:《送法下乡》,中国政法大学出版社,2000年,第115—125页。另外,苏力在书中第2章进行了混合研究,但从第3章来看,他当时没有将这种混合研究上升到自觉阶段;只是后来自觉意识到"司法制度的合成理论",参见苏力:《司法制度的合成理论》,《清华法学》,2007年第1期,第6—18页。

〔2〕 参见张洪涛:《司法之所以为司法的组织结构依据》,《现代法学》,2010年第1期,第33页;张洪涛:《调解的技术合理性———种中观的组织结构—功能论的解读》,《法律科学》,2013年第2期,第24页。本章就是在上述两篇有关审判与调解的分解式研究基础上进行的混合研究;文后涉及有关审判与调解的组织结构、组织功能等问题,参见上文,不再另行注释。

〔3〕 这种特征也表现在《道路通向城市》(法律出版社,2004年,"引论")等著作中。

〔4〕 关于宏观的社会结构进路与中观的组织结构进路的差异,笔者有专门论述,参见张洪涛:《审判委员法律组织学解读——兼与苏力教授商榷》,《法学评论》,2014年第5期。

二、法律洞影响下法院压力何以形成：
宏观的功能比较视角

西方在解决常规案件司法确定性即判决的合法性与合法律性的冲突与紧张上，[1]形成了一套较成熟的制度体系。首先，宏观上就是通过司法与立法等政治性部门的分离，让立法通过充分发扬民主和广泛吸纳民意，使合法性或"良法之治"尽量解决在立法阶段，让司法通过在具体司法判决尤其是常规案件判决中不断回归和确认规则的方式，使合法律性或"规则之治"主要解决在司法阶段。"因此，现代以来，对于法官来说，亚里士多德的'良法之治'的法治概念已经更多地为'规则之治'的法治概念替代了。良法恶法的问题往往由或更多由政府的其他政治性部门（立法和行政）来承担，法官对这个问题则更多的是基于'不在其位，不谋其政'的比较制度功能主义的立场，采取了'六合之外，存而不论'（或少论）的自我克制态度。"[2]"司法的合理性基础是现行法律的合法性。这种合法性又进一步取决于一个立法过程的合理性，这个过程在宪法的权力分立条件下是司法机构所不能支配的。"[3]

上述情形，在地域较小和人口较少的大陆法系国家体现得较突出。在英美法系尤其是地域较广和人口较多的美国，在未实现立法与司法相对分离（尤其是表现在普通法上）情形下，则通过司法阶段的制度分工，如通过司法阶段设置具有民主化、大众化的陪审团，[4]将事实性、合法性等"良法之治"问题交由陪审团来解决，法官只需在遵循先例原则下发现和解释规则，解决规范性、合法律性等"规则之治"问题的横向制度分工，以及通过初审法院解决事实问题而上诉法院只解决法律问题的纵向制度分工，来消解常规案件判决合法性与合法律性的紧张和冲突，以便实现其司法确定性。美国保留陪审团"或许是为了使司法的角色看上去比其实际情况更为客观，这就是把疑难问题分派给普通人解决，从而减少了法官必须决定的其中有不确定性问题的

---

[1] 不同学者有不同表述，如事实和规范、事实性和有效性、解决问题与确认规则之间；为了讨论方便，本章只选取这种表述。

[2] 苏力：《送法下乡》，中国政法大学出版社，2000年，第177页。

[3] 【德】哈贝马斯：《在事实与规范之间》，童世骏 译，三联书店，2003年，第296页。

[4] 民主化不是简单的多数主义，而是指代表性和结构性。参见：【法】托克维尔：《论美国的民主》（上卷），董果良 译，商务印书馆，1988年，第282—319页；【美】波斯纳：《法律、实用主义与民主》，凌斌、李国庆 译，中国政法大学出版社，2005年，第201、231页。

案件数量。如果事实问题很容易（即一切理性的陪审团都只能给出这种答案），法官就会……从陪审团那里夺走此案"[1]。在英国，"那种认为陪审团决定事实问题，法官决定法律问题的流行观点是完全错误的。法律人尊重陪审制度，尤其是民事陪审制度，正是因为陪审制度是不创设任何对未来有拘束力的'先例'的前提下，决定某些具体的'法律'问题，换言之，是因为陪审团决定法律问题的'非理性'"[2]。

不论是大陆法系的司法与立法之间，还是英美法系司法中陪审团和法官、初审法院和上诉法院之间，在解决合法性与合法律性的紧张和冲突上的制度分工，都必须落实到微观层面的法官身上，集中体现在法官职业保障制度上。在法官专业化、职业化方面，尽管大陆法系和英美法系存在程度上的差异，但它们都针对司法和法官职业的高风险、高投入、高要求等特点，形成了一系列区别于国家公务员的有关法官任期、薪水等旨在降低职业风险的职业保障制度，最终实现了法官与公务员之间的职业分工，[3]为消解合法性与合法律性的紧张和冲突，实现制度性司法确定性，奠定了微观基础。

考察了西方情形后，再来看中国的情况。中国主要移植大陆法系的法律和制度，形式上也实现了司法与立法的相对分离，但由于客观上受中国人口众多、地域辽阔、政治经济文化发展极不平衡等基本国情的限制，以及主观上"低（零）成本立法政策"的影响；[4]由于中国历史上民权思想的先天不足和后天失调，立法有效运转的社会根基极其薄弱，议会政治并不发达，甚至自身还存在"立法独立"问题；[5]由于技术上立法并不像司法那样涉及具体人的具体利益，缺乏利益驱动机制，立法程序在利益表达机制等方面存在这样或

---

〔1〕【美】波斯纳：《法理学问题》，苏力 译，中国政法大学出版社，2002 年，第 261 页。

〔2〕Max Weber. *Economy and Law*, Vol. 2. Berkely：University of California Press，1978：762. 转引自赵晓力：《基层司法的反司法理论?》，《社会学研究》，2005 年第 2 期，第 224 页。

〔3〕参见：郭成伟、宋英辉：《当代司法体制研究》，中国政法大学出版社，2002 年，第 139—171 页；【美】波斯纳：《法官如何思考》，苏力 译，北京大学出版社，2009 年，"代译序"，第 8—9 页。

〔4〕参见张洪涛：《民法典学者建议稿信息结构及其参与者的社会网络》，《环球法律评论》，2014 年第 3 期。

〔5〕参见张洪涛：《立法独立之比较制度分析》，《东南大学学报》（社科版），2011 年第 1 期，第 63—65 页。

那样的问题,[1]"立法体制尚未符合立法科学化与民主化的要求",[2]主要成了政府及其部门利益的表达过程,社会成员参与的积极性不高,利益表达至少不充分;[3]因此,西方立法中存在的非结构性法律与社会脱节的法律漏洞,在中国则表现为结构性法律与社会的脱节,形成中国立法看不见中国社会的"法律洞现象",[4]中国立法难以担当起像大陆法系立法那样通过合法性实现"良法之治"的任务,难以为司法判决提供足够的优质的合法性资源。

这种立法阶段的法律洞,必然延伸到司法阶段,成为法官必须跨越的司法洞;[5]这种在立法阶段未获取民众认可的规则,[6]必然下移到司法阶段,成为法官必须面对的需重新获取民众认可的合法性问题。[7]对主要移植于外、并非内生于社会的中国立法而言,这是其长期扎根于中国社会的关键,民众对这种合法性的关注和需求也更为强烈。这是其一。其二,对于没有实行审判与执行分离的世界通行惯例,而是实行审判与执行合一体制的中国法院判决而言,判决的可接受性即合法性,是其有效执行、司法确定性有效实现的关键。[8]其三,随着中国社会及其分层的不断发展,特别随着互联网技术的

---

〔1〕 参见孙朝、徐向华:《论我国立法程序的完善》,《中国法学》,2003年第5期,第61—65页。

〔2〕 梁慧星:《中国民法典起草建议稿附理由·亲属编》,法律出版社,2006年,"序言",第2页。

〔3〕 参见布小林:《立法的社会过程》,中国社会科学出版社,2007年,第32—59页。

〔4〕 结构洞广泛存在于政治、经济和社会领域。笔者受社会学中结构洞的启发,将法律领域中的结构洞称为法律洞。法律洞是指中国当代立法中由于缺乏中国社会自身因素或信息的考量,大量充斥西方法制因素或信息,使中国法律网络在整体上呈现出一种结构性缺陷,好像法律网络上出现了洞穴,即法律结构洞,简称法律洞。法律洞与法律漏洞最主要的区别是其结构性,前者是结构性缺失,后者不是。如以司法中法律推理为例,法律推理:大前提+小前提=结论,但这里的小前提出现了缺失,而不是法律漏洞中出现的对小前提考虑不周或不当等问题。关于我国当代立法中法律洞的专门研究,详见本书第一、三、四、五章。关于结构洞的研究,参见【美】罗纳德·伯特:《结构洞——竞争的社会结构》,任敏 等译,格致出版社、上海人民出版社,2008年,第18—51页;关于法律洞的研究,参见张洪涛:《法律洞的司法跨越——关系密切群体法律治理的社会网络分析》,《社会学研究》,2011年第6期,第59—82页。

〔5〕 参见张洪涛:《法律洞的司法跨越——关系密切群体法律治理的社会网络分析》,《社会学研究》,2011年第6期,第62页。

〔6〕 参见布小林:《立法的社会过程》,中国社会科学出版社,2007年,第94—97页。

〔7〕 参见张静:《土地使用规则的不确定:一个解释框架》,《中国社会科学》,2003年第1期,第114页。

〔8〕 这种"合法性",不是指像立法那样整体的"普遍的合法性",而是根据具体情形而确定的相对范围内的"具体合法性"。参见张洪涛:《调解的技术合理性》,《法律科学》,2013年第2期,第30页。

普及化、大众化而带来的信息费用的大幅降低,案件解决的最低合法性范围,因涉及群体范围而异:有时只需当事人认可、满意、接受即可,如胡斌飙车案;有时除了当事人认可外,还需更大范围的社会群体的认同,如刘涌案、李昌奎案;〔1〕有时还需政府和法律专家的认可和接受,如许霆案。因此,法院提供合法性的任务更为艰巨,社会对合法性的需求更加强烈。其四,政府为了回应这种社会需要,对法院承担合法性功能的要求也更为强烈,在理念层面提出了"司法和谐""司法为民""司法便民"的口号,将人民满意作为法院公正司法的硬性指标,在制度层面提出了"大调解",实行"调解优先"的司法政策。

在这个意义上,中国法院有像英美法系法院那样需承担解决判决合法性的任务,甚至更为繁重,有更多结构性法律与社会脱节的法律洞需要填补,有更多"难办案件"需法院和法官作出政治性裁量,〔2〕但中国法院和法官没有与此相适应的填补法律洞的制度手段和解决判决合法性的制度资源可用。其一,中国立法虽为法院配置了陪审团,但因调解的进入并与审判合而同一,中国法院无需将事实问题与法律问题、非理性与理性、合法性与合法律性通过法院内横向制度分工来处理,在承担合法律性任务的同时,也要解决判决合法性问题(详后)。其二,中国法院系统也没有实现像英美法系那样的初审法院解决事实问题、上诉法院只解决法律问题的纵向制度分工,而是采取一审与二审功能雷同,各级法院既关注合法性又关注合法律性的制度安排。其三,中国立法既没有针对法官职业高风险、高投入、高要求的职业特点为其提供像大陆法系那样的职业保障制度,更没有提供像英美法系法官那样的职业保障制度,而是实行与国家公务员一样的职业管理制度。其四,中国法院更没有像判例法那样功能类似的制度配置,不能形成判例法,理论上不具有造法空间,可用来填补司法洞和完成繁重合法性任务的制度手段有限。

与此同时,中国法院还承担着非常繁重的合法律性任务。由于中国现代化的紧迫性、复杂性和艰巨性,在西方作为保守力量的法律,在中国则成为推

---

〔1〕 详细论述,参见王启梁:《法律世界观紊乱时代的司法、民意和政治——以李昌奎案为中心》,《法学家》,2012年第3期,第12—13页。

〔2〕 参见:【美】波斯纳:《法官如何思考》,苏力 译,北京大学出版社,2009年,"代译序",第5—7页;苏力:《法条主义、民意与难办案件》,《中外法学》,2009年第1期,第108—110页;张洪涛:《法律洞的司法跨越——关系密切群体法律治理的社会网络分析》,《社会学研究》,2011年第6期,第59—82页。

动社会变革的力量,国家希望通过立法机关制定各种有关社会改造的法律,形成庞大的立法体系,然后由法院、行政等机关来推动并加速中国的现代化建设,国家和社会对法院承担的合法律性功能寄予了厚望。[1]一方面,希望通过加大、加强对法院的监管,如法院系统外部的人大个案监督,法院系统内部的错案追究制、一体化和科层化,等等;另一方面,希望通过改革不利于法院严格执法的制度,如以前挤压调解在法院的作用空间的做法,以保证法院不折不扣地完成合法律性任务。

总之,中国法院及其法官在既无立法层面的制度化"隔离带"、又无司法层面制度化"防火墙"等正式制度屏障和保护的前提下,被推到了社会冲突的风口浪尖:一方面面临着因法律洞而带来的合法律性与合法性之间的紧张,另一方面又面临着因法律洞而带来的合法性供需之间的不平衡;一方面承担着提供合法律性和合法性的繁重任务,另一方面立法提供给法院填补法律洞以解决合法性的制度手段有限。为此,中国法院及其法官既要"穿行于制定法与习惯之间",也要"纠缠于事实与法律(规范)之间",更要摇摆于"纠纷解决(合法性)与规则之治(合法律性)"之间,甚至还会成为"脱缰的野马"。[2]中国法院及其法官为何能如此呢?在无任何正式制度屏障和保护的情形下,又是如何制度化地消解这种现实压力的呢?下面将分中观和微观层面而论之。

三、法院压力何以消解:调审组织的形成

在法院压力消解方面,西方走的是法院功能专化的社会分工道路,中国走的则是"综合治理"道路,即通过调审合而同一的司法体制形成一种特有的组织形态——笔者称之为"调审组织"——使组织结构柔性化和组织功能普化。[3]调审组织由调解与审判混合而成,因此,人们往往只进行分解式研究。但是,这种平行线式或分解式研究只是一种理念化研究策略,并不是中国法院的现实,中国法院的现实是调审"合而同一"。为此,在完成了平行线式的理念化研究后,还须让两条平行线实现交叉以进行交叉的动态研究,研

---

[1] 参见苏力:《送法下乡》,中国政法大学出版社,2000年,第51—53页。

[2] 陈瑞华:《脱缰的野马——从许霆案看法院的自由裁量权》,《中外法学》,2009年第1期,第79页。

[3] 社会组织功能专化与普化的探讨,参见刘祖云:《从传统到现代——当代中国社会转型研究》,湖北人民出版社,2000年,第278—282页。

究"司法制度的合成理论"(苏力语),研究调解和审判混合而形成的特有组织即"调审组织"。

这种特有的组织形态,首先体现在组织功能上。审判以依法为原则,不"从它所指向的(具体——引者注)对象那里取得合法性"[1],其合法性建立在立法上[2],以确认规则、取得判决的自洽性和合法律性为主要组织功能。这种组织功能的量用纵轴 y 轴来表示,可以为正值(如合法),处于横轴以上;也可以为负值(如非法),处于横轴以下。调解以自愿为原则,以当事人及其所涉人员的承认、认可、接受为基础,"从它所指向的(具体)对象那里取得合法性",以解决纠纷、取得纠纷解决的可接受性和合法性为主要组织功能。这种组织功能的量用横轴 x 轴来表示,且在现实中合法性为负值(即不被任何人认同)的情形是不可能存在的,必须是正值,处于纵轴以右。那么,当调解与审判"合而同一"形成调审组织时,调审组织功能就呈现出一种"十字形"混合组织功能,徘徊于合法性与合法律性之间,[3]是由 x 轴上某一点与 y 轴上某一点相交混合而成,存在区间在第Ⅰ象限和第Ⅳ象限(如图 9-1)。

实际上,任何法律组织甚至社会组织的组织功能都不是单一的,均存在着不同程度的组织功能的混同,"在事实(或解决问题或合法性)与规范(或确认规则或合法律性)之间",调解与审判也不例外。例如审判,尤其我国行政化审判,以确认规则、取得判决的自洽性和合法律性为主,以获得合法性为辅;调解,尤其是同向调解,尽管以取得合法性为主要组织功能,但尽量与审判的合法律性组织功能保持一致。在这个意义——"定性"——上,调审组织与调解和审判的组织功能并没有什么区别。

但如果从"定量"——合法性与合法律性的具体混同量——来看,调审组织功能与调解和审判还是有所区别。审判的组织功能以取得合法律性为主,以合法性为辅,即合法律性＞合法性≥0,处于图 9-1 中审判型区间;调解的组织功能以取得合法性为主,以合法律性为辅,即合法性＞合法律性＞0,处于图 9-1 中同向调解型区间;调审的组织功能则是上述两者之和,处于第Ⅰ

---

[1]【美】马修·德夫林:《哈贝马斯、现代性与法》,高鸿钧 译,清华大学出版社,2008年,第53页。

[2] 参见【德】哈贝马斯:《在事实与规范之间》,童世骏 译,三联书店,2003年,第296页。

[3] 笔者之所以称之为"十字形",一是因为它可以现象地描述其组织功能与结构的弹性而不确定,二是因为它还可以描述嵌入结构中人的心理和行为特征,像处于"十字路口的人"一样茫然而不确定。

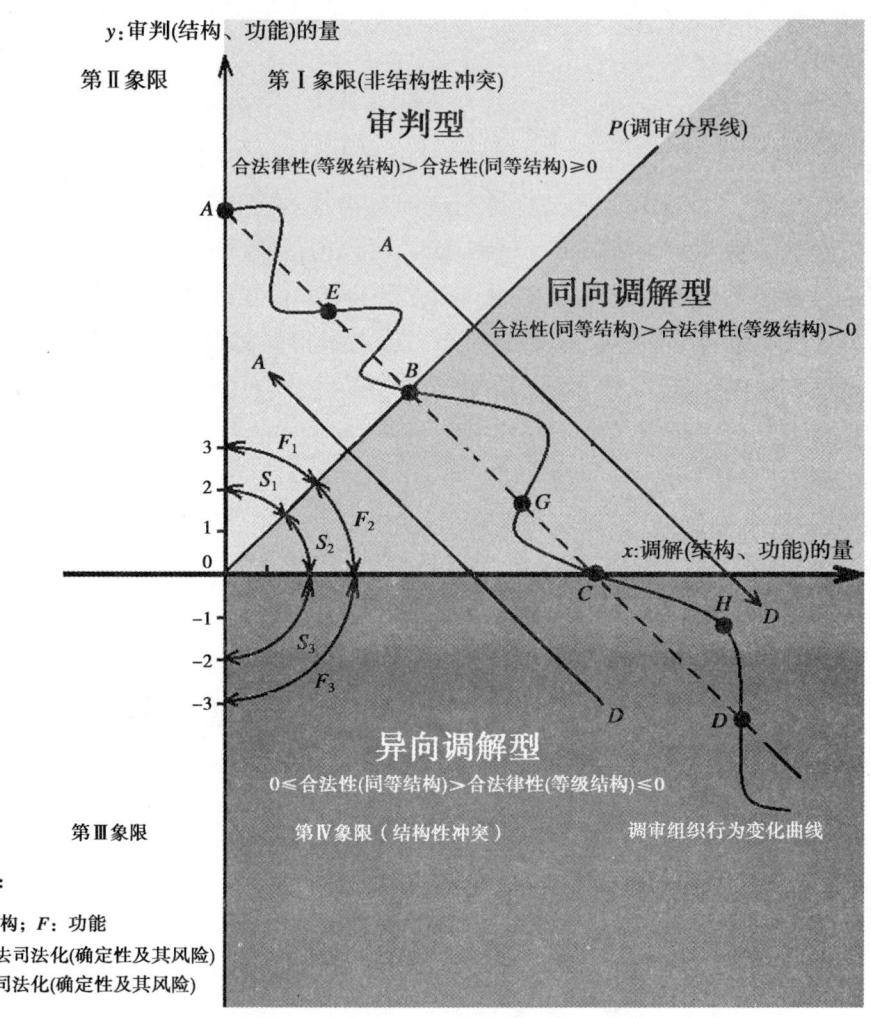

图 9-1 中国法院调审组织的形成及其影响

象限,可以是合法律性>合法性≥0,也可以是合法性>合法律性>0。这时的调解是一种"同向调解"——"积极回答对审判式处理的期待、努力与这种要求保持一致的方向……仅仅作为补救审判能力不足的下位体现来适应对审判式处理的期待"[1]——的情形。当调解出现了与审判基本目标不一致,突破法律的禁止性规定即"异向调解"——"不惜在整个社会的纠纷处理体系

---

[1] 【日】棚濑孝雄:《纠纷的解决与审判制度》,王亚新 译,中国政法大学出版社,1994年,第52页。

中成为边际性的、无关紧要的处理方式来追求自己独特的位置和形象"[1]——时,$0 \leqslant$合法性＞合法律性$\leqslant 0$,其功能区间由第Ⅰ象限延伸到第Ⅳ象限,扩展到异向调解型区间。如果说审判组织功能幅度 $F_1=45°$,同向调解组织功能幅度 $F_2=45°$,异向调解组织功能幅度 $F_3=90°$,那么调审组织功能幅度则为 $F_1+F_2+F_3=180°$,是现行法律规定所允许的(F_1+F_2)的 2 倍,是审判的(F_1)的 4 倍(如图 9-1 所示)。因此,从审判、调解到调审组织的形成过程,就是法院组织功能的扩大化或普化过程。

这种特有的组织形态,还体现在组织结构上。功能是由相应的结构来保障的,与"十字形"混合组织功能相应的是"十字形"混合组织结构。中国法院审判实然的组织结构是等级结构,法院调解是较为典型的同等结构,因此,当调解与审判"合而同一"形成调审组织时,调审组织的结构就呈现出"十字形"混合组织结构,由同等结构和等级结构混合而成。如果将审判的等级结构的量用纵轴 y 轴来表示,调解的同等结构的量用横轴 x 轴来表示,那么"十字形"调审组织的组织结构则是两者的混合,由 y 轴上某点与 x 轴上某点相交而成(如图 9-1)。这也是任何法律组织甚至社会组织的结构都具有的特征,如立法组织以同等结构为主,行政组织以等级结构为主,[2]调解组织虽是典型的同等结构,但也有等级结构因素,中国法院的审判尽管是等级结构,但也有同等结构因素。在这个意义——"定性"——上,调审组织的组织结构与审判和调解没有区别。

但如果从"定量"——同等结构与等级结构的具体混同量——来看,调审组织与调解、审判还是有所区别。审判以等级结构为主,同等结构为辅,即等级结构＞同等结构$\geqslant 0$,处于图 9-1 中审判型区间;调解以同等结构为主,等级结构为辅,即同等结构＞等级结构＞0,处于图 9-1 中同向调解型区间;调审组织则是两者之和,处于第Ⅰ象限,可以是等级结构＞同等结构$\geqslant 0$,也可以是同等结构＞等级结构＞0。当调解与审判基本目标不一致,突破法律的禁止性规定即异向调解时,$0 \leqslant$同等结构＞等级结构$\leqslant 0$,调审组织结构的摇摆幅度就更大,处于第Ⅰ象限和第Ⅳ象限。如果说审判的组织结构摇摆幅度 $S_1=45°$,同向调解的幅度 $S_2=45°$,异向调解的幅度 $S_3=90°$,调审组织的幅度则是 $S_1+S_2+S_3=180°$,是现行法律规定所允许的(S_1+S_2)的 2 倍,是审

---

[1]【日】棚濑孝雄:《纠纷的解决与审判制度》,王亚新 译,中国政法大学出版社,1994 年,第 52 页。

[2] 参见【英】M. J. C. 维尔:《宪政与分权》,苏力 译,三联书店,1997 年,第 321—335 页。

判的(S_1)的4倍(如图9-1所示)。因此,从审判、调解到调审组织的形成过程,也是组织结构柔性化的过程。

综上,正是由于调审组织结构的柔性化和功能的普化,有自己独特的"十字形"混合组织结构和组织功能,才使之既不同于审判,也有异于调解。因此,调审组织是中国法院实行调审"合而同一"体制后出现的一种独特的组织形态。与单纯称为审判庭或调解庭相比,这种组织形态更适合于用来描述中国法院的实际,也更具解释力。在这个意义上,中国法院尽管模仿了西方法院的各种"名",但其"实"还是中国的,如中国法院模仿西方取名为"法院"、"审判庭"、"判决书"、"法官",其"实"是"调审院"、"调审庭"、"调审书"、"调审官";后者与前者相比,更能准确地反映中国法院的实际,更能做到名副其实。[1]

正是调审组织结构的柔性化和功能的普化,使之能有效地应对来自外部的各种各样的不确定性风险和压力。当外部不确定性风险和压力是非结构性冲突且较小时,调审组织可以审判的方式(AB曲线)加以有效应对,这时,合法律性(等级结构)＞合法性(同等结构)≥0,以确认规则为主,以解决问题为辅,从而可以实现法律所追求的司法确定性,外显为"审判型",处于图9-1中审判型区间;当外部不确定性风险和压力是非结构性冲突且较大时,调审组织可以同向调解的方式(BC曲线)加以有效应对,这时,合法性(同等结构)＞合法律性(等级结构)＞0,以解决问题为主,以确认规则为辅,放松了对司法确定性的追求,但不至于突破法律的禁止性规定或底线,外显为"同向调解型",处于图9-1中同向调解型区间;当外部不确定性风险和压力是结构性冲突时,如警察执法案、通奸案等,调审组织可以异向调解的方式(CD曲线)加以有效应对,这时,0≤合法性(同等结构)＞合法律性(等级结构)≤0,单纯为了解决问题,突破法律的禁止性规定或底线,司法确定性为负值,外显为"异向调解型",处于图9-1中异向调解型区间。

因此,从审判到同向调解再到异向调解的过程(即 A→D),既是调审组织的形成过程,也是调解的量不断增加的过程,同时还是合法性的量不断增加的过程。其中,审判型最低,同向调解型居中,异向调解型最高,因此也是一个外部不确定性风险和压力不断降低和法院抗风险和压力的能力不断提高的过程。与此同时,还是一个审判的量不断减少、合法律性的量不断降低的

---

[1] 为了与现行学术研究保持一致,文后还是取其"名",采通说。

过程,因此也是一个司法确定性不断减少的过程,其中审判型最高,同向调解型居中,异向调解型最低。因此,中国法院在形成调审组织以降低外部不确定性风险和压力时,是以牺牲司法确定性为代价,以司法的不确定性来应对外部的不确定性的方式而获得的,最终导致了中国法院的去司法化。换言之,去司法化成了中国法院规避、降低外部不确定性风险和压力的一种方式。

相反,从异向调解到同向调解再到审判的过程(即 D→A),既是审判的量不断增加的过程,也是合法律性的量不断增加的过程,其中,异向调解型最低,同向调解型居中,审判型最高,因此也是一个司法确定性不断提高和司法化的过程。与此同时,还是一个调解的量和合法性的量不断减少的过程,其中,审判型最低,同向调解型居中,异向调解型最高,因此也是一个外部不确定性风险和压力不断增加与法院抗风险能力不断降低的过程。换句话说,司法化是中国法院的一种高风险行为。这也许是中国法院至今难以司法化的真正原因。

可见,调审组织的形成,既是中国法院在缺乏职业保障制度的情形下为降低外部不确定性风险和压力作出的一种司法制度的自我调适,也是中国立法因法律洞的不可避免而导致合法性资源有限,希望在司法阶段重新获得纠纷解决的最低合法性资源所作出的一种司法制度的自我调整和努力。这也许就是中国法院及其法官至今需要调解、离不开调解的真正原因。

四、法官压力何以消解:调解型横向分权式决策的"民主化"

"不确定性是风险的来源,大多数人都不喜欢风险,并且不确定性也是人们要求以各种形式的保险来减少风险的来源。"[1]由于正式职业保障制度缺失,中国法院面临的不确定性风险和压力最终会被传递到法官身上。因此,法官要寻求各种形式的非正式职业保障制度,来规避、降低其职业风险。调审组织"十字形"组织结构—功能,决定了嵌入其间的中国法院法官消解不确定性风险和压力时,理论上可采取三种方式[2]:面对横向不确定性风险和压

---

[1] 【美】波斯纳:《正义/司法的经济学》,苏力 译,中国政法大学出版社,2002年,第8页。
[2] 组织结构对人的行为的影响,参见张洪涛:《司法之所以为司法的组织结构依据》,《现代法学》,2010年第1期,第36—39页。

力,可借助调审组织的同等结构,采取调解型横向分权式决策的"民主化"方式加以消解;面对纵向不确定性风险和压力,可利用调审组织的等级结构,用审判型纵向分权式决策的"行政化"方式加以化解;面对横向和纵向不确定性风险和压力,可沿着调审组织"十字形"组织结构,采用调审型纵—横向分权式决策的去司法化方式加以应对(如图9-2所示)。

为了规避外部不确定性风险和压力,中国法院法官会利用调审组织的同等结构及其有关司法民主化的法律规定,采取民主化集体决策方式来分担风险。这是一种通过增加组织决策主体的调解型横向分权式的风险分担方式,它体现在法院审判的各环节。

在案件进入法院审判的第一个环节合议庭(A_1),按照现行法律规定,合议庭一般由三名法官组成,实行一人一票和少数服从多数的原则。[1] 尽管在实际办案过程中,合议庭一般由一名承办法官来负责案件的事实和法律问题,从案件的接受到最后判决书制作,均由其独立完成,但从降低职业风险的角度看,承办法官一般不愿独享决策权(裁判权,下同),更希望自己的意见能获得其他法官的认可和支持,更愿意将这种决策权分割。这样,由一人承担的风险至少转由三人承担;否则,如果合议庭出现了分歧,由于不知道谁对谁错,就意味着风险由合议庭中一部分人承担,从而降低了合议庭的风险承担能力。因此,合议庭采取这种民主化的集体决策方式,有其内部降低职业风险的需要。正是这种需要,决定了合议庭法官一般都会对承办法官尽可能地予以"协调性认可"[2],都会努力争取获得一致意见,以便在合议庭范围获得判决的"合法性"。

当外部压力更大或合议庭内部出现了意见分歧降低了风险承担能力时,合议庭及其法官就会将案件提交到庭务会(B_1)。庭务会是一种从未见于任何法律规定、但却在中国各法院普遍运行的非正式制度。案件上庭务会的原因,可能是庭长与合议庭意见分歧较大,也可能是合议庭无法拿出一个结论性意见,还有可能是案情并不复杂但处理起来较为棘手。庭务会要求全庭法

---

[1] 为了使讨论更集中简洁,在此只讨论一般情形,不讨论独任审判和其他情形。

[2] 苏力:《送法下乡》,中国政法大学出版社,2000年,第80页。"协调性认可"的心理原因与"认知失谐"有关(参见【德】埃克哈特·施里特:《习俗与经济》,秦海 等译,长春出版社,2005年,第6页),与"异议厌恶"有关(参见【美】波斯纳:《法官如何思考》,苏力 译,北京大学出版社,2009年,第30—33页)。

官参加,进行平等的民主化讨论,以便了解庭内多数法官的意见。[1] 通过这种非正式的调解型横向分权式的"民主化"方式,进一步扩大决策主体的范围,争取得到全庭法官的同意和认可及全庭范围内的"合法性",将原来由全合议庭成员承担的风险转由全审判庭法官分担。这种满足中国法院法官降低、规避职业风险的需要,是庭务会长期而有效存在的内在原因,至少主要不是外部行政权力介入的结果(详后)。[2]

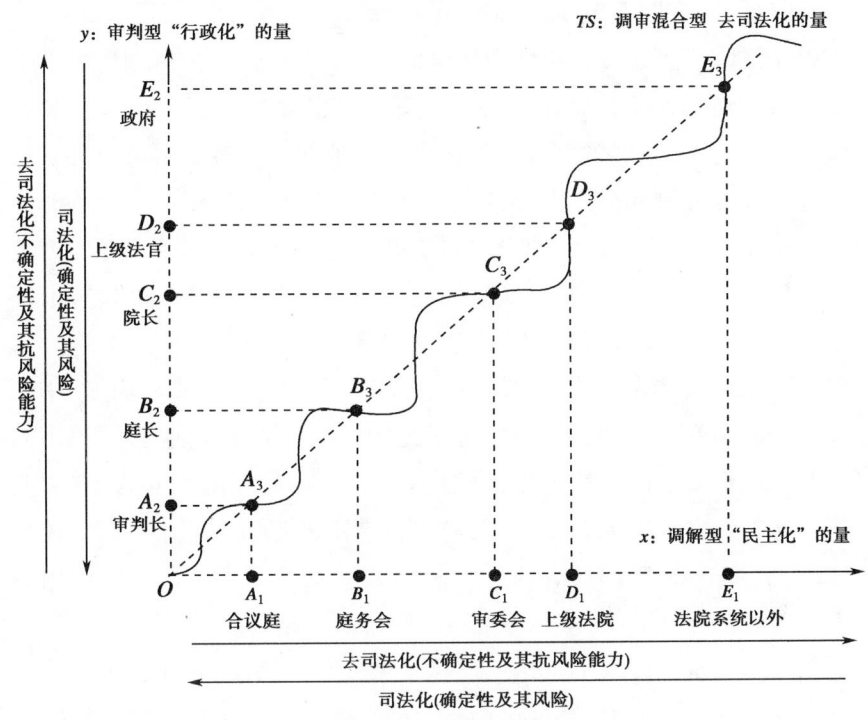

图 9-2 中国法院法官消解压力方式

---

[1] 关于庭务会的详细论述,参见苏力:《送法下乡》,中国政法大学出版社,2000年,第79页。

[2] 比较案件提交庭务会和审委会的情形,前者法律无任何规定,后者法律规定了一些案件要提交审委会。但根据学者的调查发现,合议庭将案件提交审委会,不只是法律的要求,"法官们也乐于这样做"(贺卫方:《司法的理念与制度》,中国政法大学出版社,1998年,第119页)。由此,笔者推断合议庭将案件提交庭务会,不是外部行政权力影响的结果,更可能是法官降低风险的内部需要。中国法院目前正在试点的被称为小审委会的审判长联席会议制度,也具有这种功能,但由于没有在法院普遍实行,在此不准备涉及。参见叶向阳:《试论审判长联席会议制度的运行机制与功能实现》,《法律适用》,2008年第7期,第41—44页。

当业务庭所有人员还不足以分担职业风险时,业务庭就会将案件进一步提交到法院内部最高审判机关——审判委员会(C_1),利用法律规定的一人一票和少数服从多数的民主化原则,采用调解型的进一步横向分权式决策的"民主化"方式,将决策主体范围扩大到全审判委员会成员(实际上是整个法院),希望判决能得到全审判委员会成员法官的同意和认可及全院范围内的"合法性",将这种风险转由审判委员会所有成员(实际上整个法院)分担,达到进一步降低、规避职业风险的目的。[1]

当整个法院还不足以承担职业风险时,法院法官就会通过利用在上下级法院之间实际运行的案件请示汇报制度,[2]将案件提交到上一级法院直至最高院(D_1)讨论,将法官的案件决策权进一步地在整个法院系统内进行调解型横向分权式的分割和分享,将决策主体范围由原来的法院内扩大到院外甚至整个法院系统,以使自己的判决能够获得上级法院法官的承认和同意及法院系统内的"合法性",寻求整个法院系统的"再保险",将职业风险转由整个法院系统分担。如李慧娟种子案,尽管法院用审委会来降低外部职业风险,但后因上一级人大常委会的压力超过了法院审委会的抗风险能力,使李慧娟及签发案件的副庭长受到了处罚。为了提高法院的抗风险能力,不得不向级别高于省人大常委会的最高人民法院求援,最终在最高院的介入下,职业风险才得以化解。而在刘涌案中,尽管省高院事先进行了风险防范,向最高院请示、汇报了此案,但终因没有预见到民愤力量及其带来的最高层干预的巨大风险,远超过事先的风险防范措施,最终使刘涌案得以改判。

当整个法院系统还不足以承担其职业风险时,法院法官还会进一步采用调解型横向分权式决策的"民主化"方式,将案件提交给法院系统以外(E_1)的社会大众和法学专家等来探讨,法官的决策权在更大社会空间被横向分享、分割,希望判决能获得他们的同意、接受和认可及更大范围的法院系统以外的"合法性",最大限度地降低、规避其职业风险。当民意与学者意见一致时,这种风险还比较容易预测。但在大多数情形下,两者往往并不一致,甚至存

---

〔1〕 关于审委会的情形,笔者已另行撰文,参见张洪涛:《审判委员会法律组织学解读——兼与苏力教授商榷》,《法学评论》,2014年第5期。

〔2〕 参见侯猛:《案件请示制度合理的一面——从最高人民法院角度展开的思考》,《法学》,2010年第8期,第126—136页。

在激烈冲突,如刘涌案、二奶遗赠案。[1]即使在民意和学者意见内部,也存在分歧,如药家鑫案、许霆案。在这些情形下,法官对这种职业风险就更加难以预测。

综上,$A_1 \to B_1 \to C_1 \to D_1 \to E_1$ 的过程,既是中国法院法官调解型横向分权式决策的"民主化"不断扩大化的过程,希望自己的司法判决获得更大范围的同意、接受和认可,因此也是判决的可接受性和合法性不断提高,外部不确定性职业风险不断降低和法官抗外部不确定性职业风险能力不断提高的过程。与此同时,它还是决策权在横向上不断被分享、分割,司法的不确定性不断增大和合法律性不断降低的过程,因此也是一个去司法化的过程(如图9-2所示)。相反,$E_1 \to D_1 \to C_1 \to B_1 \to A_1$ 的过程,既是中国法院横向分权式决策的"民主化"程度不断降低的过程,也是司法判决的可接受性和合法性不断降低的过程,因此也是法官面临的横向不确定性风险和压力不断增大和法官抗外部不确定性职业风险能力不断降低的过程。与此同时,这也是法官决策权被横向分享、分割程度不断降低,司法确定性不断增加和合法律性不断提高的过程,因此也是一个司法化的过程(如图9-2所示)。

五、法官压力何以消解:审判型纵向分权式决策的"行政化"

为了规避不确定性风险,中国法院法官还会根据风险大小,沿着调审组织的等级结构,将自己所享有的审判决策权在法院不同层级分割。这样一种通过不断提高组织决策主体的等级,用审判型纵向分权式决策的"行政化"风险分担方式,[2]也存在于中国法院审判的各环节。

"行政化"的第一个环节集中体现在审判长(A_2)身上。这个环节"行政化"色彩最淡,与审判不可分离也不可或缺,是一种得到法律承认和认可的

---

[1] 参见孟涛:《论当前中国法律理论与民意的冲突》,《现代法学》,2010年第1期,第12—14页。

[2] 布莱克认为:"分层与法律的量成正比","法律的权威性与法官的地位成正比"(参见【美】布莱克:《法律运作行为》,唐越,苏力 译,中国政法大学出版社,1994年,第12—42页;布莱克:《社会学视野中的司法》,郭星华 等译,法律出版社,2002年,第12—15页);换言之,法官的层级地位越高,抗风险能力越强。

"行政化"。[1]

"行政化"的第二个环节,集中体现在庭长(B_2)身上。当外部不确定性风险超出了合议庭及其审判长职业风险承受范围时,合议庭及其法官就会将案件提交庭务会,向庭长请示汇报,希望得到庭长的批示。这样,一方面可使案件判决在庭长这个"行政化"环节得到同意、支持和认可,以此来提高其权威性和合法性,另一方面也使法官的决策权在庭长这个环节进行一次纵向分割,最终达到减轻合议庭法官承担职业风险的目的。

"行政化"的第三个环节,集中体现在院长(C_2)身上。当业务庭庭长还不足以承担外部不确定性职业风险时,合议庭及其法官还会通过业务庭将案件提交院长这个"行政化"环节,向分管的副院长直至院长请示汇报,要求分管的副院长、院长批示。这样,一方面可使案件判决得到院长这个"行政化"环节的同意、承认和接受,进一步提高其权威性和合法性,另一方面也使法官的决策权在院长这个"行政化"环节进行再一次纵向分割,提高案件决策的层级,最终达到进一步减轻合议庭法官承担职业风险的目的。

"行政化"的第四个环节,集中体现在上级法官(D_2)身上。当院长这个"行政化"环节还不足以承担外部不确定性职业风险时,合议庭及其法官还会通过业务庭庭长和法院院长进一步将案件提交上一级法院直至最高院,向上一级法院直至最高院法官请示汇报,请求其给予业务指导和批示。这样,一方面使案件的判决可在上级法官这个"行政化"环节得到同意、批准和认可,使案件判决的权威性和合理性能得到其支持和肯定,另一方面也是法官的决策权在上级法官这个"行政化"环节得到第三次纵向分割,进一步提高案件决策的层级,降低外部不确定性职业风险。如在许霆案第二次判决时,就经过了最高院的批准,大大地降低了法院法官的职业风险,也导致了法官决策权在不同法院之间的分享。

"行政化"的第五个环节,集中体现在法院系统以外的政府(E_2)身上。当上级法官这个"行政化"环节还不足以降低外部不确定性职业风险时,合议庭及其法官还会将案件提交到法院系统以外的本院同级政府和上级法院同级政府,向对口的政府部门(如政法委)请示汇报,请求给予业务指导和批示。这样,一方面使案件的判决在政府这个"行政化"环节得到同意、批准和认可,

---

[1] 详细论述,参见:苏力:《送法下乡》,中国政法大学出版社,2000年,第61—87页;张洪涛:《司法之所以为司法的组织结构依据》,《现代法学》,2010年第1期,第40页。

使案件判决的权威性和合法性能得到法院系统以外的政府系统的支持和肯定,另一方面,也使法官的决策权在法院系统以外的政府系统内得到第四次纵向分割,将法官承担的外部不确定性职业风险降低到最大限度。这种情形在目前刑事误判案件中较为普遍地存在;[1]再如刘涌案,也存在这种情形。[2]

  这种通过"纵向分权"方式降低职业风险的过程,自上而下地看就是决策"行政化"过程,是行政权力干预案件决策权的结果。但如果自下而上地看,则是合议庭及其法官主动规避职业风险的过程,有降低、规避职业风险的内在需求。第一,从现行法律规定来看,审委会、上级法院在特殊情形下,可以提审或调阅合议庭正在审理的案件。不过,这种情形在实际中较少出现,如最高院提审案件的情形只在刘涌案中使用一次;再如,高级法院对下一级法院提交的案件大量使用"发回重审",而一般不主动启动"提审程序"。[3]因此,在司法实践中,大量的是在法律无任何正式规定情形下,合议庭主动提出的,而且"乐此不疲"。[4]第二,即使上级干预,也没有必要采取这种组织化方式。这种组织化方式,只会增加行政干预的不确定性和难度。比较而言,个人化方式比组织化方式更便于也易于行政干预。换言之,干预一群人,而且是一群在法院中有一定影响力和地位的人,比干预少数三个或一个人,而且是在法院中地位较低的人,更容易,更便捷,也更保险。因此,行政干预的说法,无法自圆其说。第三,在法院实施错案追究制、人大个案监督等制度时,案件上审委会或上一级法院的比例,呈现出显著增加的趋势。其中,既有法律规定的事实和法律适用上的疑难案件,更多的是法律上较为简单的案件,如行政案件、关系案件等。这些案件的共同特点是不确定性较高,风险较高,而不是涉及的法律复杂。[5]第四,从一般人的角度看,"多一事不如少一事","风险厌恶"是人们的普遍心理特点,[6]一般的人都没有内在驱动力去

---

  [1] 参见陈永生:《我国刑事误判问题透视》,《中国法学》,2007年第3期,第56—57页。
  [2] 参见苏力:《道路通向城市——转型中国的法治》,法律出版社,2004年,第289—308页。
  [3] 参见苏力:《道路通向城市——转型中国的法治》,法律出版社,2004年,第297—303页。
  [4] 贺卫方:《司法的理念与制度》,中国政法大学出版社,1998年,第119页。
  [5] 详细论述,参见张洪涛:《审判委员会法律组织学解读——兼与苏力教授商榷》,《法学评论》,2014年第5期。
  [6] 【美】波斯纳:《法官如何思考》,苏力 译,北京大学出版社,2009年,"代译序",第13页。

增加自己的工作负担,去冒一些无意义的风险。如果行政要干预合议庭审理案件,只会增加行政级别较高者的工作压力和工作负担,提高自己的风险系数,使自己处于风口浪尖。这与人的本性相违背。第五,在委托人—代理人关系中关于代理人的激励机制设计上,当代理人取得的收入较为固定时,代理人则是风险规避者。[1]中国法院的法官作为委托人政府的代理人,取得的工资收入较为固定,一般都应是职业风险规避者,不愿意额外承担外部不确定性职业风险。[2]

综上,$A_2 \rightarrow B_2 \rightarrow C_2 \rightarrow D_2 \rightarrow E_2$ 的过程,既是中国法院法官审判型纵向分权式决策的"行政化"不断扩大化的过程,希望自己的司法判决获得更大范围和更高层级的同意、接受和认可,因此也是判决的权威性和合法性不断提高、外部不确定性职业风险不断降低和法官抗外部不确定性职业风险能力不断提高的过程。与此同时,它也是决策权在纵向上不断被分享、分割,司法确定性不断降低的过程,因此也是一个去司法化的过程(如图9-2所示)。相反,$E_2 \rightarrow D_2 \rightarrow C_2 \rightarrow B_2 \rightarrow A_2$ 的过程,既是中国法院法官纵向审判型分权式决策的"行政化"不断降低的过程,也是司法判决的可接受性和合法性不断降低的过程,因此也是法官面临的纵向不确定性风险和压力不断增大和法官抗外部不确定性职业风险能力不断降低的过程。与此同时,也是决策权在纵向上被分享、分割的程度不断下降,司法确定性不断增加的过程,因此也是一个司法化的过程(如图9-2所示)。

六、法官压力何以消解:调审型纵-横向分权式决策的去司法化

学术界在研究中国法院"行政化"与"民主化"时,与研究调解与审判一样,也往往采取静态的分解式研究策略。但那不是中国法院的现实。中国法院的现实是,法官在消解外部压力时,并不是调解型横向分权式决策的"民主化"或审判型纵向分权式决策的"行政化"的单独运用,而是往往采取调审型纵—横向分权式决策的去司法化方式。为此,我们应进一步转入动态的混合研究,研究"行政化"与"民主化"的合成理论。

---

[1] 参见黄亚钧,姜纬:《微观经济学教程》,复旦大学出版社,1995年,第307页。
[2] 一般化论述,参见【美】波斯纳:《法官如何思考》,苏力 译,北京大学出版社,2009年,第117—146页。

客观地讲,司法决策的"民主化"即 $A_1 \to B_1 \to C_1 \to D_1 \to E_1$,可以让更多的人参与司法决策,民意和信息能得到最大程度的释放,有利于提高其合法性,最大限度地保障司法公正,消除司法腐败,降低法官的职业风险,等等。[1]但决策的民主化既是优点也是缺点。由于司法决策权分散,效率难以保障,决策主体分散带来的责任主体及其责任也不明确,易导致决策的随意性和易变性,司法确定性难以保障。因此,司法决策的民主化不能泛泛而谈,并非越民主化越好、越公正,而应是一定限度、一定层面的民主化,甚至在一定情形下需一定程度的专制或寡头制即"行政化"来弥补其不足。根据世界各国惯例,司法民主化只是合议庭层面的"小民主化"(如图9-2中A_1),不是整个法院层面甚至法院以外更大社会层面的"大民主化"(如图9-2中 $B_1 \to C_1 \to D_1 \to E_1$);是间接民主化而不是直接民主化;是精英民主制而不是大众化的民主制;是民主的技术化而不是民主的道德化或意识形态化。[2]

同样,司法"行政化"既有缺点也有优点。司法决策的"行政化"即 $A_2 \to B_2 \to C_2 \to D_2 \to E_2$,由于决策权相对集中,因此,既有效率,决策主体集中带来的责任主体及其责任也明确。从司法兼顾效率的角度看,一定程度的"行政化"在理论上是必要的。在法律实践上,"行政化"也是世界各国共有特征,只是程度不同:中国法院"行政化"既强于大陆法系,更强于英美法系。[3]但学界在研究中国法院"行政化"时,有夸大化嫌疑,尤其是夸大其对我国法院司法独立等的负面影响。实际上,司法"行政化"也有其优势,如在立法质量较高、没有法律洞的前提下,司法"行政化"还有利于合法律性和司法效率的保障和提高,有助于责任的明确,也有益于司法廉洁和司法确定性的实现,等等。这也许就是错案追究制、人大个案监督、院长引咎辞职等行政化措施在我国法院司法改革中不断上演的真正原因。

但当司法"行政化"与立法阶段法律洞尤其是司法阶段"民主化"结合以后,原来那种"行政化"因决策"民主化"带来的责任分散和效率低下而可能异

---

[1] 在这个问题上,苏力对审判委员会的研究体现得较为突出,详细论述,参见苏力:《送法下乡》,中国政法大学出版社,2000年,第115—123页。

[2] 参见【美】波斯纳:《法律、实用主义与民主》,凌斌、李国庆 译,中国政法大学出版社,2005年,第156—290页。

[3] 参见【美】波斯纳:《法官如何思考》,苏力 译,北京大学出版社,2009年,"代译序",第8页。

化为一种规避责任风险的方式,既降低了"行政化"的效率,也使之从"行政化"责任明确变为责任模糊,从保障司法确定性的方式变质为不断蚕食、损害、降低司法确定性的方式,在中国法院异化为去司法化甚至反司法化。在这个意义上,"民主化"是"行政化"的条件,是"行政化"不断提高的动力。有"民主化"模糊、消解"行政化"的责任和风险压力,使"行政化"的集中决策以"民主化"的集体决策形式出现,解决了决策"行政化"承担责任的后顾之忧,从而使决策权与决策带来的相应责任脱离,真正享有决策权的人无需承担责任至少无需承担全部责任,或者因决策"民主化"而使责任高度分散,只承担其中很小的责任。原先设计用来监督司法、防止司法腐败的司法"民主化",反而使司法失去了监督,更容易产生司法腐败。因此,决策"民主化"使中国法院司法失去了"行政化"所应具有并被司法设计者所追求的"效率"和"廉洁"。也许正是这个原因,世界各国在司法阶段都实行精英民主制、间接民主制,甚至不惜以专制、寡头制来弥补其不足,如美国、新加坡、香港的法院系统,尤其是美国联邦法院系统就是如此。[1] 正是这种非民主的寡头制司法体制,使得美国、新加坡、香港的司法更廉洁,也更高效;相反,实行司法民主制国家的司法往往没有美国司法廉洁高效。[2]

而决策"民主化"因"行政化"的介入,使原先因"民主化"而带来的公正也被"行政化"消解、扭曲、抽离,最后只落得"民主化"的空壳和形式。而且这种"民主化"在"行政化"的不断裹挟下得以不断扩展,每一次"行政化"过程同时也伴随着"民主化"过程:当案件因"行政化"纵向上升到庭长阶段时,"民主化"在庭务会横向展开;当案件因"行政化"纵向上升到院长阶段时,"民主化"在审判委员会横向展开;依次类推,直至最高院甚至法院系统以外的政府系统。因此,司法决策"行政化",也使中国法院司法失去了司法决策"民主化"所应具有并被司法制度设计者所追求的"公正"和"正义"。

由上可见,如果没有"民主化"伴随,"行政化"就失去了动力;如果没有"行政化","民主化"就不会不断扩展。而"民主化"的不断扩展,又为新的"行政化"提供了可能和动力;而新的"行政化"又为新的"民主化"的扩展提供

---

〔1〕 参见【美】波斯纳:《法律、实用主义与民主》,凌斌,李国庆 译,中国政法大学出版社,2005年,第156—290页。
〔2〕 参见苏力:《法条主义、民意与难办案件》,《中外法学》,2009年第1期,第107页。

了可能。这就是苏力所发现的"两者的相互强化和支持"[1]：没有前者,后者难以实现,前者是后者的前提;没有后者,前者也难以扩展,后者是前者的条件。

综上,中国法院法官"民主化"与"行政化"的融合过程,既是两者各自优点抵消的过程,也是两者各自缺点结合的过程,使得中国法院某种意义上在整体上形成一种"公正与效率双低"的格局。[2] 随着"民主化"$A_1 \to B_1 \to C_1 \to D_1 \to E_1$ 与"行政化"$A_2 \to B_2 \to C_2 \to D_2 \to E_2$ 的过程,调审组织也相应地经历了 $A_3 \to B_3 \to C_3 \to D_3 \to E_3$ 的过程。因此,$A_3 \to B_3 \to C_3 \to D_3 \to E_3$ 的过程,是中国法院法官调解型横向分权式决策的"民主化"和审判型纵向分权式决策的"行政化"不断扩大化的过程,希望自己的司法判决能获得横向上更大范围和纵向上更高层级的同意、接受和认可,因此也是合法性和权威性不断提高,横向和纵向外部不确定性职业风险不断降低和法官抗外部不确定性职业风险能力不断提高的过程;与此同时,它也是决策权在横向更大范围和纵向更高层级上不断被分享、分割,司法确定性不断降低过程,因此也是一个去司法化的过程(如图 9—2 所示)。相反,$E_3 \to D_3 \to C_3 \to B_3 \to A_3$ 的过程,既是中国法院法官调解型横向分权式决策的"民主化"和审判型纵向分权式决策的"行政化"不断降低的过程,也是司法判决横向和纵向的可接受性和合法性不断降低的过程,因此也是法官横向和纵向不确定性风险和压力不断增大与抗外部不确定性职业风险能力不断降低的过程;与此同时,它也是决策权横向和纵向上被不断分享、分割,司法确定性不断增加的过程,因此也是一个司法化的过程(如图 9—2 所示)。

---

[1] 苏力：《送法下乡》,中国政法大学出版社,2000 年,第 78 页。
[2] 在法院审判效率方面,根据现有的实证的统计资料和研究,截至 2004 年底,全国共有法官 190 627 人,法官与人口比为 1∶6 819,大大高于日本(1∶57 900)、英国(1∶55 000)和美国(1∶19 900);但总体效率不高,2004 年中国法官年均审案约 26.5 件,而美国法官年均审案在 300 至 400 件。(参见徐昕：《迈向社会和谐的纠纷解决》,中国检察出版社,2008 年,第 50—51 页。)在法院审判公正方面,从民事上诉率、民事再审率、涉讼信访案件、执行率的统计资料来看,都处于高位。1990—2005 年的民事上诉率平均维持在 20% 左右,1990—2005 年的民事再审率在 10.9%—25.6% 之间徘徊;1992—2004 年的涉讼信访案件年均在 416.8—1 069 万件之间徘徊,1994—2006 年的执行率保守的估计大致在 40%—50% 之间。(参见徐昕：《迈向社会和谐的纠纷解决》,中国检察出版社,2008 年,第 32—36 页。)

七、结语：消解压力方式的影响及其制度化解决的建议

"初民社会强调非正式的保险安排，这是同没有其他替代性保险机制相联系的。"[1]同样，中国法院及其法官由于没有西方那样的正式职业保障制度，也形成了表现为中观层面的调审组织，微观层面的调解型横向分权式决策的"民主化"和审判型纵向分权式决策的"行政化"以及调审型纵—横向分权式决策的去司法化等三种方式的消解外部不确定性风险和压力的非正式职业保障制度，满足了自己合理的制度需求。但这种降低外部不确定性风险和压力的非正式职业保障制度，实质是以不确定性应对不确定性，以牺牲司法确定性为代价而获得的，因此，中国法院有可能不是确认规则的地方，而是破坏法律规则统一的地方。

其次，这种以不确定性来应对外部不确定性风险和压力的方式，会给司法带来更大的不确定性。在西方一般不会进入法院的常规案件，也有可能大量地进入法院，而那些非常规的疑难法律案件，由于风险系数较高而不愿进法院，出现一种"逆向选择"，即使是那些无理的人也要"无理上访"、也要"缠讼"，[2]形成中国法院"大闹大解决，小闹小解决，不闹不解决"和"案多人少"的格局，弱化甚至异化了法院的解纷功能，法院有可能不是解决纠纷的地方，而可能是制造或激起更多、更大纠纷的地方。

另外，这种降低法院及其法官职业风险的非正式职业保障制度，在所有直接或间接参与决策的主体之间往往形成一种连带责任。在这种连带责任职业保障制度的保护下，司法判决受法律的约束得以软化，甚至可能成为"脱缰的野马"；在这种连带责任职业保障制度的影响下，尤其是当政府系统（包括公安、检察）都参与了决策权的分享而形成事实上的连带责任时，会使法院系统外部的公检法之间的权力制约监督失灵；在这种连带责任职业保障制度的作用下，尤其是当整个法院系统都参与了决策权的分享而形成事实上的连带责任时，会使法院系统内部的审级制度失调、上级法院纠错功能失灵；[3]在这种连带责任职业保障制度的庇护下，司法腐败的风险大大降低，呈现出

---

〔1〕【美】波斯纳：《正义/司法的经济学》，苏力 译，中国政法大学出版社，2002年，第8页。

〔2〕参见陈柏峰：《无理上访与基层法治》，《中外法学》，2011年第2期，第232页；陈柏峰：《缠讼、信访与新中国法律传统》，《中外法学》，2004年第2期，第237页。

〔3〕参见陈永生：《我国刑事误判问题透视》，《中国法学》，2007年第3期，第56—58页。

群体化、单位化、组织化的特征;[1]在这种连带责任职业保障制度的遮蔽下,法官的法律素质即使很差,也会被掩盖,不会对司法审判产生较大影响,从而使法官整体素质难以提高。

要想消除上述不利制度性影响,实现中国法院的司法化和制度性司法确定性,必须针对司法的高风险特征,建立三位一体的正式职业保障制度,降低甚至消除法院及其法官外部不确定性职业风险和压力,以取代目前这种得不偿失的以牺牲司法确定性为代价的非正式职业保障制度。

首先,在整体上,必须坚持用制度管权、管事、管人,让人民监督权力,让权力在阳光下运行,把权力关进制度的笼子;构建决策科学、执行坚决、监督有力的权力运行体系,形成科学有效的权力制约和协调机制;加强反腐败体制机制创新和制度保障,努力实现干部清正、政府清廉、政治清明。

其次,在立法上,改变目前低(零)成本立法政策,加大对立法尤其是立法中的中国元素的投入,如通过发挥政府在法治创新市场中的宏观调控作用,改目前"学科导向型"创新体制(包括计划性资源配置方式、投资体制、组织运作模式和评价机制)为"需求导向型"创新体制(包括市场性资源配置方式、投资体制、组织运作模式和评价机制),设立有针对性的国家社科基金项目,引导中国法学对这个方面的研究和投入,尽量有效地填补、缩小立法中的法律洞,尽最大力量真正实现司法与立法在解决合法律性与合法性上的制度分工,为中国法院及其法官提供立法层面的抵御外部不确定性风险的制度化"隔离带"。

再次,在司法上,由于众多客观原因的存在,在立法中不可能彻底消除法律洞,只能缩小法律洞,因此,必须深化司法体制改革,加快建设公正、高效、权威的社会主义司法制度,通过制度分工,确保依法独立公正行使审判权,健全司法权力运行机制,为中国法院及其法官提供司法层面制度化"防火墙"。其一,在横向制度分工上,在法院内部设立与西方陪审团功能类似的专门处理合法性的司法组织,如将调解从法院审判中独立出来,成立独立的调解庭,来处理与陪审团类似的问题。这样,既可以将泛民主制度化地改造为精英民主制,为法院法官建立制度化的司法"防火墙",并切断法院行政化的条件——"民主化",又可以硬化法院的组织结构,收窄法院审判的职能范围,使法院专注于司法审判和确认规则,实现中国法院的司法化。其二,在纵向制

---

[1] 参见徐昕:《迈向社会和谐的纠纷解决》,中国检察出版社,2008年,第62—63页。

度分工上,建立中国法院系统内部的初审法院与上诉审法院,实现两者在解决合法性与合法律性上的制度分工。

最后,不论是宏观层面立法与司法的制度分工,还是中观层面的司法制度分工,最后都必须落实到微观层面的人的行为上。因此,要实现中国法院法官与公务员的分类管理制度,为法院法官建立正式的有关任期、工资、晋升等方面的职业保障制度和人权司法保障制度,为中国法院法官提供抵御外部不确定性风险、实现中国法院司法化的制度化保障。

第十章

审判委员会法律组织学解读

一、引论：问题与视角

学界对审委会有两种观点：贺卫方为代表的文化论或规范论，强调负面作用，主张废除之；[1]苏力为代表的社会结构与功能论（简称社会论，下同），认为利大于弊，应保留之。[2]后者尽管受到前者的普遍反对和批评，但由于采用了实证研究方法，从社会结构和功能论角度，将审委会与中国社会结构（即熟人社会）、法官降低职业风险的合理制度需求联系起来，又受到法律和司法实践的支持，居于优势地位。但其研究角度也存在弊端，笔者尝试从组织结构—功能论（简称组织论，下同）角度探讨之。这种研究角度主要有以下好处：

第一，可避免社会论结构与功能的脱节，实现两者的结合。社会论的结

---

[1] 参见：贺卫方：《中国司法管理制度的两个问题》，《中国社会科学》，1997年第6期；贺卫方：《关于审委会的几点评论》，《北大法律评论》，第2期，法律出版社，1998年；王祺国，张狄秋：《论审判独立的双重属性》，《法律科学》，1989年第3期；吕亚中：《关于完善审委会工作制度的思考》，《法学》，1996年第5期。

[2] 苏力：《基层法院审委会制度的考察及思考》，《北大法律评论》，第2期，法律出版社，1998年；该文后收入苏力《送法下乡》（中国政法大学出版社，2000年）一书第三章。本章简称为"苏力文"；涉及该文内容时，不另行注释。另从宏观社会结构角度讨论中国法院问题的文章较多，如徐亚文、童海超：《当代中国地方法院竞争研究》，《法学评论》，2012年第1期，在此不一一列举。

构是社会结构,处于宏观层面,功能是审委会对法官的功能(以下简称"对法官的功能"),并不处于宏观层面,两者无法结合。组织论的结构与功能都处于中观层面,可将两者结合起来。

第二,可避免社会论宏观与微观的脱节,实现两者的结合。社会论关注宏观社会结构,缺乏组织论的中观环节,易导致宏观与微观的脱节。组织论通过利用中观沟通宏观与微观的桥梁作用,可实现两者的结合。[1]

第三,可避免社会论观念制度与技术制度的脱节,实现两者的统一。法治不只是理想,更是一种组织技术,"最好是把法治理解为一种独特的机构体系而非一种抽象的理想"。[2] 在这个意义上,中国法治更可能是各法律组织及其内部组织结构与组织功能之间的分工与配合问题,组织论因此能实现观念制度向技术层面的推进,实现两者的统一。社会论即使科学,也无法操作化(熟人社会至少在短时间内能改变并完全从社会中消除吗?);与文化论一样,只能停留在观念制度层面,无法在技术层面展开,不可避免地存在两者的脱节。

二、审委会"十字形"组织结构

针对学界研究审委会历史唯心主义——如规范论、文化论与道德主义——的不足,苏力提出了经验主义、功能主义、实用主义(三者有一致之处)的分析进路和历史唯物主义理论框架,将审委会归结于当前中国基层熟人社会,大而言之就是转型社会或中国的现代化;[3] 归纳起来——在笔者看来——就是社会结构与功能论。与文化论相比,社会论值得肯定,但将审委会归于中国基层熟人社会,似乎有简单化和牵强附会之嫌。

第一,熟人社会在任何社会及其任何时期存在,[4] 而且很可能是古代社

---

[1] 本章研究没有这个特征,只是为了给读者一个完整的印象,才一并加以讨论。这个研究特征,参见张洪涛:《司法之所以为司法的组织结构依据》,《现代法学》,2010年第1期;张洪涛:《法律洞的司法跨越——关系密切群体法律治理的社会网络分析》,《社会学研究》,2011年第6期。

[2] 【美】诺内特,塞尔兹尼克:《转变中的法律与社会》,张志铭 译,中国政法大学出版社,2004年,第59页。

[3] 从苏力整本书(《送法下乡》,中国政法大学出版社,2000年,尤其是第一章)看,这一点更明显。

[4] 参见:【美】埃里克森:《无需法律的秩序》,苏力 译,中国政法大学出版社,2003年,特别是第217—223页;贺卫方:《关于审委会的几点评论》,《北大法律评论》第2期,法律出版社,1998年。

会的主要形式,[1]为何只有中国当代社会才存在审委会？现代西方国家为何未出现类似制度？古代社会为何未出现这类制度？这是熟人社会理论无法解释的。

第二,假如按苏力的解释和逻辑,中国基层社会是熟人社会,因此产生了中国基层法院的审委会,为何在中国城市尤其陌生人占绝大多数的特大型城市也存在审委会？为何在远离熟人社会的中国法院系统中的高级法院甚至最高法院也需审委会,甚至可以说后者对审委会的需要比前者更强烈？这些问题也是熟人社会理论无法解释的。

第三,这种理论由于与社会结构联系了起来,会使人产生一种下意识认同,节约了人们的思索成本,但可能会阻止人们的深入研究,尤其是向技术层面推进的研究。这与苏力批评的意识形态化、大词化和道德化有异曲同工之妙。[2] 在这个意义上,熟人社会理论(甚至包括社会转型等理论)也是一种大词化、意识形态化、道德化理论,而且可能是一种更具迷惑性——无其名但有其实——的大词化、意识形态化和道德化理论。

第四,这种熟人社会理论也不利于人们的有关行动。社会结构的改变不是一朝一夕的,人们在审委会面前无能为力;即使这种制度有许多这样或那样的问题,也只能"认命"。苏力也意识到这点,因此告诫人们:尽管如此,我们还是要有耐心,也要有追求。可见,即使这种社会论是科学的,行动上也没有建构意义,无助于人们的行动。[3]

总之,我们要将审委会产生的原因从宏观的社会结构层面推进到中观的组织结构层面,从观念层面推进到技术层面,从外源性社会原因转向自源性制度原因的追寻。在笔者看来,审委会产生的原因与司法自身的特点有紧密联系。与立法不同,司法涉及具体人及其具体利益甚至生命,因此,司法及司

---

[1] 参见【美】布莱克:《法律的运作行为》,苏力 译,中国政法大学出版社,1994 年,第 43—72 页。
[2] 参见苏力:《也许正在发生——转型中国的法学》,法律出版社,2004 年,第 122—158 页。
[3] 这种社会结构论解释,在法学界有一定的普遍性。参见:艾佳慧:《调解"复兴"、司法功能与制度后果》,《法制与社会发展》,2010 年第 5 期;孟涛:《论当前中国法律理论与民意的冲突》,《现代法学》,2010 年第 1 期;史长青:《调解与法制:悖而不离的现象分析》,《法学评论》,2008 年第 2 期;郭玉军,孙敏洁:《美国诉讼和解与中国法院调解之比较研究》,《法学评论》,2006 年第 2 期。

法者是一种高风险、高对抗性行业和职业。[1]为此,西方通过宏观、中观和微观层面的制度分工,建立了三位一体的职业保险制度。[2]但在我国,司法及司法者面临的职业风险并不亚于西方,[3]却没有为其提供职业保险制度,因此,中国法院及其法官就需借现有正式制度之名,来达到形成非正式的职业保险制度之实。审委会就是如此,虽名为解决疑难法律问题,实为降低职业风险。审委会的这种功能(详后),苏力文也有所提及,但未提到如此高度;而这正是本章所强调的。

为何审委会具有这种功能呢?这是由其组织结构决定的。从正式法律规定看,审委会实行一人一票、少数服从多数原则,所有成员平等,是一种同等结构。[4]但组成审委会的成员一般有行政级别,不能不对审判产生影响甚至决定性影响。[5]其次,审委会作为嵌入中国法院的审判组织,不能不受中国法院实际存在的行政化的等级结构的大制度背景影响。[6]第三,最为重要的是,审委会成员只是法院中的有一定行政级别的人员,而将重大利益涉及者(当事人及其律师)排除在外(这个问题涉及审委会组织边界问题,详见本章的下一节),甚至在一定情形下参与庭审的承办法官也不能参与其投票决策,其组织决策在一定程度上脱离了当事人甚至包括合议庭的控制和监督范围,当事人在组织决策面前只能服从。因此,从当事人及其代理人与审委会成员之间的关系看,是一种服从与被服从的关系,即等级结构。第四,如果从动态角度看,这两种因素——同等结构与等级结构——又是交叉重叠地存在于审委会;换言之,审委会的组织结构具有"二元性":"外显结构"是同等结构及其"民主化"集体决策方式,"潜层结构"则是等级结构及其"行政化"集中决策方式。[7]这种组织结构还是一种极具弹性的双向——横向与纵

---

[1] 参见【美】波斯纳:《法理学问题》,苏力 译,中国政法大学出版社,1994年,第8页。
[2] 为了研究的方便,笔者将西方有关立法与司法的分工、司法内部的制度分工以及法官任期、薪资、晋升等有关针对司法职业风险而实施的降低风险的制度统称为"职业保险制度"。
[3] 参见苏力:《送法下乡》,中国政法大学出版社,2000年,第122页。
[4] 组织内的职位关系就是其组织结构,横向职位关系称为同等结构,纵向职位关系称为等级结构。参见:刘祖云:《组织社会学》,中国审计出版社和中国社会出版社,2002年,第249页;张洪涛:《司法之所以为司法的组织结构依据》,《现代法学》,2010年第1期。
[5] 参见:贺卫方:《关于审委会的几点评论》,《北大法律评论》第2期,法律出版社,1998年;苏力:《送法下乡》,中国政法大学出版社,2000年,第61—87页。
[6] 参见:苏力:《送法下乡》,中国政法大学出版社,2000年,第61—87页;张洪涛:《司法之所以为司法的组织结构依据》,《现代法学》,2010年第1期。
[7] 李金:《中国社会组织的二元性及其问题》,《改革》,1991年第6期。

向——混合的"十字形"组织结构,[1]两者之间还有较强的张力和策略空间,因此也是一种"超稳定"的组织结构。在制度层面,如果等级结构体现为中国法院的审判,同等结构表现为中国法院的调解,[2]那么,审委会这种"十字形"组织结构还表现为调与审的合而同一。在这个意义上,审委会还是中国法院实行调审合而同一司法体制的结果,将审委会改为调审会更名副其实。

正是这种极具弹性的双向混合的"十字形""超稳定"组织结构,使之能消解各种各样的外部不确定性风险;即使是与现行法律存在不一致甚至激烈冲突的结构性风险,也能有效地制度化消解。如苏力文中提到的那个"刑事案件",案情和法律责任较为清晰,但法院迫不得已地通过审委会对这个并不存在违法更别说犯罪的行为作了有罪判决。为何审委会能满足死者家属的非法要求,能制度化地作出这种不惜冒违背法律风险的司法判决呢?为何死者方能与法院讨价还价,可以达到非法程度,并得到了法院制度化承认(判决书)?这是由审委会极具弹性的双向混合"十字形"组织结构决定的,如来自横向的社会压力如民意较大,就以同等结构或调解面貌出现,死者家族就可与之讨价还价;如果来自纵向的压力如行政干预较大,就以等级结构或审判的面貌出现,制度化地满足政府"保持安定团结"的要求;如果两者兼有且目标和要求一致时,就以"十字形"纵—横双向的同等—等级组织结构和调—审合而同一体制来迎接这种挑战,即使其中有突破法律禁止性规定,也可制度化地予以应对和满足。相反,如果审委会不是实行"民主化"集体决策方式,将一个人或几个人承担的冒违背法律的风险分散给整个法院中有一定地位的法官们来承担,谁敢作出违背法律的判决呢?谁又能冒违背法律的风险呢?即使是院长,也不例外。

三、审委会存废的标准:"对法官的功能"抑或组织功能

审委会之所以存在在于其实际功能,而不是法律条文规定的功能。因此,苏力针对规范角度的不足,提出了功能论的实证研究方法,将其实际功能作为存废的依据。这也是笔者在此选取的研究进路,是讨论审委会存废的大

---

[1] 笔者之所以称之为"十字形",一可以形象描述其组织结构及其不确定性,二可以形象描述嵌入结构中人的心理和行为像处于"十字路口的人"一样茫然而不确定。

[2] 张洪涛:《司法之所以为司法的组织结构依据》,《现代法学》,2010年第1期;张洪涛:《调解的技术合理性》,《法律科学》,2013年第2期。

前提,尽管社会论与组织论进路存在差异。

其次,苏力针对主张取消审委会不合国际惯例和影响司法独立的两个理由,尤其是后者,运用从法官那儿获得的实证资料,着重从以下两个方面论述了审委会并不影响司法独立。

第一,在理论上,利用司法独立这个概念本身的相对性来反击规范论的观点——审委会影响司法独立因此要取消。司法独立并不是司法完全不受任何因素的影响,司法独立甚至以受某些因素(如当事人提供的法律、证据、律师的辩护权等)的影响为必要条件。因此不能笼统地望文生义地认为司法独立就是司法不受任何因素的影响,如果审委会影响了司法独立就应取消之;而应语境化地考察审委会如何影响司法独立,实际结果如何。

第二,在实践上,运用从法官那儿获得的大量实证材料,尤其是法官主动将案件提交审委会的大量事实,并有针对性地深入访谈了审委会成员和非审委会成员,回答了规范论者作为否定或取消审委会依据的一些问题,以论证规范论者所提出的理由不存在,审委会不仅未影响法官的司法独立,相反在一定情形下有助于法官的司法独立。

相对于规范论,苏力的论述应该说比较充分,但也存在一些问题。

第一,在实证材料上,大量运用来自法官方面的材料,缺乏来自当事人,尤其既能反映法官方面又能反映当事人方面实际情形的经过审委会审理后的司法案件方面的客观材料。这一点也被苏力意识到,并在文中作了一定的交代和说明。

第二,受资料限制,苏力还存在主观片面之处,过分强调了法官的角度。在这个意义上,苏力研究的审委会功能也是法官通过提供资料而间接宣称的功能,存在主观片面之处。

第三,苏力研究的最大不足就是将审委会的同等结构因素和等级结构因素分开来进行理念化的、孤立的、静态的研究,而且特别强调了前者——如文章的第四、五、六节——及其"民主化"决策方式,只是在第七节谈到了后者及其"行政化",因此得出了审委会利大于弊的结论。这虽是研究策略上的需要,但它不是审委会实际运作状况;其"实"是两种结构因素的混合或重叠,是调审合而同一。对此,苏力并未研究"司法制度的合成理论"[1],而是将理念化的、孤立的、静态的研究视作现实的研究。在这个意义上,与规范论一样,

---

[1] 苏力:《司法制度的合成理论》,《清华法学》,2007年第1期。

苏力的研究也不是一种现实的研究,尽管其宣称是建立在实证资料上的对审委会的功能主义实证研究。如果将两者混合重叠起来,审委会"对法官的功能"就值得质疑(详后)。

第四,即使撇开这些不足不谈,是否能将规范论提出的取消审委会的理由驳倒以后就可以作为其保存下来的理由呢?正如某人不是坏人也不可以据此推断出他是好人一样,也不能从审委会未影响法官司法独立就据此推断出应保留之;即使审委会未影响甚至有助于司法独立,也不能作为其存在的依据。这是因为:司法独立只是手段,是实现审委会功能价值的制度手段,而不是审委会功能本身,因此,审委会即使影响了作为实现司法目的——公正与效率——的手段的司法独立,并不意味它必然影响审委会的功能,甚至它还会有助于审委会功能的实现;其二,如果将审委会是否影响法官的司法独立作为存废的依据,就违背了上述的功能标准,因此,作为审委会存废的标准只能是其功能,而且必须是其实际功能,不能是审委会是否影响了其手段即司法独立。苏力也意识到这一点,因此在批驳了规范论后,进一步阐述了审委会的功能,尤其是其"对法官的功能"。

接下来的问题就是审委会"对法官的功能"是否能作为其存废的标准?换言之,审委会存废的标准是组织功能还是"对法官的功能"?两者有何区别和联系?

第一,审委会作为一种组织,有自己的组织目标,与作为构成这个组织的主体的法官的目标并不总是一致。这是因为:给组织带来利益最大化的,并不一定给组织中的人带来利益最大化,甚至会给组织中的人带来更大的风险,如上述"刑事案件"中的警察严格执法;而给组织中的人带来利益最大化时,可能会给组织带来巨大的损失,如贪污受贿。假如审委会的终极目标是司法公正,那么组织中的人为实现这个目标,必然与权贵的利益发生冲突,这样就会给自己带来巨大的风险;[1]相反,组织中的人为了降低自己承担的风险,追求自己利益最大化的目标,这时就可能以牺牲组织目标为代价。

第二,审委会的组织功能与"对法官的功能"并不总是一致,尽管两者有内在联系。如审委会对法官而言有降低职业风险的功能,具有一定的合理性,但它以分享合议庭的审判权、牺牲司法确定性为代价。因此,审委会对法官有用的功能,不一定有助于审委会组织功能的实现,甚至可能以牺牲审委

---

[1] 参见【美】波斯纳:《法理学问题》,苏力 译,中国政法大学出版社,1994年,第8页。

会的组织功能为代价。

第三,审委会是中国法院的具体制度,首先是司法组织,要以服从司法组织的功能——公正与效率——为前提。这就要求审委会的存废必须以司法组织功能为唯一的、最根本的功能依据,而不能以审委会"对法官的功能"为其存废的功能依据。

第四,还有一个审委会的组织边界问题。通说认为,组织边界应该限于组织中正式成员(如法官)。但目前还有一种学说认为,组织的边界不应该仅限于此,还应包括其他利益涉及者(如当事人)。[1] 在这个意义上,当事人也应是其组织成员,尽管他/她没有亲自参与审委会活动,但至少应通过合议庭的人员如案件汇报人参与审委会活动。而且从审委会的组织目标看来,审委会对当事人的功能比"对法官的功能"更为重要。这不仅是"司法为民""司法便民"等意识形态化的理由,更重要的是它是审委会首先作为司法制度存在的社会根基。这一点对一个近代才从西方引进过来的本身缺乏社会根基的司法制度以及作为司法制度的审委会来说,无异于自己的"命根子"。

当然,笔者强调审委会对当事人的功能,并不意味完全否定审委会"对法官的功能"及其合理性,也不意味着审委会的存废要以其对当事人的功能为依据。笔者只是要说明只以"对法官的功能"为其存废的依据是片面的,也是不合理的。笔者仍然强调审委会存废的标准只能是其组织功能,既不是其"对法官的功能",也不是其对当事人的功能;正如氧气与氢气发生化学反映后生成了一种新物质水一样,不是两种功能的简单相加,而是作为一种新的"物质"即组织的独立功能。如果将组织功能作为存废的标准,那么它就不仅要考量"对法官的功能",更应该考量对当事人的功能;不仅要考察对作为组织构成主体的功能,更应该考察其自身的组织功能。在这个意义上,审委会的组织功能标准比"对法官的功能"标准更全面、更客观,也更科学。

总之,决定一个组织存废的标准只能是其组织功能,而不是这个组织对构成这个组织的部分成员的功能;对审委会而言,其存废标准只能是其组织功能,而不是其对构成其部分成员尽管是最为重要的成员如法官的"对法官的功能",而且必须是实际的组织功能,而不是其所宣称的组织功能。

---

[1] 参见周雪光:《组织社会学十讲》,社会科学文献出版社,2003年,第9页。

四、审委会实际的组织功能

审委会的组织功能并不是能随意设计的,也不是法官或当事人所宣称的,而是由其组织结构保障和决定的。如果只有主观良好的组织功能设计,没有相应的技术层面组织结构保障,这种组织功能就不可能实现。因此,在完成了从反面论述审委会存废的标准不能是其"对法官的功能"后,还必须进一步地从组织结构的角度,对苏力所论述的审委会"对法官的功能"——加以辨析,正面阐述审委会实际的组织功能,以保障我们研究的审委会组织功能是其实际的组织功能。

首先,从审委会组织结构是否能抵御外来非法律因素——如行政干预、民意、司法腐败等——的影响看,苏力强调了审委会同等结构及其"集体决策方式",因此得出了审委会具有一定的抵御外部行政干预的功能。但从审委会实际的组织结构看,审委会是一种极具弹性的"十字形"组织结构,不具有抵御外来行政干预的功能。在此,我们可以假设审委会采取的是一种比较明确的决策方式——如等级结构所决定的决策主体是院长——而不是现在"十字形"组织结构所决定的不确定的决策方式,那么,当有外部行政干预时,院长就会以法律为由来抵御这种行政干预。这是因为:院长一旦按照行政干预的意志来判案,就有冒违背法律而受法律处罚的可能。但由于"十字形"组织结构所决定的决策方式的不确定性,使这种行政干预可以以同等结构决定的"民主化"集体决策方式出现;在这种情形下,院长即使迎合了行政干预,并通过审委会的等级结构因素进入其决策中来,也无需他一个人来承担责任,而是由整个审委会成员实际上由整个法院来承担责任。这种情形也可以推及所有的审委会成员,甚至法院的所有法官。因此,审委会不仅不具有抵御行政干预的功能,相反便利了行政干预,是行政干预法院审判的入口,而且还是一种制度化入口,具有将不合法的行政干预变为"合法"的"漂白"功能。

民意影响司法审判也是利用了审委会"十字形"组织结构这个制度化通道,如上述"刑事案件"。实际上,民意和行政干预司法审判往往是两者兼备,如刘涌案;[1]差异在于:后者利用了其等级结构,前者利用了其同等结构而

---

〔1〕 苏力:《道路通向城市——转型中国的法治》,法律出版社,2004年,第297—303页;孟涛:《论当前中国法律理论与民意的冲突》,《现代法学》,2010年第1期。

制度化地进入审委会决策中。

对审委会防止司法腐败的功能也可作类似分析。单纯从审委会"十字形"组织结构中同等结构所决定的集体决策方式的角度,苏力认为审委会具有防止司法腐败的功能。但如果将审委会的同等结构而决定的集体决策方式与其等级结构而决定的集中决策方式进行混合,审委会就会形成一种"十字形"弹性结构,其决策主体和由决策主体而带来的责任主体非常的不明确,其决策幅度也较大,像一匹"脱缰的野马"。[1] 这就为司法腐败提供了巨大的空间,而且还是一种制度化的空间。当司法腐败影响司法判决时,由于其决策和由决策带来的责任是均沾或连带的,因此,即使腐败了也不会承担其相应责任。可见,审委会不仅不具有抵御司法腐败的功能,相反是滋生司法腐败的"温床",而且还是一张制度化"温床"。

其次,从审委会组织结构所决定的决策方式看,苏力从审委会同等结构出发,认为审委会实行一人一票的集体决策方式,具有民主化功能。司法民主化是司法应追求的目标,但如果从审委会极具弹性的"十字形"组织结构看,审委会不可能具有司法民主化功能。当然,如果将司法民主限于法官范围,也可以这样认为。但司法民主更重要的应该是指司法判决应考虑当事人及其代理人提出的法律依据及其合法的法律诉求,更应是当事人参与博弈的结果。这种几乎完全脱离当事人及其代理人的通过审委会作出的司法判决,能算作是一种司法民主吗?最多也只是一种"法官的民主"。这种"民主"更不是我国民主集中制原则的体现。没有民主,何来集中?因此是一种缺乏民意基础上的集中;即使是集中,也是一种有"预谋"——真实目的是规避风险责任——的集中。即使是一种"法官的民主",如果将审委会等级结构因素考虑在内,这种民主也不是完全的"法官的民主"。在这个意义上,审委会所提供的司法民主是一种打着"法官的民主"旗号的假民主,甚至还是一种以民主方式的反民主,将当事人及其代理人排除在组织决策之外,造成了我国司法冤案和错案的不断重演。[2]

再次,从审委会组织结构所决定的组织决策的最后结果看,苏力从强调审委会等级结构因素出发,认为审委会有统一本辖区内法律实施、实现法律规则统一的功能。但如果从审委会实际的"十字形"组织结构看,审委会并不

---

〔1〕 陈瑞华:《脱缰的野马——从许霆案看法院的自由裁量权》,《中外法学》,2009年第1期。

〔2〕 参见:陈永生:《我国刑事误判问题透视》,《中国法学》,2007年第3期;元轶,黄伟凌:《论民意审判与辩护权的缺失》,《法治研究》,2010年第12期。

具有这种功能。从上述"刑事案件"可以看出：由于审委会是一种极具弹性的"十字形"组织结构，因此它实施司法判决的幅度是非常大的，甚至可以像本案那样，作出违背法律规定的司法判决，使司法很难进行始终如一的司法判决，使同一法院就同一案件前后可能作出两种大相径庭的判决，像一匹"脱缰的野马"。[1] 可见，审委会不仅不具有实现某辖区内法律规则的统一实施功能，相反它可能是破坏法律规则统一实施的制度化入口。

另外，从嵌入审委会组织结构的组织决策主体——审委会成员——及其激励机制的角度看，苏力从强调审委会"十字形"组织结构的同等结构因素出发，认为审委会具有提高法官自身素质的功能。但如果从审委会实际的"十字形"组织结构看，审委会不可能具有这种功能。由于审委会是一种不确定的极具弹性的"十字形"组织结构，因此，嵌入这种组织结构的人如法官的行为模式及其激励机制是不明确的。如审委会同等结构使法官有动力去提高自己的法律素质，而审委会等级结构使之没有动力去提高自己的法律素质，只注重行政职务的晋升。[2] 当审委会将两者混合而成"十字形"组织结构时，嵌入这种组织结构的法官就会像一个"站在十字路口"的人，找不到自己行动的方向，无法为法官提供一种明确的行为激励机制。另外，由于审委会的这种组织结构而导致的决策主体以及带来的责任主体不明确，因此，即使某个法官由于法律素质较差，也不会对其司法决策产生较大的影响；即使出现了决策错误，承担责任的也不一定是自己。可见，审委会不仅不具有提高法官法律素质的功能，相反，它还有可能是法官不注重自己司法素质提高的制度原因。

什么是审委会实际的组织功能呢？实际的组织功能是解决重大疑难法律问题还是降低职业风险呢？重大疑难案件也是一种风险系数较高的案件，因此，表面看来，审委会具有解决重大疑难法律案件的组织功能。这也是学界一般认同的，但这只是一种表象。从审委会"十字形"组织结构看，由于构成审委会的成员不是以法官的业务能力而是以法官的行政级别为标准，因此，它不是一种以同等结构以及在此基础上建立的以法律业务能力为衡量标准的组织结构，也不具有提高法官业务能力的激励机制，也就不具有解决疑难法律案件的组织功能。相反，由于审委会是一种极具弹性的"十字形"组织结构，嵌入这种结构的审委会成员决策方式是"民主化集体决策方式"和"行

---

[1] 陈瑞华：《脱缰的野马——从许霆案看法院的自由裁量权》，《中外法学》，2009年第1期。
[2] 张洪涛：《司法之所以为司法的组织结构依据》，《现代法学》，2010年第1期。

政化集中决策方式"的混合,嵌入这种结构的决策权或审判权在"横向上"和"纵向上"也被制度化地分割,由决策而带来的责任也得到一定程度的制度化地分担,也就使审委会具有降低法院及其法官的职业风险的功能。这种降低职业风险的制度需求是中国法院的法官迫切需要的,也是苏力在经过深入思考后所发现的。

　　这种降低职业风险的需要,也强烈地体现在院长身上。由于这种需要,院长在审委会决策中更愿意采取一种"民主化"集体决策方式,充分发扬民主。因为,权力越大,责任就越大,承担的风险就越大,风险系数就越高;在这时,越是民主,决策权就越分散,责任就越分散,风险系数就越低;特别是当风险来自上层时,这种需求更强烈。这就是苏力所发现的院长可借审委会抵挡一下来自上司的压力问题。假若审委会实行首长负责制,其风险就转移到院长身上;这是院长愿意看到的吗?

　　可见,从审委会"十字形"组织结构看,审委会实际的组织功能是降低法院及其法官的职业风险,严格说来不具有解决疑难法律问题的功能。这种从理论上推出的结论也可以得到实证资料的验证。

　　第一,从审委会受案范围看,根据苏力的实证研究,上审委会的案件除了重大疑难法律案件外,还包括事实和法律问题非常简单的常规案件(如上述"刑事案件")。这些常规案件,用审委会解决疑难法律问题的功能无法解释;相反,如果用审委会降低职业风险的功能,既能解释疑难案件也可以解释常规案件上审委会的原因。可见,疑难案件之所以上审委会,是因为风险系数较高,而不是因为法律问题复杂。当然,由于两者有内在联系,因此从表面看,认为审委会具有解决疑难案件的功能,也不能说它完全没有道理。

　　第二,从实行错案追究制、人大个案监督、法院院长引咎辞职等一系列增加风险系数的制度导致上审委会的案件量的变化看,也可以得到验证。如在强调错案追究制时,法官面临的职业风险系数就会随之上升,就会将在一般情形下本不应上审委会的案件提交给审委会,最后导致上审委会的案件量也随之增加。[1] 从这些变化中,可以看出审委会有降低职业风险的功能。

　　第三,从目前引起社会公众关注的经过审委会判决的案件看,也可以验证这点。近几年,中国社会发生了一系列有关法院审判尤其是刑事审判引起社会轰动的案件。这些案件根据现有学者研究成果,尤其是苏力通过实证调

---

〔1〕 参见:苏力:《送法下乡》,中国政法大学出版社,2000年,第126页。

查得出的上审委会的刑事案件"标准",陈永生对中国近几年引起社会轰动的刑事案件的归纳和总结,[1]以及笔者搜集得来的材料和观察,可以推断它们都上过审委会。[2]在这些重大刑事误判案件中,绝大部分都存在程度不同的证据不足甚至矛盾冲突的地方,法律问题非常明显,可以避免。但就是在这种情形下,法院及其法官之所以敢"冒天下之大不韪",就是因为它们都经过了审委会,将原本应落实到具体某个法官或合议庭身上的巨大的风险,分散由整个审委会全部成员实际上由整个法院来承担,使得原来存在的巨大风险被稀释了。经历了这样一个职业风险的降低或分担后,即使是这些冤案或错案后来被发现了,具体到某个人尤其是审委会成员的风险,也是非常轻微的。从笔者所了解的材料看,还未发现有某个案件的责任追究到审委会层面,绝大多数只是将责任追究到合议庭层面,如李慧娟种子案。[3]

五、结 语

由于司法自身的特点决定了司法是一个风险系数较高的行业,因此,在我国目前没有为法院及其法官提供降低职业风险制度的情形下,中国法院及其法官为了降低职业风险,通过利用现有制度,在中国法院内部形成了一种非常有效的降低职业风险的制度,即审委会。在这个意义上,审委会有其存在的合理性,这也正是审委会尽管在学界几乎受到一致的诟病,但仍能广泛存在于中国法院,并得到了法官几乎一致的赞同的根本原因。而且随着中国法院外部制度环境,尤其是互联网的发展而带来的社会舆论和国家对中国法官监督的不断升级,与审委会类似的具有降低职业风险的制度如审判长联席会议制度,[4]不仅不会因学界的诟病而减弱,相反会随着法院及其法官降低

---

[1] 陈永生:《我国刑事误判问题透视》,《中国法学》,2007年第3期。
[2] 这些资料相对于审委会的组织功能,存在一定距离。如这些案件的一审、二审、再审的判决书通过自身力量无法找到;即使找到了,有的并没有在判决书中涉及审委会在判决中的作用问题;即使提到了,也是一笔带过。因此,关于审委会在审判中的作用如何,笔者无法得知,只能根据现有学者研究成果,以及笔者搜集得来的材料,来加以合理的推断。在此,恳求读者原谅,也希望掌握了第一手资料的学人批评甚至推翻本章的研究。另外,笔者之所以侧重于刑事方面,一是受资料的限制;二是据苏力的研究,审委会的功能主要体现在刑事案件方面。
[3] 曾金胜:《河南种子案——李慧娟事件再调查》,http://www.fashuo365.com/html/2005—12/3311.html。
[4] 叶向阳:《试论审判长联席会议制度的运行机制与功能实现》,《法律适用》,2008年第7期。

职业风险需求的不断增强而得到进一步的发展。

但这种以不确定性（包括组织结构的不确定性及其带来的组织功能的不确定性）来降低法院及其法官因外部不确定性而带来的风险的方式，值得商榷。法院不论是解决纠纷还是确认规则，最终目的都是为人们的行为提供明确的预期。这既是法院履行其政治、社会功能和经济功能的前提，[1]更是法律之所以为法律，司法之所以为司法的最基本特征。[2]人们之所以需要法律，需要司法，就是因为法律和司法具有一般性、客观性和确定性，为人们的行为提供明确预期。中国法院由于缺乏像西方那样的降低法院及其法官的职业风险的职业保险制度，导致中国法院及其法官不得不以牺牲法律或司法确定性为代价，形成中国法院特有的降低外部不确定性职业风险的制度如审委会。这种降低法院及其法官职业风险的保险制度，却使中国法律或司法因此而失去了其应有的确定性功能。在这个意义上，审委会是一种反法律、反司法的制度，是一种得不偿失、弊大于利的制度安排，也是一种应该废除的制度。

然而，由于审委会有其存在的合理性，尤其是满足了中国法院及其法官降低其职业风险的合理需要，因此，它并不是我们想废除就可以轻易废除的制度。要想废除之，首先必须建立一种新的降低法院及其法官职业风险的制度，使由审委会承担的这种降低法院及其法官职业风险的功能发生转移，使中国法院及其法官无需通过审委会来降低这种职业风险。这是废除审委会的前提条件；否则，即使强行废除了，中国法院及其法官也会利用现有制度安排，并以其他形式如目前正在探索的审判长联席会议制度，来满足其降低职业风险的需要。其次，要完善目前中国法院实行的调解与审判合而同一的司法体制，消除审委会存在的体制原因。由于中国法院审判至少没有完全实现司法化，[3]导致中国法院目前还离不开对调解的依赖，在这个意义——中国法院整体层面——上，中国法院应实行调审合一的司法体制。[4]但中国法院在其组成部分层面，调与审可适当分离，实行"合而不一"的司法体制，将调解从审判中分离出来，设立独立的调解庭，为消除审委会"十字形"组织结构提供体制基础。

---

〔1〕 苏力：《海瑞定理的经济学解读》，《中国社会科学》，2006年第6期。
〔2〕 苏力：《变法，法治及本土资源》，《中外法学》，1995年第5期。
〔3〕 张洪涛：《司法之所以为司法的组织结构依据》，《现代法学》，2010年第1期。
〔4〕 张洪涛：《调解的技术合理性》，《法律科学》，2013年第2期。

主要参考文献

一、典籍类

《马克思恩格斯全集》(第 25 卷).人民出版社,1974.
《马克思恩格斯选集》(第 3 卷).人民出版社,1995.
《马克思恩格斯选集》(第 1 卷).人民出版社,1995.
《马克思恩格斯选集》(第 2 卷).人民出版社,1972.
《马克思恩格斯选集》(第 4 卷).人民出版社,1995.
《列宁选集》.人民出版社,1995.
《十二铜表法》.法律出版社,2000.
《萨利克法典》.法律出版社,2000.
《法国民法典》.李浩培 等译,商务印书馆,1979.
《人民法院五年改革纲要(1999—2003)》,《中华人民共和国最高人民法院公报》.1999(6).
《人民法院第二个五年改革纲要(2004—2008)》,《中华人民共和国最高人民法院公报》.2005(12).

二、译著类

【奥】凯尔森:法与国家的一般理论.沈宗灵 译.中国大百科全书出版社,1996.
【奥】埃利希:法社会学原理.舒国滢 译.中国大百科全书出版社,2009.
【比】范·卡内冈:英国普通法的诞生.李红海 译.中国政法大学出版社,2003.
【比】马克·范·胡克:法律的沟通之维.孙国东 译.法律出版社,2008.
【德】哈贝马斯:在事实与规范之间.童世骏 译.三联书店,2003.
【德】埃克哈特·施里特:习俗与经济.秦海 等译.长春出版社,2005.

【德】马克斯·韦伯：论经济与社会中的法律. 张乃根 译. 中国大百科全书出版社，1998.

【德】贡塔·托依布纳：法律：一个自创生系统. 张骐 译. 北京大学出版社，2004.

【德】马克斯·韦伯：经济与社会. 林荣远 译. 商务印书馆，1997.

【德】雅科布斯：十九世纪德国民法科学与立法. 王娜 译. 法律出版社，2003.

【德】萨维尼：论立法与法学的当代使命. 许章润 译. 中国法制出版社，2001.

【德】K 茨威格特，H 克茨：比较法总论. 潘汉典 等译. 法律出版社，2003.

【德】格罗斯菲尔德：比较法的力量与弱点. 孙世彦 等译. 清华大学出版社，2002.

【德】齐美尔：社会是如何可能的. 林荣远 编译. 广西师范大学出版社，2002.

【法】托克维尔：旧制度与大革命. 冯棠 译. 商务印书馆，1992.

【法】托克维尔：论美国的民主. 董果良 译. 商务印书馆，1988.

【法】涂尔干：社会分工论. 渠东 译. 三联书店，2000.

【法】孟德斯鸠：论法的精神. 张雁深 译. 商务印书馆，1963.

【法】让—马克·夸克：合法性与政治. 佟心平，王远飞 译. 中央编译出版社，2002.

【法】卢梭：社会契约论. 何兆武 译. 商务印书馆，1980.

【法】勒内·达维德：当代法律体系. 漆竹生 译. 上海译文出版社，1984.

【法】德尼兹·加亚尔：欧洲史. 蔡鸿滨 等译. 海南出版社，2000.

【古希腊】亚里士多德：政治学. 吴寿彭 译. 商务印书馆，1965.

【荷】伊芙琳·T. 菲特丽丝：法律论证原理. 张其山 等译. 商务印书馆，2005.

【美】波斯纳：法律的经济分析. 蒋兆康 译. 中国大百科全书出版社，1997.

【美】波斯纳：法理学问题. 苏力 译. 中国政法大学出版社，1994.

【美】波斯纳：道德和法律理论的疑问. 苏力 译. 中国政法大学出版社，2001.

【美】波斯纳：法律、实用主义与民主. 凌斌，李国庆 译. 中国政法大学出版社，2005.

【美】波斯纳：法官如何思考. 苏力 译. 北京大学出版社，2009.

【美】波斯纳：正义/司法的经济学. 苏力 译. 中国政法大学出版社，2002.

【美】波斯纳：超越法律. 苏力 译. 中国政法大学出版社，2001.

【美】奥尔森：集体行动的逻辑. 陈郁 等译. 格致出版社，上海三联书店，上海人民出版社，2011.

【美】马修·德夫林：哈贝马斯、现代性与法. 高鸿钧 译. 清华大学出版社，2008.

【美】布莱克：法律运作行为. 唐越，苏力 译. 中国政法大学出版社，1994.

【美】布莱克：社会学视野中的司法. 郭星华 等译. 法律出版社，2002.

【美】罗纳德·伯特：结构洞——竞争的社会结构. 任敏 等译. 格致出版社，上海人民出版社，2008.

【美】诺内特，塞尔兹尼克：转变中的法律与社会. 张志铭 译. 中国政法大学出版社，2004.

【美】埃里克森：无需法律的秩序.苏力 译.中国政法大学出版社,2003.
【美】卡多佐：司法活动的性质.苏力 译.商务印书馆,1998.
【美】伯尔曼：法律与宗教.梁治平 译.三联书店,1991.
【美】伯尔曼：法律与革命.贺卫方 等译.中国大百科全书出版社,1993.
【美】昂格尔：现代社会中的法律.吴玉章 等译.中国政法大学出版社,1994.
【美】埃尔曼：比较法律文化.贺卫方 等译.清华大学出版社,2002.
【美】马汀·奇达夫,蔡文彬：社会网络与组织.王凤彬 等译.中国人民大学出版社,2007.
【美】马克·格兰诺维特：镶嵌：社会网与经济行动.罗家德 译.社会科学文献出版社,2007.
【美】马克·格兰诺维特,【瑞典】理查德·斯威德伯格：经济生活中的社会学.瞿铁鹏,姜志辉 译.上海人民出版社,2014.
【美】诺斯：经济史中的结构与变迁.陈郁 等译.上海三联书店,上海人民出版社,1994.
【美】埃里克·A·波斯纳：法律与社会规范.沈明 译.中国政法大学出版社,2004.
【美】康芒斯：资本主义的法律基础.戴昕 译.华夏出版社,2009.
【美】加里·贝克尔：人类行为的经济分析.王业宇,陈琪 译.格致出版社,上海三联出版社,上海人民出版社,2008.
【美】德沃金：认真对待权利.信春鹰,吴玉章 译.中国大百科全书出版社,1998.
【美】格雷：法律的性质与渊源.马驰 译.中国政法大学出版社,2012.
【美】霍姆斯：普通法.冉昊,姚中秋 译.中国政法大学出版社,2006.
【美】霍姆斯：霍姆斯读本.刘思达 译.上海三联书店,2009.
【美】庞德：通过法律的社会控制.沈宗灵 译.商务印书馆,1984.
【美】庞德：法律史解释.邓正来 译.中国法制出版社,2002.
【美】庞德：法律与道德.陈林林 译.中国政法大学出版社,2003.
【美】富勒：法律的道德性.郑戈 译.商务印书馆,2005.
【美】哈密尔顿,杰伊,麦迪逊：联邦党人文集.程逢如 等译.商务印书馆,1980.
【美】路易斯·亨金,阿尔伯特·罗森塔尔：宪政与权利——美国宪法的域外影响.郑戈,赵晓力,强世功 译.三联书店,1996.
【美】约翰·亨利·梅利曼：大陆法系.顾培东 等译.法律出版社,2004.
【美】施瓦茨：美国法律史.王军 等译.中国政法大学出版社,1990.
【美】帕特南：使民主运转起来.王列 等译.江西人民出版社,2001.
【美】福山：大分裂——人类本性与社会秩序重建.刘榜离 等译.中国社会科学出版社,2002.
【美】罗伯特·考特,托马斯·尤伦：法和经济学.张军 等译.上海三联书店,上海人民出版社,1994.

【美】尼尔·考默萨：法律的限度.申卫星 等译.商务印书馆,2007.

【美】彭慕兰：大分流.史建云 译.江苏人民出版社,2004.

【美】杜赞奇：文化、权力与国家——1900—1942年的华北农村.王福明 译.江苏人民出版社,1996.

【美】科斯：财产权利与制度变迁.刘守英 等译.上海三联书店,上海人民出版社,1994.

【日】千叶正士：法律多元.强世功 等译.中国政法大学出版社,1997.

【日】高见泽磨：现代中国的纠纷与法.何勤华 等译.法律出版社,2003.

【日】棚濑孝雄：纠纷的解决与审判制度.王亚新 译.中国政法大学出版社,1994.

【日】川岛武宜：现代化与法.王志安 等译.中国政法大学出版社,1994.

【日】大木雅夫：比较法.范愉 译.法律出版社,1999.

【日】滋贺秀三：明清时期的民事审判与民间契约.王亚新 等译.法律出版社,1998.

【英】M.J.C.维尔：宪政与分权.苏力 译.三联书店,1997.

【英】哈耶克：法律、立法与自由.邓正来 等译.中国大百科全书出版社,2000.

【英】霍布斯：利维坦.黎思复,黎廷弼 译.商务出版社,1985.

【英】哈特：法律的概念.张文显 等译.中国大百科全书出版社,1996.

【英】梅因：古代法.沈景一 译.商务印书馆,1959.

【英】罗杰·科特威尔：法律社会学导论.潘大松 等译.华夏出版社,1989.

【英】约翰·斯科特：社会网络分析法.刘军 译.重庆大学出版社,2007.

【英】梅特兰：欧陆法律史概览.屈文生 等译.上海人民出版社,2008.

【英】亨利·莱维·布律尔：法律社会学.许钧 译.上海人民出版社,1987.

【英】戴维·M.沃克：牛津法律大辞典.李双元 等译.光明日报出版社,1988.

三、中文著作类

布小林：立法的社会过程.中国社会科学出版社,2007.

陈顾远：中国文化与中国法系.中国政法大学出版社,2006.

陈顾远：中国法制史概要.三民书局,1977.

陈兴良：刑法的价值构造.中国人民大学出版社,1998.

陈颐：立法主权与近代国家的建构.法律出版社,2008.

陈寅恪：隋唐制度渊源略论稿.中华书局,1977.

邓正来：中国法学向何处去.商务印书馆,2006.

杜宇：重拾一种被放逐的知识传统.北京大学出版社,2005.

费孝通：乡土中国　生育制度.北京大学出版社,1998.

费孝通：中国绅士.中国社会科学出版社,2006.

高其才：中国习惯法论.湖南出版社,1992.
高仰光："萨克森明镜"研究.北京大学出版社,2008.
葛剑雄：中国人口史(第一卷).复旦大学出版社,2002.
郭成伟,宋英辉：当代司法体制研究.中国政法大学出版社,2002.
郭星华：法律与社会：社会学和法学的视角.中国人民大学出版社,2004.
贺卫方：中国法律教育之路.中国政法大学出版社,1997.
贺卫方：司法的理念与制度.中国政法大学出版社,1998.
何勤华：法国法律发达史.法律出版社,2001.
黄亚钧,姜纬：微观经济学教程.复旦大学出版社,1995.
季卫东：法治秩序的建构.中国政法大学出版社,1999.
强世功：调解、法制与现代性——中国调解制度研究.中国法制出版社,2001.
江照信：中国法律"看不见中国".清华大学出版社,2010.
金观涛,刘青峰：兴盛与危机：论中国封建社会的超稳定结构.湖南人民出版社,1984.
金观涛,刘青峰：开放中的变迁.法律出版社,2011.
金观涛,刘青峰：兴盛与危机.法律出版社,2011.
金耀基：金耀基自选集.上海世纪出版集团,上海教育出版社,2002.
金耀基：从传统到现代.时报文化出版企业股份有限公司,1997.
李惠斌,杨雪冬：社会资本与社会发展.社会科学文献出版社,2000.
李昌林：从制度上保证审判独立.法律出版社,2006.
李红海：普通法的历史解读——从梅特兰开始.清华大学出版社,2003.
李泽厚：中国古代思想史论.2版.天津社会科学出版社,2004.
梁慧星：民法解释学.中国政法大学出版社,1995.
梁慧星：中国民法典起草建议稿附理由.法律出版社,2006.
梁慧星：中国民法典起草建议稿附理由.法律出版社,2013.
梁漱溟：中国文化要义.学林出版社,1987.
梁治平：清代习惯法：社会与国家.中国政法大学出版社,1996.
梁治平：寻求自然秩序中的和谐.中国政法大学出版社,1997.
梁治平：在边缘处思考.法律出版社,2003.
梁治平：法律解释问题.法律出版社,1998.
梁启超：梁启超法学文集.中国政法大学出版社,2000.
林聚任：社会网络分析：理论、方法与应用.北京师范大学出版社,2009.
刘全德：西方法律思想史.中国政法大学出版社,1996.
刘祖云：组织社会学.中国审计出版社,中国社会出版社,2002.
刘祖云：从传统到现代——当代中国社会转型研究.湖北人民出版社,2000.

卢现祥：西方新制度经济学. 中国发展出版社,1996.
罗家德：社会网分析讲义. 社会科学文献出版社,2010.
马小红：礼与法：法的历史连接. 北京大学出版社,2004.
梅仲协：民法要义. 中国政法大学出版社,1998.
【美】黄仁宇：赫逊河畔谈中国历史. 三联书店,1992.
【美】黄仁宇：大历史不会萎缩. 三联书店,1992.
【美】黄仁宇：二十一世纪与资本主义. 三联书店,1997.
【美】黄仁宇：现代中国的历程. 中华书局,2011.
【美】黄仁宇：中国大历史. 三联书店,1997.
【美】黄仁宇：万历十五年. 三联书店,1997.
【美】黄仁宇：放宽历史的视界. 三联书店,2001.
【美】黄宗智：法典、习俗与司法实践：清代与民国的比较. 上海书店出版社,2003.
【美】黄宗智：过去与现在：中国民事法律实践的探索. 法律出版社,2009.
苗鸣宇：民事习惯与民法典的互动. 中国人民公安大学出版社,2008.
前南京国民政府司法行政部：民事习惯调查报告录. 中国政法大学出版社,2000.
瞿同祖：瞿同祖法学论著集. 中国政法大学出版社,1998.
沈宗灵：现代西方法理学. 北京大学出版社,1992.
宋冰：程序、正义与现代化. 中国政法大学出版社,1998.
苏力：法治及其本土资源. 中国政法大学出版社,1996.
苏力：送法下乡. 中国政法大学出版社,2000.
苏力：道路通向城市——转型中国的法治. 法律出版社,2004.
苏力：法律与文学. 三联书店,2006.
苏力：也许正在发生——转型中国的法学. 法律出版社,2004.
苏力：制度是如何形成的. 中山大学出版社,1999.
王伯琦：近代法律思潮与中国固有文化. 清华大学出版社,2005.
王启梁：迈向深嵌在社会与文化中的法律. 中国法制出版社,2010.
王利明：司法改革研究. 2版. 法律出版社,2001.
王利明：中国民法典学者建议稿及立法理由. 法律出版社,2005.
王铭铭,王斯福：乡土社会的法律与秩序. 中国政法大学出版社,1998.
汪习根：司法权论. 武汉大学出版社,2006.
韦森：社会制序的经济分析导论. 上海三联书店,2001.
吴经熊：法律哲学研究. 清华大学出版社,2005.
谢哲胜：中国民法典立法研究. 北京大学出版社,2005.
徐国栋：民法基本原则解释. 中国政法大学出版社,1992.
徐国栋：认真地对待民法典. 中国人民大学出版社,2004.

徐国栋：中国民法典起草思路论战.中国政法大学出版社,2001.
徐国栋：比较法视野中的民法典编纂.北京大学出版社,2007.
徐昕：迈向社会和谐的纠纷解决.中国检察出版社,2008.
杨鸿烈：中国法律思想史.中国政法大学出版社,2004.
叶春生：区域民俗学.黑龙江人民出版社,2004.
张德胜：儒家伦理与秩序情结——中国思想的社会学诠释.台湾巨流图书公司,1989.
张明楷：刑法分则的解释原理.中国人民大学出版社,2004.
张其仔：新经济社会学.中国社会科学出版社,2001.
张维迎：信息、信任与法律.三联书店,2003.
张文显：二十世纪西方法哲学思潮研究.法律出版社,1996.
张文显：法学基本范畴研究.中国政法大学出版社,1993.
张生：中国近代民法法典化研究(1901—1949年).中国政法大学出版社,2004.
张翼：国有企业的家族化.社会科学文献出版社,2002.
郑永流：商谈的再思.法律出版社,2010.
朱景文：现代西方法社会学.法律出版社,1994.
周雪光：组织社会学十讲.社会科学文献出版社,2003.
周佑勇：行政法基本原则研究.武汉大学出版社,2005.
周运清：社会学概论.军事宜文出版社,1995.

四、中文期刊论文类

艾佳慧：调解"复兴"、司法功能与制度后果——从海瑞定理Ⅰ的视角.法制与社会发展,2010(5).
艾佳慧："大调解"的运作模式与适用边界.法商研究,2011(1).
陈柏峰：无理上访与基层法治.中外法学,2011(2).
陈柏峰：缠讼、信访与新中国法律传统.中外法学,2004(2).
陈瑞华：脱缰的野马——从许霆案看法院的自由裁量权.中外法学,2009(1).
陈永生：我国刑事误判问题透视.中国法学,2007(3).
杜万华：国外法律社会学研究现状一瞥.外国法研究,1989(3).
范愉：调解的重构——以法院调解改革为重点.法制与社会发展,2004(2、3).
傅郁林："诉前调解"与法院角色.法律适用,2009(4).
郭玉军,孙敏洁：美国诉讼和解与中国法院调解之比较研究.法学评论,2006(2).
顾培东：也论中国法学向何处去.中国法学,2009(1).
侯猛：案件请示制度合理的一面.法学,2010(8).
贺卫方：中国司法管理制度的两个问题.中国社会科学,1997(6).

贺卫方：关于审委会的几点评论.北大法律评论.第2期,法律出版社,1998.

李龙,周叶中：宪法学基本范畴简论.中国法学,1996(6).

李金：中国社会组织的二元性及其问题.改革,1991(6).

李浩：民事审判中的调审分离.法学研究,1996(4).

李浩：调解的比较优势与法院调解制度的改革.南京师大学报(社科版),2002(4).

刘广安：传统习惯对清末民事立法的影响.比较法研究,1996(1).

刘红：我国法学教育中的"隔离"现象透视.载《东南法学》(第四辑),东南大学出版社,2012.

刘彦斌：中国近代人口与耕地状况.农业考古,1999(5).

孟涛：论当前中国法律理论与民意的冲突.现代法学,2010(1).

史长青：调解与法制：悖而不离的现象分析.法学评论,2008(2).

苏力：当代中国的中央与地方分权.中国社会科学,2004(2).

苏力：文化制度与国家构成.中国社会科学,2013(12).

苏力：何为宪制问题？华东政法大学学报,2013(5).

苏力：精英政治与政治参与.中国法学,2013(5).

苏力：判决书的背后.法学研究,2001(3).

苏力：农村基层法院的纠纷解决与规则之治.北大法律评论.第2卷第1辑,法律出版社,1999.

苏力：当代中国法律中的习惯——一个制定法的透视.法学评论,2001(3).

苏力：当代中国法律中的习惯——从司法个案透视.中国社会科学,2000(3).

苏力：关于能动司法与大调解.中国法学,2010(1).

苏力：审判管理与社会管理——法院如何有效回应"案多人少"？中国法学,2010(6).

苏力：司法制度的合成理论.清华法学,2007(1).

苏力：法条主义、民意与难办案件.中外法学,2009(1).

苏力：基层法院审委会制度的考察及思考.北大法律评论.第1卷第2辑,法律出版社,1998.

苏力：海瑞定理的经济学解读.中国社会科学,2006(6).

苏力：变法,法治及本土资源.中外法学,1995(5).

苏力：纲常、礼仪、称呼与秩序建构——追求对儒家的制度性理解.中国法学,2007(5).

苏力：知识的分类与法治.读书,1998(3).

苏力：为什么"送法下乡"？社会学研究,1998(5).

苏亦工：得形忘意：从唐律情结到民法典情结.中国社会科学,2005(1).

孙潮,徐向华：论我国立法程序的完善.中国法学,2003(5).

孙宪忠：中国民法典制定现状及主要问题.吉林大学社会科学学报,2005(4).

王茂福：经济的嵌入分析评论.社会学评论.第2卷,2014(5).

王启梁：法律世界观紊乱时代的司法、民意和政治——以李昌奎案为中心.法学家,2012(3).

王祺国,张狄秋：论审判独立的双重属性.法律科学,1989(3).

王亚新：论民事、经济审判方式的改革.中国社会科学,1994(1).

王涌：社会法学与当代中国法的理念与实践.中外法学,1996(1).

吴英姿：法院调解的"复兴"与未来.法制与社会发展,2007(3).

吴英姿："大调解"的功能及限度.中外法学,2008(2).

吴元元：信息能力与压力型立法.中国社会科学,2010(1).

邢会强：政策增长与法律空洞化——以经济法为例的考察.法制与社会发展,2012(3).

谢冬慧：南京国民政府民事调解制度考论.南京社会科学,2009(5).

徐亚文,童海超：当代中国地方法院竞争研究.法学评论,2012(1).

徐国栋：认真地反思第四次民法典起草的组织方法.法律科学,2003(5).

徐昀："调判结合"的困境.开放时代,2009(6).

杨柳：模糊的法律产品.北大法律评论.第2卷第1辑,法律出版社,1999.

杨玉波：嵌入性理论研究综述：基于普遍联系的视角.山东社会科学,2014(3).

叶向阳：试论审判长联席会议制度的运行机制与功能实现.法律适用,2008(7).

虞崇胜,杨刻俭：古希腊民主制度的地缘因素探析.云南行政学院学报,2009(5).

吕亚中：关于完善审委会工作制度的思考.法学,1996(5).

元轶,黄伟凌：论民意审判与辩护权的缺失.法治研究,2010(12).

曾宪义：关于中国传统调解制度的若干问题研究.中国法学,2009(4).

张德胜：儒家思想与现代性：存在的、理论的和方法的含义.江苏社会科学,2009(1).

张光博：宪法学基本范畴的再认识.法学研究,1987(3).

张洪涛：社会学视野中的法律与习惯.民间法(年刊).第2卷,山东人民出版社,2003.

张洪涛：从"以礼入法"看中国古代习惯法的制度命运.法商研究,2010(6).

张洪涛：法律必须认真对待习惯.现代法学,2011(2).

张洪涛：民法典学者建议稿信息结构及其参与者的社会网络.环球法律评论,2014(3).

张洪涛：中国法院压力的消解——一种法律组织学解读.法学家,2014(1).

张洪涛：司法之所以为司法的组织结构依据.现代法学,2010(1).

张洪涛：中国法治为何需要"大历史".政法论丛,2013(1).

张洪涛：调解的技术合理性.法律科学,2013(2).

张洪涛：法律洞的司法跨越. 社会学研究,2011(6).

张洪涛："从群众中来,到群众中去". 甘肃政法学院学报,2008(6).

张洪涛：习惯在我国制定法中制度命运的制度分析. 法制与社会发展,2009(5).

张洪涛：我国习惯的法律治理模式之反思. 山东大学学报(哲社版),2009(5).

张洪涛：审判委员会法律组织学解读——兼与苏力教授商榷. 法学评论,2014(5).

张洪涛：立法独立之比较制度分析. 东南大学学报(社科版),2011(1).

张洪涛：国家法难行之源：国家主义抑或人本主义. 政法论丛,2009(5).

张洪涛：法律运行观之比较研究. 中国法学文档. 第5辑,知识产权出版社,2007.

张晋红：法院调解的立法价值探究. 法学研究,1998(5).

张静：土地使用规则的不确定：一个解释框架. 中国社会科学,2003(1).

张卫平：诉讼调解：时下态势的分析与思考. 法学,2007(5).

张维迎,柯荣住：诉讼过程中的逆向选择及其解释. 中国社会科学,2002(2).

张维迎,艾佳慧：上诉程序的信息机制. 中国法学,2011(3).

张星久：论合法性研究的依据、学术价值及其存在的问题. 法学评论,2000(3).

赵晓力：基层司法的反司法理论？社会学研究,2005(2).

周安平：诉讼调解与法治理念的悖论. 河北法学,2006(6).

周雪光：制度是如何思维的？读书,2001(4).

周永坤：论强制性调解对法治与公平的冲击. 法律科学,2007(3).

五、外文类

Max Weber. *Economy and Law*, Vol. 2. Berkely:University of California Press,1978.

Mark S. Granovetter. *Economic action and social structure:the problem of embeddedness*. American Journal of Sociology,1985.

Burt R. S. *The network structure of social capital*. Research in Organizational Behavior, 2000.

J. B. Rotter. *Social Learning and Clinical Psychology*. New York:Prentice-Hall,1954.

C. B. Ferster, B F Skinner. *Schedules of Reinforcement*. New York:Appleton-Century-Crofts,1957.

Emst Andersen. *The Renaissance of Legal Science After the Middle Ages*. Copen Hager,1974.

Ehrlich E. *Fundamental Principles of the Sociology of Law*. New York:Arno Press,1974.

Max Weber. *The Religion of China*. New York:The Free Press,1964.

Hsieh Yu-wei. *Filial Piety and Chinese Society*. In Charles Moore,ed,1977.